米国統治下沖縄の
社会と法

中野育男——著

専修大学出版局

まえがき

　本書が検討の対象としている1945年から1972年までの沖縄は，太平洋戦争末期の沖縄戦における日本軍の玉砕によりアメリカの統治の下に置かれた。1945年から52年までは戦時国際法に基づく軍政が敷かれ，その後1972年まではサンフランシスコ平和条約の下でアメリカの民政が行われた。統治の根拠は異なるものの，合わせて27年間に及ぶアメリカの沖縄統治は沖縄の住民に，日本本土とは違った戦後の歩みを強いることになった。本書はこの歳月の間に沖縄の人々が経験した社会生活に着目し，日々の暮らしと社会制度の変遷を踏まえて，その根拠となった法令の形成過程と，実際の機能を検討することを目的としている。

　沖縄の人々とは違った歴史と文化のバックグラウンドをもったアメリカ人による統治は，異民族統治と呼ばれながらも実に多くの影響を沖縄の社会にもたらした。この時代のことを沖縄の人々は「アメリカ世」と呼んでいる。住民生活のかなりの部分にアメリカの制度と文化が色濃く反映することになった。2002年は沖縄が1972年に返還されてから30周年にあたり，多くのイベントが開催された。この30年という歳月は，ひとつの世代がすべて交代してしまう時間の経過であり，アメリカによる統治の時代に現役であった人々もほとんどがリタイアしている。他方で，この時代の住民の社会生活について，法制度の面からの検討はほとんど行われていないという現実がある。この空白を埋める試みのなかに，本書の意義がある。

　アメリカ統治下の沖縄における住民の社会生活の根拠法制は多彩である。これらの法令の土台となる基本法システムは，通常の憲法体制とは大きく異なっていた。本書では，先ずアメリカ統治下の沖縄における基本法の体系を明確にした上で，その下に構築されていた法システムを概括し，住民の社会生活の法的な拠り所を把握することからはじめる。同様に，占領下沖縄の社会を検討する上で，その経済的な土台の考察は不可欠である。沖縄が置かれた特異な政治

環境が，その経済構造に大きな影響を与えた。旺盛な基地需要に支えられて戦後の沖縄経済は大きく成長した。

　第2次世界大戦末期の沖縄戦によって廃墟となった沖縄では，文字通りゼロからの出発を余儀なくされた。住民生活の再建過程における，「島ぐるみ救済」と呼ばれたアメリカによる救済活動と，その後の公的扶助への生成について検討し，その法的根拠を明らかにする。激烈な沖縄戦の結果，多くの戦災孤児が発生し，その保護が緊急の課題となった。その後の復興の時期には，少年の非行が大きな問題となった。異民族統治の下では多くの混血児が生まれ，その子供たちの保護も求められた。軍政の下でアメリカの児童福祉の理論が沖縄に導入され，先進的な児童福祉の実践がなされた。

　焦土と化した沖縄では，保健衛生の確保と伝染病の防遏は，占領統治の優先課題であった。軍が主導して推進された公衆衛生の活動は，伝染病の防遏とともに住民の保健衛生の水準を大きく向上させた。根絶の難しかったマラリアやフィラリアなどの風土病の殲滅にも成功し，世界的にも高い評価を受けるところとなった。一方で，住民を対象とした社会保険や福祉の制度化は大きく遅れた。この時代の福祉法制の特質を解明することも本書の課題である。

　本書の出版にあたって，大学院以来，今日まで，長い年月にわたって暖かいご指導を頂いている秋田成就先生（法政大学名誉教授）に心から感謝を申し上げたい。先生との学問的な出会いに恵まれたことはこの上もない幸運である。先生の貴重な学恩に少しでも報いることの出来るよう今後も一層の努力と研鑽を重ねていきたい。今回も，専修大学出版局の高橋泰男氏には困難な出版事情の下で多くの尽力を頂き，厚くお礼を申し上げる。なお，本書は専修大学図書刊行助成の制度による刊行図書である。

2005年盛夏　　中野育男

〈目　次〉

まえがき

序章　異民族統治下の法システム
　1節　米軍の占領統治……………………………………………………5
　2節　占領下の沖縄法……………………………………………………9
　3節　住民の自治政府と平和条約………………………………………15
　4節　米国統治下の司法制度……………………………………………19
　5節　大統領行政命令とプライス法……………………………………23

第1章　米国統治下の沖縄経済
　1節　焦土からの経済復興………………………………………………28
　2節　基地経済の形成と展開……………………………………………33
　3節　ケネディー新政策と経済主義的統治……………………………41
　4節　ワトソン施政と日本政府援助の拡大……………………………45

第2章　公的扶助の形成
　1節　占領下沖縄の公的扶助の沿革……………………………………51
　2節　琉球政府の創設と生活保護法の制定……………………………62
　3節　生活保護の基準……………………………………………………67
　4節　生活保護の実施状況と法外援助…………………………………75

第3章　児童福祉の端緒
　1節　占領下沖縄児童福祉の沿革………………………………………83
　2節　沖縄の児童福祉法…………………………………………………89
　3節　児童福祉行政………………………………………………………98
　4節　児童福祉の諸相……………………………………………………104

第4章　公衆衛生の推進
　1節　保健所と公衆衛生行政……………………………………………129

2節　感染症・風土病との闘い …………………………………135
　　3節　医療・保健行政 ……………………………………………140
　　4節　駐在保健婦制度 ……………………………………………145

第5章　住民福祉の制度
　　1節　占領下の福祉行政 …………………………………………151
　　2節　占領政策の転換と住民福祉 ………………………………157
　　3節　住民福祉の展開 ……………………………………………162

第6章　高齢者の所得保障
　　1節　老齢福祉年金 ………………………………………………181
　　2節　国民年金保険 ………………………………………………190
　　3節　厚生年金保険 ………………………………………………199
　　4節　公務員退職年金 ……………………………………………208

第7章　健康保障の蹉跌
　　1節　占領下沖縄の医療保障の沿革 ……………………………221
　　2節　住民皆保険 …………………………………………………232
　　3節　療養費給付の制度 …………………………………………249
　　4節　医療保険財政 ………………………………………………258

終章　社会保険統合化の試み
　　1節　社会保険統合化の端緒 ……………………………………277
　　2節　米国民政府の社会保険統合試案 …………………………281
　　3節　社会保険統合試案の評価 …………………………………285
　　4節　琉球政府の対応と問題の所在 ……………………………289
　　5節　総合社会保険樹立への途 …………………………………294

むすび
索　引 …………………………………………………………………307

序章
異民族統治下の法システム

　占領下沖縄の社会を考える際には，米軍の統治の下におかれた沖縄の法システムについての理解が必要である。ここでの法システムとは，社会における基本的な構造を規定する法規の総体という意味である。一般に統治の基本法は最高法規である憲法のなかに集約され，これを頂点とする整然とした統一的体系を構成する。しかし，占領下沖縄にあっては，沖縄が米国の統治を受けて特殊な法的地位に置かれたため，通常の整然とした統治の法体系をとることができなかった。そこでは，国際法，米国の国内法，沖縄現地法，さらに，日本の国内法等々が複雑に絡み合う特異な法システムが形成された。さらに，それは米国の沖縄統治政策との関連で把握する必要がある（島袋・273頁）。ここでは，占領下沖縄の法システムの特異な構造と内容，そして，その変容の過程について検討する。

1節　米軍の占領統治

1．占領初期の統治方針
　1945年のはじめに，陸軍第10軍司令部は『民事ハンドブック』にもとづいて，占領地区住民との接し方や，指導者の選び方についての詳細な指示を与える指令を発している。また太平洋方面総司令官は，軍政の目的に反しない範囲内で，可能な限り既存の政府機構と原住民を利用し，住民の慣行にそった行政技術を用いて最低限必要な政府機能を継続するよう，軍政の方針を指示した書簡を第10軍司令官に送っている。沖縄を可能な限り，間接的に統治する方針が

示された。(宮里・11頁)

　1946年半ばまでに戦争によって生じた混乱は一応収拾された。1946年はじめに軍政府は農業，教育，経済の面においても実施計画を立案し，戦前の生活水準を達成するための施策をとり始めた。しかし，軍政府は実際の統治においては多くの困難に直面した。ワシントンは沖縄の統治に無関心であり，経済援助はまったく与えられなかった。沖縄の住民の救済や，経済復興は米軍の動員解除と軍施設の閉鎖によって得られた物資によって賄われた。動員解除や転属により軍政府職員が縮小されたこと，軍政要員が必要とされる政治や経済についての知識と経験を身に付けていなかったことも，軍政を制約した要因であった。沖縄の将来の地位が未だ確定しておらず，統治の長期目標が不明確のままであった。1946年7月軍政府は海軍から，陸軍に移行した。この移行によって指揮系統の混乱は解消したが，軍政府の職員は全面的に交替し，軍政には素人の陸軍将校が沖縄を統治することになった。(宮里・14頁)

2．占領政策の遂行

　沖縄戦において難民と化した住民は，各地区の収容所に収容された。収容所では50名位を一つの「班」として組織し，収容人員の増加に応じて「村」，「市」と名付けて班長，村長，市長を任命して軍の難民管理の補助をさせた。事実上の戦闘行為が止むと，軍政府は各地区収容所の代表者125名を石川市に招集し（1945年8月15日），軍政府の諮問委員となる15名を選出させた。ここに全沖縄を網羅した行政組織である沖縄諮詢会が誕生した（同年8月20日）。この組織が陣容を整え，組織を拡充し，執行能力が認められるようになると，軍政府は海軍軍政府指令156号を発布して，統一的な行政組織である「沖縄中央政府」を設立した（1946年4月22日）。同政府は，後に1946年12月1日の米国軍政府指令20号により「沖縄民政府」となった。この民政府の知事は各界の代表86名の選挙によって選出され，軍政府によって任命された。民政府知事は，軍政副長官に対して直接責任を負い，その発布する法令を忠実に実行する義務があった。知事の諮問機関として，占領前の県会議員で構成される沖縄議

会が1946年4月24日に設置された。この議会の権能は「知事の諮問に対する答申」のみに制限されていた。(垣花・330頁)

3．経済復興と援助

　国際情勢の変化は沖縄の軍事的価値を再認識させ、1947年から48年にかけての対日政策の転換にともなって、アメリカは沖縄統治にも関心を向けるようになった。国務省政策企画室長であったジョージ・F・ケナンは、沖縄を長期的に保有するのであれば、アメリカは沖縄の経済的安定と政治の正常な状態への復帰に全責任を負うべきだと勧告した。沖縄に対する政策の変化が表れたのは経済援助であった。1947年度からは、ガリオア資金による援助が沖縄にも割り当てられたが、1948年度までは救済のための食糧品が殆どであった。しかし、1949年度には陸軍省の民事軍政局長が、アメリカの安全保障にとって沖縄は、きわめて重要であることから経済援助によって、復興を図ることを訴えて援助の増額を要求した。その結果、建築用資材、機械部品、肥料、種子類が追加された。1949年8月には極東軍総司令部に琉球軍政局が新設され、その局長が住民の実生活を視察し、経済復興の必要条件を検討した。また、選挙法作成のための専門家も沖縄に派遣している。(宮里・15頁)

4．沖縄統治の時期区分

　米国の沖縄統治は大きく分けて、対日平和条約の発効（1952年4月28日）の前と後の2つの時期に区分することが出来る。戦時国際法と平和条約3条が、それぞれの時期の米国の沖縄統治の法的根拠とみることが出来る。

　戦時国際法が統治の法的根拠とされた時期は、1949年の後半を境にしてさらに2つの時期に分けられる。その第1期は、米軍が直接に占領目的の遂行と秩序の回復に当たった時期であり、第2期は、米軍が許容する範囲内ではあるが住民の自治組織が形成された時期である。なお第1期においても、諮詢会や沖縄中央政府等の住民組織があったが、これらは独自の立法機関を持たず、軍政府の代行機関にとどまるものであった。

戦時国際法が統治の根拠とされた時期は，日本軍の降伏を基準としてさらに二分される。日本軍の降伏以前は軍政府が設置されたものの，まだ交戦状態にあり，ニミッツ布告等の一連の米国海軍軍政府布告の下で，具体的な統治行為は，回状（circular）に添って収容所における軍政チームを通じて行われた。日本軍の降伏以後は，指令11号による軍政府の組織が整備され，さらに指令129号により全島にわたる統一的な軍政府組織が形成された。これにともない，諮詢会も全島的な組織として整備され，指令156号による沖縄中央政府の設置へと繋がって行く。この時期の具体的な統治行為は，軍政地区隊長を通じて行われることから，地区隊長を名宛人とする指令（directive）という形式の法令を拠所とした。沖縄中央政府の成立の後は，同政府の知事を名宛人とした指令となる。住民を対象とした行政及び司法の制度もこの時期から整備が始まる。軍政府は1946年7月に海軍から陸軍に移管された。

　1949年の後半以降の時期は，住民の自治組織の形成によって特徴づけられる。アメリカ極東軍総司令部（FEC）の指示（1949年8月9日）に基づいて群島政府が設立され，さらに全琉的な自治組織である琉球政府がFEC書簡（1950年12月5日）により設立された。また米軍政府の名称も，琉球列島米国民政府（USCAR ; U.S.Civil Administration of the Ryukyu Islands）に変更された。

　平和条約3条に基づく統治の時期は，1957年6月の「琉球列島の管理に関する大統領行政命令」によって2つの時期に区分される。その第1期は，米国の沖縄統治が平和条約3条に基づく統治へ移行したにも関わらず，統治の基本法について特別の措置がとられることなく，それ以前に確立された組織によって統治がなされた時期であり，第2期は，大統領行政命令に基づいて統治がなされた時期である。

　平和条約3条に基づく統治の時期は，その発効を起点とするが，それに関連する統治の基本法に関する特別な措置はとられなかった。平和条約を前提とした軍事基地維持のための統治組織が，すでに琉球政府の設立によって確立されており，特に新しい措置をとる必要はなかった。米国内では，沖縄の統治につ

いて，その責任は国防長官に属し，国防長官は，その権限の遂行を陸軍長官に委任するという大統領の決定が行われた（沖縄の統治に関する大統領の指示・1954年8月9日）。

　平和条約3条の下で，統治の基本法として「琉球列島の管理に関する大統領行政命令（1957年6月5日）」が発布され，それに基づいて統治が行われた時期においては，統治の基本法が，米議会の制定法としてではなく，大統領行政命令という形式をとったことは，沖縄の法的地位を象徴するものである。（島袋・276頁）

2節　占領下の沖縄法

1．米国民政府（軍政府）の法令

　米国民政府が沖縄の住民に対して公布した法令の形式は，布告（Proclamation），布令（Ordinance），指令（Directive）の3種類である。この他に，覚書（Memorandum），書簡（Letter）等や占領初期の回状（Circular），各種の内令等のように必ずしもその法的性格が明らかでないものもある。

　軍政府による統治の時期には，「布告」として海軍軍政府布告（U.S.Navy Military Government Proclamation）と，軍政府特別布告（U.S.Military Government Special Proclamation）の2種がある。海軍軍政府布告は，ニミッツによって発布されたもので，10号まであり，その1号が日本政府の権限の停止を宣言したニミッツ布告となっている。これらの布告は，いずれも公布月日が明示されておらず，占領を前提としてあらかじめ準備され，占領直後に発布された。軍政府特別布告は，発布機関が海軍軍政府から陸軍軍政府に変わるが，布告の番号は両者を通じて一連番号となっている。「布令」は1948年に1本，1949年に2本出されたが，数多く発布されるのは1950年からである。その名称は軍政府布令（Military Government Ordinance）である。「指令」は，海軍軍政府指令（Naval Government Directive）と陸軍軍政府指令（Military Government Directive）があり，後者は各年ごとに一連番号が付されている。

民政府による統治の時期には，高等弁務官制の採用を基準にして，「布告」は二つのシリーズに分けられる。その名称が，前期が民政府布告（Civil Administration Proclamation），後期は琉球列島民政府布告（Civil Administration of the Ryukyu Islands Proclamation）または米国民政府布告（U.S.Civil Administration Proclamation）である。「布令」は，民政府布令（Civil Administration Ordinance）と高等弁務官布令（High Commissioner Ordinance）がある。民政府布令は軍政府布令からの一連番号となっている。「指令」は，高等弁務官制後も民政府指令（Civil Administration Directive）であり，1962年度と1964年度だけは高等弁務官指令（Hicom Directive）となっている。その宛て先は，琉球政府設立前は群島政府またはその諸機関宛となっているが，琉球政府設立後は，琉球政府行政主席宛になっている。（島袋・279頁）

2．沖縄統治の法源と法の雑居

　琉球諸島においては米軍の占領により法の雑居現象が生じたが，その適用の順序は次の通りである。条約，大統領行政命令，米国民政府の布告，布令，指令が優先的に適用され，その次に琉球立法院による立法，及び現地法としての旧日本法，慣習法が適用された。多くの旧日本法は立法院の立法によって改正され，または，そのまま立法として制定されたものもある。民法，民事訴訟法及び刑法は旧日本法を日本での改正にしたがい，沖縄に通用するように立法院において改正し，立法として制定され，刑事訴訟法は日本の新しい刑事訴訟と殆ど同一のものを立法として制定しているので，日本本土と同じ内容の法を運用していた。（平田・83頁）

　米国は，沖縄上陸と同時に戦時国際法に基づいて，布告，布令，指令の形式で法令を発布して沖縄を統治した。そして，米軍の上陸当時に効力を有していた日本の法令と，琉球臨時中央政府及び群島政府議会が制定した立法及び条例は，布告，布令，指令等に反しない範囲内で有効とされた。したがって，戦時国際法に基づいて占領されている間の法源は①戦時国際法，②布告・布令・指令，③旧日本法，④立法，⑤条例である。

対日平和条約の発効後は，同条約3条に基づいて，大統領行政命令と米国議会による制定法が公布された。そして，それらに反しない範囲内で，布告，布令，指令が発布され，その下で旧日本法，琉球政府の制定する立法及び各市町村の制定する条例の効力が認められた。したがって，平和条約発効後の法源は，①平時国際法・条約，②大統領の行政命令，③米国議会が沖縄に関して制定した法律，④布告・布令・指令，⑤琉球政府の制定する立法・規則，⑥各市町村の制定する条例，⑦旧日本法である。その他，米国法も広義の法源と考えられ，現地慣習法，条理も法源であることから，広範囲にわたり，その数も膨大である。（垣花・325頁）

3．法令の内容と性格の変化

沖縄においては，米軍の軍事占領による混乱から社会秩序の回復が進み，平和条約が締結されるにしたがい，数回にわたって統治機構の創設及び改廃がなされ，それらを根拠づける法令がそのつど発布されたため，基本的な法令の内容及び法的性格も時期によって異なり，憲法を頂点とする法体系のように把握することは難しい。

それらの法令を大別すると4つに分けることが出来る。その1は，米軍の沖縄本島上陸（1945年4月1日）から1950年1月2日までの間に，戦時国際法に基づいて発布された法令である。この間に発布された法令は，軍事占領の遂行を主な目的とし，米軍自ら沖縄の治安維持，経済統制，公衆衛生の維持を図るための法令と，難民となった沖縄住民を管理する上で生じる問題について，米軍政府の諮問に応ずる住民組織に関する法令からなっている。

その2は，1950年1月3日から平和条約の発効までの間に発布された法令である。これらは，社会秩序が一応回復され，また米国が長期にわたって沖縄を占有することが明らかになったため，制限的な住民自治を認める目的で発布された法令で，各群島の政府に関する法令と，琉球政府に関する法令からなる。群島政府に関する法令は執行機関，議決機関については日本の地方自治法（昭和22年法律67号）に範をとり，司法機関については，米軍政府の指定する重罪

以外は原則として，沖縄住民によって構成される裁判所が裁判権を有するように改められた。この法令によって，不完全ながら各群島別に三権の機能を備える政府組織が形成され，各群島住民の権利・義務が明らかにされた。琉球政府に関する法令は，平和条約の発効を前提に，各群島政府の機能を吸収して全琉球列島を統一し，立法，行政，司法の三権を備える恒久的な沖縄統治組織の原型を定めた。

その3は，平和条約の発効後，1957年6月5日の大統領行政命令と呼ばれる「琉球列島の管理に関する行政命令10713号」（Executive Order 10713 providing for Administration of Ryukyu Islands）の発布まで，基本法の役割を果たした法令である。米国の沖縄統治は平和条約の発効により戦時国際法から平和条約3条に基づく統治に移行し，統治に関する法令も戦時国際法に基づく法令から条約に基づく法令へと質的に変化する。しかし，平和条約発効前に発布された法令は同条約発効後もすべて有効とされたため，内容的には大筋において変わるところはなく法的性質だけが異なっていた。

その4は，条約3条に基づいて発布された大統領行政命令と，プライス法と呼ばれる「琉球列島における経済的・社会的発展の促進に関する法律」（公法86-629号）である。大統領行政命令は，統治の直接の責任者を民政副長官から高等弁務官に改め，米軍の基地と軍人・軍属の安全を害しない範囲で，住民の権利を徐々に拡大することを規定している。プライス法は，大統領の行政命令による沖縄統治を米国議会の制定法によって追認し，沖縄に対する経済援助を法的に根拠づけたものである。（垣花・325頁）

4．占領初期の司法制度

1945年4月1日の米軍の沖縄本島上陸と米国海軍軍政府布告1号（ニミッツ布告）の公布により，日本政府の施政権限は全面的に停止され，その裁判所も消滅した。沖縄諮詢会の法務部で，ニミッツ布告に基づく司法制度のあり方が検討され，これを踏まえた特別布告5号が発布され（1946年2月25日），沖縄住民による刑事裁判所が設立された。この裁判所は「簡易裁判所」と称され，

沖縄本島7地区に設置された。手続法としては軍政府の発布する法令のほか，これらに反しない範囲で，日本の刑事訴訟法（旧法）が適用された。判決に対しては，10日以内に軍政副長官に対する覆審の請願が許された。判事，検事，弁護士がそれぞれ1名ずつ軍政副長官から任命された。戦前の判事や弁護士がこれにあてられたが，なかには元書記官や警察官もいた。これが，戦後最初の民裁判所である。この簡易裁判所は軽犯罪や治安関係の犯罪を管轄する刑事裁判所であった。1946年4月，沖縄民政府が設立され，裁判所制度が徐々に整えられていった。米国軍政府特別布告12号（1946年9月26日）により区裁判所，地方裁判所，終審裁判所が設置され，簡易裁判所は廃止された。裁判所の事物管轄は特別布告12号により拡大されたが，一方で，特別軍事法廷もそれらの事件に関して管轄権を持っていた。（垣花・332頁）さらに，1947年10月には布告20号により名称変更が行われ，巡回裁判所，上級裁判所，控訴裁判所の制度に変わった。（平田・80頁）

　区裁判所判事には，軍政副長官の署名の入った辞令が交付された。その管轄区域は広大で，島尻区裁判所の場合，島尻全域，久米島，南北大東島などまで含まれていた。当時，まだ布告，布令の細かい規定が出ていなかったので，現地法としての日本法に従って審理が行われた。当時の世相をあらわすような軍窃盗事件や越境事件がほとんどで，前者は軍物資の盗み出しであり，後者は禁止区域立ち入りや夜間通行禁止令の違反であった。民事事件はほとんどなかったが，旧日本軍に徴用された馬や放れ馬の所有権をめぐって争われた事件が何件かあった。（平田・71頁）

5．軍政府司法関係法令の推移

　軍政府が占領統治を遂行するために発布した布告のうち，司法関係の主要なものを以下に列挙するとともに，その推移消長を示すことにする（琉球史資料・131頁）。
- 1945年「米国海軍軍政府布告2号」（戦時刑法）は，その4条で占領以前に実施されていた日本刑法または現地慣習法のいかなる条項にも違反した者は

軍事法廷に召喚されると定めた。この規定は，1949年「特別布告32号」（刑法並びに訴訟手続法典）により廃止された。
- 1945年「米国海軍軍政府布告3号」（特定軍事法廷）は，その2条で軍事法廷の司法権は占領下の諸島及び近海に及ぶと定めた。この規定は，1949年「特別布告32号」（刑法並びに訴訟手続法典）により廃止された。
- 1946年「米国海軍軍政府特別布告5号」（刑事裁判所設立）は，その1条で軽犯罪の裁判を行うために，沖縄本島に地区刑事裁判所を設立することを定めた。この規定は，1947年「特別布告20号」（裁判所制度の設立）により廃止された。
- 1946年「米国海軍軍政府司法内令1号」（裁判所）は，その2項で地区刑事裁判所を「簡易裁判所」と改称すると定めた。この規定は，1947年「特別布告20号」（裁判所制度の設立）により廃止された。
- 1946年「海軍軍政府特別布告8号」（特定軍事法廷）は，その前文で再審の手続の改変を定めた。この規定は，1949年「特別布告32号」（刑法並びに訴訟手続法典）により廃止された。
- 1946年「軍政府特別布告12号」（各種裁判所の創設）は，その1条で民事並びに刑事にわたる管轄権を有する区裁判所を4カ所設立する。また地方裁判所を1カ所設立する。区裁判所並びに地方裁判所からの控訴を受理する終審裁判所を1カ所設立する。簡易裁判所は廃止し，その裁判権は区裁判所に移管すると定めた。この規定は，1947年「特別布告20号」（裁判所制度の設立）により廃止された。
- 1946年「軍政府司法内令3号」（裁判所）は，その6条で少年の犯罪者は既存の日本法によって処理すべしと定めた。この規定は，1947年「特別布告20号」（裁判所制度の設立）により廃止された。
- 1947年「軍政府特別布告19号」（治安裁判所）は，その2条で民警察管区ごとに軽罪を扱う治安裁判所を創設すると定めた。この規定は，1950年「軍特別布告38号」（民裁判制度）により廃止された。
- 1947年「軍政府特別布告20号」（裁判所制度の設立）は，その前文で沖縄群

島において，民事並びに刑事の裁判権を有する民裁判所の適切な制度を設ける（2条1項）。治安裁判所に民事裁判権を付与する（同2項）。区裁判所は巡回裁判所と改称する（同3項）。地方裁判所は沖縄上級裁判所と改称する（同4項）。控訴裁判所は沖縄控訴裁判所と改称すると定めた。この規定は，1950年「軍特別布告38号」（民裁判制度）により廃止された。

- 1948年「軍政府発表5号」沖縄民政府知事官房情報課発行「情報」に登載され，沖縄の裁判所制度の解説と案内がなされた。
- 1949年「軍政府特別布告32号」（刑法並びに訴訟手続法典）は，刑罰並びに手続の規定のすべてを即座に引照できるよう法典化し，また将来の法典への法規の附加を容易にした。この規定は，1955年「布令44号」（刑法並びに訴訟手続法典）により廃止された。

3節　住民の自治政府と平和条約

1．群島政府の設立

東西対立の激化にともない，米軍は沖縄の軍事的地位を改めて評価し，これまでの暫定的な管理政策から，長期にわたって沖縄を占有するための施策を実施するようになった。これまでの各群島を分割統治する政策を改め，長期的な展望に立って全琉球を統合する中央政府の設立に着手した。特別布告37号（1950年7月10日）が発布され，4群島において知事及び議員の公選が実施された。この選挙の実施に先立って，日本の地方自治法をモデルにした群島組織法（米国軍政府布令22号）が公布されている。この布令は当時の民政の基本法としての機能を果たし，群島政府の組織，知事の権限，議会の権能，公安委員会の設置等が詳細に規定された。群島政府の知事は，群島を統括し代表する権能を持ち，群島政府の議会も条例の制定，歳入歳出予算の議決等が出来るようになり，これ以降，各群島政府は条例制定権を行使して，民生関係の重要な条例を「群島政府条例」として制定して行くことになった。一方で，司法機構，運輸通信，貿易，郵便等の全琉球列島にまたがるような事務については軍政府

の直轄とされた。(垣花・334頁)

　1950年の沖縄群島条例4号は沖縄群島知事の平良辰雄によって制定され，沖縄群島における治安裁判所の数，所在地，管轄区域に関する事項を定めている。軍政府は群島政府を永続的な機構として維持し，その上に連邦政府に類似の中央政府の設置を考えていた。群島政府の知事，議員の選挙は9月に行われ，群島政府は11月に発足した。経済面でも積極的な施策が推進され，1950年度には，沖縄の経済を戦前レベルにまで復興させることが目標として掲げられた。軍工事や環境整備と同様に，経済復興においても必要な資材や機具は可能な限り日本から輸入する方針がとられた。教育面では米国留学制度が始まり，琉球大学が新設された。恒久的な基地の建設を契機として民主化が推進された。(宮里・24頁)

　「琉球列島米国民政府に関する指令」と題された極東軍総司令部から琉球軍司令官宛に発せられた書簡は，アメリカの沖縄の統治に関する基本方針を指示している。このなかで琉球列島軍政府は「琉球列島米国民政府」と改称され，これまでの軍事中心の統治から，軍事的必要の許す範囲で民政の民主化をはかり，ガリオア資金の範囲内で，住民の生活レベルを戦前水準に引き上げることを指示している。この方針に添って統治機構の整備がなされ，住民自治の範囲が拡大することになった。この書簡では中央政府，群島政府，市町村という3段階の自治組織が構想されていた。(垣花・336頁)

　1951年4月，米国民政府は布告3号を発布し，恒久的な中央政府が設立されるまでの暫定機構として，立法，行政，司法の3機関を備えた臨時中央政府を設置した。この政府は，群島政府に委譲されていない事項だけを取り扱うことになった。ところが米国民政府は群島政府に対して，その機能を徐々に中央政府に吸収する旨を通達した。この措置は経費を節約し，政府を能率的に運用するためであった。(宮里・26頁) 群島政府は臨時中央政府に吸収され，市町村と中央政府(琉球政府)という2段階の住民の自治組織が確立して行く。(垣花・336頁)

2．琉球政府の設立

　琉球臨時中央政府は，1年間の準備期間中に，群島政府の財産と権利を引き継いで組織を整備し，陣容を整えて1952年4月に，恒久的な琉球政府として発足した。琉球政府の設立を定める布告13号は，琉球政府の基本的な組織について規定し，立法，行政及び司法の三権を備えた琉球政府が，米国民政府の発する布告，布令及び指令に従って，琉球の政治の全権を行う権限を認めた。「琉球政府章典」を定める布令68号は，米国の統治権の及ぶ地理的管轄区域，米国の統治権に服すべき琉球住民の人的範囲，その権利及び義務，立法，行政及び司法府の具体的な組織及び運営，琉球政府と市町村の関係等について規定している。（垣花・336頁）

　布告13号は，沖縄住民の権利について，信教，言論，集会，請願及び出版の自由，及び正当な手続によらない不当な捜査，逮捕及び生命，自由または財産の剥奪等に対する安全の保障を含む，民主国家の基本的自由は，公共の福祉に反しない限り，これを保障すると規定している。住民の義務としては，代議政治の一般的な責任を負うことのほかに，法及び秩序の維持に協力すること，選挙において投票すること，正規の租税を納めることが定められている。（垣花・343頁）

(1) 立法機関

　布令68号では，立法院の議長は，行政副主席が兼任することを定めていた。これは米国の副大統領が，議会上院の議長を兼ねていることをモデルにしたとされている。立法院は，開会と同時に議員による議長選出を強く主張し，これが受け入れられ，布令68号は改正された。立法案，決議案の発議権は，立法院の議員のみが有するが，行政主席も必要適切と認める議案について「メッセージ」をもって審議を勧告することが出来た。また裁判所も訴訟手続法案について，その制定を進言することが出来た。立法院で制定された立法に関して，布告13号は，民政副長官に，その施行を拒否し，みずから必要と認める法令を公布する権能を認めていた。もっとも，この権限を行使しなくても，民政副長官は琉球政府をコントロールすることが出来た。民政府訓令30号（1951年6月7

日）では，琉球政府は法案を立法院に立法勧告をする前に，それを米国民政府に提出して，その承認を得なければならないとし（事前調整），また立法院で可決された法案は行政主席の署名で立法となるが，行政主席はその署名の前に米国民政府の承認を得るよう義務づけられていた（事後調整）。（垣花・339頁）

(2) 行政機関

琉球政府の行政権は行政主席に属する。行政主席は，これが選挙制になるまで民政副長官の任命によるものとされた。行政主席は任期の定めがなく民政副長官の意思によって定まる。また，立法院による行政主席の不信任も許されない。行政主席の補佐機関として副主席のほか，官房と内政，文教，社会，経済，工務交通，法務，警察及び労働の各局と統計部及び経済企画室が置かれた。行政主席は，立法府及び司法府から独立して，民政府の発布する布告，布令及び指令に反しない範囲内で，一般行政を行う権限があった。（垣花・341頁）

(3) 司法機関

司法機関は，行政機関，立法機関よりも先に，全琉球的な統一機関が出来ていた。各群島政府の時代にも，上訴裁判所が那覇市に設置され，裁判の審級関係では，全琉球的な組織が出来ていた（1950年特別布告38号）。琉球政府の発足に備え，これまでの群島別の裁判所制度を廃止し，新たに全琉球の司法機関を統轄する「琉球民裁判所制」（1952年布告12号）が敷かれた。琉球民裁判所制は治安裁判所，巡回裁判所及び琉球上訴裁判所の三つの審級から構成された。治安裁判所及び巡回裁判所の判事は，民政副長官の認可を得て行政主席が任命した。琉球上訴裁判所の判事は民政副長官が指名し，民政長官が任命した。裁判手続については，布告12号に定める規定に反しない範囲で，沖縄占領当時の日本の民事訴訟法及び刑事訴訟法が適用された。（垣花・341頁）

3．平和条約の内容と法的性質

対日平和条約は，1952年4月28日に発効し，これに伴い米国の戦時国際法に基づく沖縄の占領は，条約に基づく統治へと移行した。しかし，対日平和条約

3条は，沖縄をともかく米国の統治下に置くことを定めただけで，その法的地位を明らかにしなかった。米国は無期限に沖縄を統治する権利を保持したが，米国と沖縄との関係は，租借地でも，信託統治地域でも，領土でもないという関係にあった。条約3条では，米国は国連に信託統治に関して提案する権利を有しており，その場合，日本はその提案に同意する義務が定められているが，米国は沖縄を信託統治地域にする意思がないことを言明しており，米国と沖縄の関係は益々不明確になった。当時の草案作成責任者であったダレス国務長官は，条約3条に関して，沖縄の帰属をめぐって連合国間に意見の相違があったので，最善の方法として，合衆国を施政権者とする信託統治制度のもとに，これらの諸島を置くことを可能にし，日本に残存主権を許すことにした，と述べている（中野好夫・41頁）。残存主権を日本に残しながら，米国が沖縄に対する統治権を完全に行使できるように工夫したのが条約3条である。残存主権（Residual Sovereignty）は国際法上明確な概念ではないが，実質的な権利をともなわず，日本は沖縄に関して，その主権を行使することは出来ないということである。1953年4月，民政長官クラーク大将は布告22号を発布し，これまで公布されたすべての法令は有効であると宣言し，条約3条に基づく沖縄統治のための基本法は，戦時国際法の下で発布した法令と同じであることを明らかにした。しかし，米国の沖縄統治の正当性を裏付ける基本法の制定は必要不可欠であった。米国の沖縄統治が長期化することが明らかになるとともに，沖縄統治に関する基本法を，米国法の秩序内に組み入れて，体系化する必要に迫られた。1955年1月，国防省は「琉球列島の管理に関する法律案」を議会に提出した。この法案は，上院議会で第2読会を経て，軍事委員会に付託されたが，不成立に終わった。（垣花・345頁）

4節　米国統治下の司法制度

1．琉球民裁判所

1950年7月の米国軍政府特別布告38号と，1952年1月の米国民政府布告12号

の公布により，琉球民裁判所の制度が確立する。この制度では，民裁判所は治安裁判所，巡回裁判所，上訴裁判所により構成され，2審制で事実審理は1回だけとなった。那覇市に置かれた琉球上訴裁判所は，琉球政府の最終審裁判所で，琉球全域の巡回裁判所の判決，決定，命令に対する上告を審判する機関とされた。琉球上訴裁判所の下に沖縄，宮古，八重山，大島の4巡回区がおかれ，沖縄はさらに国頭，中頭，中央，島尻の巡回裁判所が設けられた。

　布告12号では，治安裁判所は刑事事件については1年未満の軽犯罪事件，民事事件については親族相続及び土地所有権を除く訴訟価格5万円未満の事件についての裁判権を有するとされた。巡回裁判所は，不動産の係争に対する審判及び収用手続の決定を含む米国民政府布告，布令，指令及び琉球政府法令に基づくすべての事件について，第1審としての民事及び刑事の裁判権を有するほか，治安裁判所からの上訴に対して裁判権を有していた。

　琉球上訴裁判所は，高等弁務官の任命する5名の判事からなり，琉球諸島における最終審の民裁判所である。その主席判事はすべての治安裁判所，巡回裁判所及び上訴裁判所に対し，司法行政上の指揮監督権を行使し，その責任を負っていた。上訴裁判所の定足数は3名とされ，法の定めるところにより巡回裁判所からの上訴を裁判する権限を有していた。いかなる場合にも，上訴事件において証拠を審理すべきではなく，純然たる法律問題を考慮し，裁判もそれに基づかなければならないとされた。下級裁判所の事実認定は，上訴裁判所を拘束するものとし，上訴裁判所は純然たる法律審であった。

　1951年4月に初代の上訴裁判所主席判事が任命され，沖縄における司法制度が一応確立された。裁判所庁舎も泉崎の旧県庁敷地へと移転した。この布告による民裁判所制度は，1968年1月立法院の制定した裁判所法により琉球高等裁判所が発足するまで18年間続いた。（平田・80頁）

2．軍裁判所

　1945年4月1日，米国海軍軍政府は布告1号を発布し，南西諸島及びその住民に対する日本の行政権及び司法権を停止すると同時に，布告2号及び3号を

発布し，軍事委員会，高等軍事法廷，即決軍事法廷を設立して刑事に関する軍事裁判を開始した。これが「軍裁判」の始まりである。その後，1949年6月，米軍政府布告32号が，刑法ならびに訴訟手続法典として発布され，新たに上訴審裁判所，高等裁判所及び下級裁判所が設置され，布告2号及び3号は廃止された。1951年当時の沖縄の裁判制度は，軍裁判所と民裁判所の二本立てであった。米国の利益や軍人軍属に関する事件は軍裁判所へ提訴し，その他の窃盗，傷害などの一般的な事件は民裁判所で扱われた。両者の関係は対等ではなく，軍裁判は常に民裁判の上位に置かれていた。民裁判に係属した事件も，必要があると認められると，軍裁判への移送が命じられた。朝鮮戦争の起こった1950年から1955年頃までは軍裁判の華やかな時代であった。特に朝鮮戦争の勃発を引き金にしたスクラップブームが，軍裁判の増加に拍車をかけた。薬莢や鉄くずなどの密貿易が後を絶たなかった。当時，軍裁判ではアメリカの法曹資格をもつ裁判官は少なく，ほとんどが警察官出身であった。審理はアメリカの刑事訴訟法により進められた。軍裁判では真摯な法律判断よりも，陳情や情実で執行猶予になることが多く，一面では米軍の宣撫工作としても機能していた。（平田・71頁）

3．司法関係布告の動き

　この時期発布された民（軍）政府の沖縄統治の推進のための布告のうちから司法関係の主なものを以下に示す。（琉球史資料・131頁）
- 1950年「軍政本部特別布告38号」（民裁判制度）では，その1条1で民裁判制度は，治安裁判所，巡回裁判所及び琉球上訴裁判所をもって構成すること。2条5で民事裁判権について，治安裁判所は金銭上の判定額または係争の財産（権）の請求価額が5万円を超えない，すべての民事訴訟を裁判する権限を有すること。5条1でアメリカの琉球占領当時施行の日本の民事及び刑事訴訟法が効力を保持すること。7条で弁護士に関することなどを定めた。
- 1951年「琉球列島米国民政府発群島議会議長宛通牒」（法令の解釈について）では，布告，布令，指令及び命令の定義，及び一連番号の付け方が示さ

れた。
- 1952年「琉球列島米国民政府布告12号」（琉球民裁判所制）では，その前文で琉球諸島政府の早急な設立の促進のために，民裁判所制を一つの政府の機構に合併することが望ましいことをうたい，1条で総則，2条　治安裁判所，3条　巡回裁判所，4条　琉球上訴裁判所，5条　手続法などを定めている。
- 1952年「琉球列島米国民政府布令58号」（琉球民裁判所の民事裁判権）では，軍人軍属には布告12号1条2項の琉球民裁判所の民事裁判権は及ばないとしていた。
- 1955年「琉球列島米国民政府布令55号」（刑法並びに訴訟手続法典）では，第1部の民政府裁判所において，その1章　基本法で，施政権は琉球列島米国民政府を通じて行使される。占領当時施行されていた現行法はそのまま有効とする。その後改変されたものはこの限りでないとした。2章　民政府裁判所の構成及び裁判権で，民政府裁判所は上級裁判所と簡易裁判所からなること。3章　訴訟手続で，民政府裁判所の訴訟は1951年の軍法会議提要に示された訴訟手続にしたがうこと。第2部の罪において，その3章で経済及び財政政策に反する罪，4章　道徳に対する罪（売淫）を規定し，その5章では，公衆の保健に反する罪も規定した。

4．米国民政府裁判所

1957年6月アイゼンハワー大統領は「琉球列島の管理に関する大統領行政命令」を発布し，琉球政府ならびに米国民政府は，それぞれ民事，刑事の第1審及び上訴審を含む裁判制を運営しなければならないとした（同命令10節）。米国民政府裁判所の訴訟は，米国民政府布告144号に基づいて，公開での起訴状の交付，弁護人の選任，証拠の提出など，通常の訴訟手続で行われた。とくに，1963年3月の改正により陪審制度が導入されたことは注目される（同布告5章）。それによると，本人が陪審を受ける権利を放棄しない限り，民政府裁判所において犯罪につき訴追を受けた者は，何人も重罪については大陪審によ

る正式起訴を受ける権利を有し，また微罪以外のすべての犯罪については小陪審による裁判を受ける権利を有するとされている。民政府裁判所は現県庁舎敷地内にあって，大法廷はアメリカ式のつくりになっており，12人の陪審員席を備えた立派なものであった。1968年1月に民政府が浦添牧港に移転した後は一時，琉球高等裁判所の建物として使用されたこともあった。（平田・84頁）

5．法曹制度

当初はまだ弁護士の登録制度はなかったが，ニミッツ布告によれば原則として日本の弁護士資格がないと弁護士活動はできなかった（平田・71頁）。1950年7月の軍政府布告38号で，有資格者は，同年10月までに弁護士登録が必要になった。それまでは戦前の日本の有資格弁護士が主に活動していたが，元新聞記者や元市長，あるいは元県会議員，元村長などが，軍裁判所から任命されて弁護活動にあたっていた。しかし，徐々に社会が落ち着きを取り戻し，法的秩序が保たれるようになると有資格の弁護士が必要になってきた。この布告により免許登録を行い，それ以後は無資格者による弁護活動は認められないことになった。

1952年1月の民政府布告12号では，琉球の全有資格者からなる琉球法曹会の中に試験局を設け，判事，検事，弁護士の適任証明を行うことになった。巡回判事，治安判事の任命は，試験局の証明を添えて，民政副長官の認可を得てから，行政主席が任命することになっていた。この法曹会は米国民政府の官製の法曹人の団体となっていた。この制度の下で，試験局によって主席判事や検事長による判事，検事の推薦権をチェックし，バランスを保つことが出来た。（平田・106頁）

5節　大統領行政命令とプライス法

沖縄を現地で統治する米国民政府は，極東軍総司令部の指揮下に置かれていたが，極東戦略の変更による極東軍の廃止にともなって，これまでの沖縄統治

を改めるために発布されたのが大統領行政命令である。ここでは，沖縄の民政に関する責任者を琉球軍司令官とする高等弁務官制を設け，「軍事的必要の許す範囲で住民の福祉を図る」という基本方針から，「琉球列島住民の福祉及び安寧の増進のために全力を尽くす」とあらため，占領行政からの脱却を進める姿勢を明らかにしている。

大統領行政命令は，米国の沖縄統治の根拠が条約3条にあることを示した上で，その統治権は行政命令にしたがって行使されなければならないと定めている。統治の責任者としては，大統領の指揮監督の下に国防長官が行政，立法及び司法の全権を行使する。国務長官は琉球列島に関する対外的な交渉についての責任を負う。国防長官の管轄の下に琉球列島米国民政府をおき，その長として琉球列島高等弁務官が置かれた。高等弁務官は大統領の承認を得て現役軍人のなかから選任される。後に高等弁務官の下に文官の民政官をおき，与えられた権限の範囲内で民政にあたらせた。すなわち，米国大統領は軍の最高司令官としての権限に基づいて，国防長官を指揮監督して沖縄統治にあたらせたのであり，米国の議会と裁判所は沖縄統治に対して直接の関係を持たなかった。

施政の基本方針として，①民主主義の原理を基礎とし，健全な財政機構によって維持される能率的で責任ある琉球政府の発展を助長し，②琉球列島住民の福祉及び安寧のために全力を尽くし，経済的文化的向上を促進するとしている。沖縄に適用される立法は，住民によって直接選挙された議員をもって構成する立法院で制定され，行政権は行政主席に，司法権は琉球裁判所に属することにより，三権分立による自治政府が形成された。

しかし，沖縄における高等弁務官の権限は，絶大なものがあった。立法権に対しては，事前事後の調整がなされ，拒否権もあった。行政権については，行政主席の任命権と公務員の罷免権があった。司法権に関しては，刑の執行の停止，変更，恩赦や事件の民政府裁判所への移送権も有していた。高等弁務官のこれらの権限の行使が裁判所によって抑制されることはなかった。大統領行政命令によると，高等弁務官はすべての立法を拒否し，無効にし，公務員を罷免する権限を有するほか，刑の執行の延期，減刑，及び赦免権限を有した。また

高等弁務官は，安全保障のための必要があるときは琉球列島におけるすべての権限の全部または一部をみずから行うことが出来た（同命令11節）。琉球住民に対する司法権の行使は通常，琉球政府裁判所にあるように見えても，それは表面的なものであって琉球上訴裁判所の確定判決であっても，米国の利害に関する限り，高等弁務官の命令で，いつでも，いかようにでも変更できる制度になっていた。大統領行政命令は琉球住民に対して裁判制度の二重構造を押しつけ，二重に法の網を打ち掛け米国の安全を保っていた。これは大きな法律上の差別であり，人権の蹂躙であった。（平田・84頁）

大統領行政命令による沖縄の統治方式は，大統領が軍の最高指揮官として発布した命令にもとづくもので，あくまでも暫定的なものである。沖縄統治の恒常化のためには，米国議会による基本法の制定が必要である。そのために提案されたのがプライス法案である。この法案は，統治の基本原則と経済援助に関する規定のみを設けて提案され，1960年7月に一部修正の後，議決された。その要旨は，住民の福祉安寧の増進，経済的，文化的発展の促進，経済復興のための援助の供与，などであった。同法には，沖縄統治の組織及び態様に関する規定はなく，大統領行政命令に定める条項を黙示的に承認したものとみられる。（垣花・351頁）プライス法の目的は，琉球列島の経済的・社会的発展を促進する計画に，明確な法的根拠を与えるとともに，アメリカの統治を米国内法の下で合法化し，軍事的任務をより効果的に遂行できるようにすることであった。（宮里・49頁）

まとめ

1966年に起こった裁判移送問題を契機に，裁判制度の民立法化の気運が促進され，行政主席は高等弁務官に対して，上訴裁判所の判事の任免権の民委譲を積極的に要請した。これに対して米国民政府は，裁判制度に関する民立法が制定されたら，布告12号を廃止することに同意した。1967年11月立法院において裁判所法，検察庁法，弁護士法の3つの法案が成立，公布され，翌年1月から

施行されることになった。これと同時にアンガー高等弁務官は，琉球政府章典を改正し布告12号を廃止した。ここに米国民政府による裁判制度は，琉球政府の裁判制度に移行した。しかし，琉球の裁判所は依然として大統領行政命令の下で高等弁務官の権限の下にあることに変わりはなかった。

　この民立法では，布告に基づく上訴裁判所を廃止し，琉球高等裁判所を設立し，それを上級裁判所として，下級裁判所として那覇地方裁判所，那覇家庭裁判所を設け，那覇，コザ，名護，平良，石垣に簡易裁判所を設けた。裁判権については，日本の裁判所法に準じたが，審級については布告を踏襲し，2審制を採用した。裁判官の任命権者は行政主席とし，高等裁判所裁判官は諮問委員会の諮問を受けることとなった。この布告により琉球法曹会は消滅し，弁護士法により沖縄弁護士会が誕生した。（平田・142頁）

参考文献・資料
琉球政府文教局『琉球史資料・第2集』（1956年）
中野好夫編『戦後資料沖縄』（1969年）日本評論社
島袋鉄男「米国の沖縄統治基本法の系譜」『戦後沖縄の政治と法　1945－1972年』宮里編（1975年）東大出版会
垣花豊順「沖縄統治に関する基本法の変遷とその特質」『戦後沖縄の政治と法　1945－1972年』宮里編（1975年）東大出版会
宮里政玄「アメリカの対沖縄政策の形成と展開」『戦後沖縄の政治と法　1945－1972年』宮里編（1975年）東大出版会
平田清祐「終戦直後の沖縄の司法制度」『主席判事物語』（1990年）沖縄自分史センター
伊佐千尋『逆転―アメリカ支配下・沖縄の陪審裁判』（1977年）新潮社

第1章
米国統治下の沖縄経済

　ここでは，占領下沖縄の社会を検討する上で不可欠の経済的土台に関する考察を行う。戦後の沖縄が置かれた特異な政治環境は，沖縄の経済構造に大きな影響を与えた。戦前の沖縄経済は農業が中心であり，人口と食糧または所得との不均衡に常に悩まされた。そのため増加する人口を移民や移住で調整する一種の人口政策がとられてきた。戦後は第3次産業による逆転現象が生じた。戦後の沖縄経済は絶えず成長してきた。沖縄戦において20万人近い人口を失うが，戦後は米軍基地周辺に新しい街ができ人が集まり，経済活動が始まり，また海外からの引揚者もあり，1950年には70万人の人口に達した。1955年には80万人となり，その10年後の1965年には93万人を記録した。（真栄城・16頁）

　戦後10年の沖縄は，アメリカが巨費を投じて復興を図り，道路，港湾を整備し，住民生活の向上を促し，戦前，日本ができなかった繁栄を実現した。那覇市にはビルが立ち並び，レストラン，劇場，商社などが軒を連ね，その繁栄ぶりから，国際通りは奇跡の1マイルと呼ばれた。戦前とは反対に，日本からの転籍希望者が多いのも経済事情のよさによるものであった。（松川・116頁）1953年10月から実施された労働3法の立法は，勤労層に大きな恩恵を与え，また沖縄経済の質的発展に重要な役割をはたすこととなった。

　米軍の基地需要に支えられて沖縄経済は大きく成長した。1960年代の沖縄は実質経済成長率が10〜15％という驚異的な経済成長を経験した。戦後の沖縄経済は，景気後退期に入るとそれを持ち上げる要素が出現した。1958年頃の実質成長率の鈍化に際しては，ドル切り替えや軍用地借地料10年一括前払い，製糖やパイナップル産業の勃興などが継起し，景気の落ち込みを下支えした。同じ

ように1963年から64年にかけての景気後退では、トンキン湾事件の勃発にともなうベトナムブームが、景気を反転させ高度成長へと結びついた。1969年の建設不況と本土復帰不安により投資や雇用が抑制され、1972年の復帰に向かって経済成長が鈍って行くが、巨大な公共投資が沖縄経済を浮揚させた。

1節　焦土からの経済復興

1．占領直後の経済生活

　日米両軍の激闘が繰り返された沖縄本島では、手持ちのわずかの旧日本円のほかは無通貨状態となり、物々交換の経済が1946年4月の通貨経済の再開まで約1年の間続いた。米軍は国際占領法規に従って住民に配給を行った。希望者には労役を与え、一定以上の労役に従事した者には特別配給も行われた。軍政府の配給量の基準は1人当たり1400カロリーで、後に1800カロリーに引き上げられたが、必要熱量に及ばなかった。衣類は米軍の余剰物資の配給によってまかなわれた。（稲泉・17頁）その後、占領政策遂行の上で必要な軍作業という労働の提供を住民に求め、その報酬として物品の配給を行うという形に変わって行った。

　1945年8月米海軍軍政府によって設立された沖縄諮詢会には、専門部局の一つとして財政部が設けられ、翌46年3月の軍政府指令により、機構が体系化され、軍政府経済部の直接の監督のもとに運営がなされることになった。財政部の下には理財局、主税局、企画局がおかれた。しかし、実際の運営はほとんどなされなかった。その後1946年4月の沖縄民政府の設立により、沖縄諮詢会は解散となり、各部局は民政府に継承された。（久場・65頁）

　1946年4月の軍特別布告7号による旧日本円のB円への交換、泡盛の酒造開始、同年6月の米軍立替金を資本金とした沖縄中央銀行の発足などがあり、ようやく沖縄民政府の財政事務が活発化してきた。（久場・66頁）沖縄民政府が相当数の官吏を抱えるようになったころから、米軍政府は軍票を発行し、これに貨幣的機能を果たさせ、また本土からの帰還者が所持する新日本円も交換手

段として認め，流通させ，貨幣経済の体制が復活し，住民の経済活動も活発化してきた。

　1946年3月，海軍軍政府は特別布告を発し，B円軍票，新日本円，認証を受けた旧日本円を法定通貨とした。4月から住民の所持していた旧日本円は法定通貨との交換が行われた。通貨経済の再開にともない，5月に賃金制度が布かれ，無償配給は有償制に改められた。また沖縄中央銀行が設立され公金の取扱と各種の金融サービスを開始した。奄美，宮古，八重山の各群島でも戦前の金融機関の機構や人員を主体として金融業務の取扱が始まった。(久場・17頁)

　沖縄民政府は，財政支出を賄う財源として，住民に対する売上税法・所得税法の立案を軍政府から命ぜられ，この案が1947年3月の指令7号「沖縄群島における課税手続の設定，及び実施の件」の基礎となった。同年4月，軍布令により税制が施行された。戦災による疲弊がまだ癒されていない中で，軍政府が租税制度を実施したのは，民政府と住民の多くを徴税関係で結びつけておくことによって，住民に民政府に対する親近感を抱かせる意図があったものと思われる。(久場・28頁)

　まだ自由な経済活動が認められず，各群島間の交易も許されていなかった経済統制の下で，生活必需物資とくに食糧は不足がちであった。当時の賃金水準は低く，1カ月分の給料で物資を購入しても，煙草1カートン程度にしか相当しなかった。そこで，食糧自給のため耕作に従事する人びとが多かった。この自給的な農業の復活とともに，食器，日用品，農機具の不足を補うため，兵器の残がい部品等を利用した手工業が勃興した。

　軍政府の統治経験がすすむにつれ，行政組織も次第に整備され，混乱していた民心も安定しはじめた。知念村におかれていた沖縄民政府は，1949年那覇市に移転し，中国大陸の情勢の変化とともに，沖縄統治に対する積極策が見えはじめた。那覇市の計画的復興，那覇港の拡充，泊港の浚渫が発表され，久茂地川以東の土地開放が示唆された。1950年2月には，軍施設1マイル以内での集落形成，家屋新築等の建築制限が緩和され，住民の旧村落への復帰と住宅の復興の意欲が高まった。

2．インフレの抑止と通貨統一

　戦時中，内地に疎開した者，台湾，フィリピン，南洋群島などに移住していた人びとの帰還が1946年から始まった。終戦当時約33万人と見られていた人口は，1948年には56万人に激増した。日本からの帰還者の所持金は，大蔵省告示により1人1000円以内と定められていたが，これが全体として沖縄の通貨量を膨張させることになった。1946年6月，軍の立替出資100万B円により，沖縄中央銀行が発足した。また新日本円が本土から帰還者や密航者によって大量に持ち込まれ，軍円予算の支払い超過などもあり通貨が急速に膨張した。（久場・27頁）物資の供給が低位にとどまっているところでの人口増と通貨量の増大は，通貨価値の下落を招き，沖縄でも戦後インフレが激化するようになった。

　1947年の始め頃から，全琉球の金融機関を一元化してインフレを抑止し，沖縄経済の正常な発展をはかることを目的として，琉球銀行の創立が準備され，翌48年5月軍政府布令第1号により，全琉球を統轄する中枢金融機関が誕生した。その運営にあたっては，公平な住民参加を目的として株式を各群島の人口比に応じて割り振り，地域代表が経営に参画することになった。これに伴って八重山，宮古，奄美の各群島の各銀行は接収され，沖縄銀行も吸収合併された。

　琉球銀行の順調な発足をみて，軍政府は通貨の一元化にふみきった。B円と日本円の二種類の法定通貨が流通している制度の下では，インフレの抑圧や通貨コントロールが大変に難しかった。1948年7月，布告29号「通貨交換と新通貨発行」により一斉に通貨交換を行い，軍政府布令30号により，B円軍票が琉球における唯一の法定通貨とされた。軍政府は琉球銀行を通じて通貨管理をおこなうことになり，新日本円の流入による通貨膨張を防ぎ，インフレの進行を抑止した。

　B円による通貨統一によって，従来からの日本円の流入は止まり，旺盛なインフレも終息へ向かった。1948年11月の軍政府布告33号により自由企業制度が復活し，特定物資を除いて個人の自由企業免許制度にもとづく，経済活動が進展することになった。自由な企業活動によって必需物資の流通が促進され，物

価は次第に低下しはじめた。また世界的な食糧の増産の影響があって配給の事情もかなり緩和された。このため自給的な農業生産は減少し，離農が進み商企業に多くの労働力が流入した。(稲泉・23頁)

占領下の軍政府の通貨政策は複雑多岐であった。それは通貨政策の基本が経済政策というよりも，占領政策の効率化に重点がおかれていたためであった。1946年3月から1948年6月までの間に，4次にわたる法定通貨の告示変更が繰り返され，最終的に法定通貨をB円軍票に統一し，日銀券を排除した。(久場・201頁)

3．ガリオア援助と金融財政

1947年から実施された，アメリカの沖縄に対するガリオア援助 (Government Appropriation for Relief in Occupied Area Fund) は，住民の生活必需品をはじめとする多くの財貨を調達し，その売上代金は見返円資金勘定として財政復興計画にあてられた。(久場・17頁)

自由企業制度の確立とともに，1949年末に民政府陸運課から沖縄運輸会社が分離し，さらに合同トラック会社が設立され，ガリオア援助により日本から輸入したトラックによって民間貨物輸送がはじまった。復興の進展とともに住民の移動がますます活発になり，1950年にはバス会社3社が相次いで設立された。また三輪車によるタクシー事業も勃興し，輸送事業は著しく進展した。民政府海運課から琉球海運が分離し，ガリオア資金により鋼鉄船が導入された。また水産業でも，ガリオア資金による漁船の大量購入がおこなわれた。ガリオア援助の恩恵は，社会的インフラの整備だけでなく肥料，医薬品にも及んだ。米軍の放出物資と1億8000万ドルに及ぶガリオア援助が，戦後の住民経済の復興の契機となった。

ガリオア援助とエロア援助 (Economic Rehabilitation in Occupied Area Fund) により，生活必需品が援助物資として供給され，この物資の販売代金として住民から回収されたB円は，見返り資金として軍政府の円予算に組み入れられ，沖縄の社会資本投資の一部として支出され，また軍労務者の賃金，政

府の人件費にも使用された。（久場・27頁）米国民政府は，アメリカからの援助資金の効率的な活用と会計の明確化によって，沖縄経済の発展を促進するために「見返り資金制度」を1951年4月に設立した。

戦災で甚大な被害を受けた沖縄経済の復興は，民間資金だけでは困難であり，軍政府の長期資金援助が渇望された。軍政府は1950年4月の布令4号により「琉球復興金融基金」を1億円の基金で発足させることになり，琉球銀行の短期資金の供給とともに，長期資金を供給する系統金融機関が設立された。琉球銀行は，基金の受託者として貸付事務を担当した。（杉野他・26頁）

1950年9月，沖縄民政府が解消され，沖縄群島政府が発足した。公選知事による自治政府の発足である。新政府は，自治財政の樹立を主たる財政政策として推進した。それは，沖縄の復興及び行政資金の大半を占めていた見返り円資金の源泉であるガリオア援助・エロア援助が，1952年度を最後に打ち切られることになっていたからである。財政総需要を賄うに足る，自主財源の確保は困難をきわめた。住民の担税力に応じた税制の確立と，公共事業による税外収入の確保を目指した。各種税法は群島議会における民立法に切り替えられ，租税徴収法等も制定された。（久場・73頁）

地方財政は，軍指令により当初は，米国からの援助物資を市町村単位の売店を通じて住民に販売し，その売上を各市町村財政の財源に充当して，市町村の行政事務を運用していた。しかし，これではその時々の援助物資の量によって財政規模が変動することになり好ましくないため，1947年の軍政本部指令7号により，売店での売上で財政を賄えない市町村に対しては，税の附加税の徴収が認められた。また，住民負担金による財政資金の調達も行われたが，法的根拠を欠いていたため不都合や支障を生じたこともあった。（久場・72頁）

群島議会は，日本の地方税法を参考にして1951年3月，17の税種目からなる市町村税条例案を可決し，翌4月から群島条例1号として実施され，地方財政もようやく軌道に乗りだした。また同年7月には市町村財政調整交付金条例案が可決され，群島政府から地方自治体への資金配分が行われ，市町村相互間の格差の是正が図られた。（久場・79頁）

1951年4月に発足した臨時中央政府は，各群島政府機関をその傘下においた。この臨時中央政府の発足により，米軍の援助方式にも大幅な変更が見られ，各群島別に支出されていた復興資金援助は，中央政府にまとめて下付されることになった。また税制を確立し，政府経常費を自己財源によって賄わせる方針がたてられた。見返り資金制度の整備と相まって，補助金も財政資金援助と復興設備投資援助に大別され，とくに後者は復興資金として，コマーシャルベースで貸付と回収を繰り返す資金回転のコントロールを通じて，効率的な復興資金供給を行った。

　基地建設工事と軍の駐留に伴うドル収入の増加につれて，米国政府からのガリオア援助金は次第に減額され，1950財政年度に約5000万ドルに達した援助額は，1954年度には約300万ドルに急減した。1955年度にはガリオア援助物資売上代金による援助制度が改められ，直接，現金による政府援助が実施されるようになった。米国の援助に多くを頼ってきた沖縄経済は，次第に自立経済への移行を求められるようになってきた。（稲泉・28頁）

2節　基地経済の形成と展開

1．経済の基地依存とB円体制

　極東における国際情勢の急変は，アメリカに軍事上の必要から沖縄の継続的な統治を決意させ，積極的な統治政策が打ち出された。1950年3月にB円の対ドル単一公定レートが設定された。朝鮮戦争の勃発を契機として基地建設のための莫大な予算が割り当てられ，一方で，沖縄住民の経済及び福祉面に対しても本格的な配慮が払われるようになった。巨大な軍事基地建設とこれにともなう収入，数万のアメリカ兵の駐屯は，沖縄経済の様相を一変させた。戦前の零細な農家経営を中心とした農業経済は，アメリカ軍の基地に依存する基地経済に変容した。沖縄本島の耕地の約5分の1は軍用地として接収され，基地周辺の農民の大部分は軍労務に従事する賃金労働者に転化した。戦前には見られなかった産業も勃興し，土木建設，サービスなどの業種が急速な発展をとげ

た。(稲泉・16頁)

　1950年6月の朝鮮動乱を契機として，沖縄の基地収入が急速に増加し，沖縄の基地依存体質が一層鮮明になった。沖縄は恒久的な軍事基地に生まれ変わり，大規模な基地建設工事，駐留する数万の米軍へのサービスの供給，軍人軍属の民間市場での直接消費など，相当多量の資金の流入があり，基地経済の体制はますます固まっていった。1953年の基地収入は対外受取の83%を占め，その規模も急速に拡大した。民間貿易がすでに再開されていたため，基地収入の増加が輸入を刺激し，1953年の輸入額は基地収入を上回るほどになっていた。しかし，生産や復興のための資材輸入は僅かにとどまり，生活必需物資等の消費財が大部分を占めていた。(久場・29頁)

　アメリカ海兵隊の大部隊の沖縄移駐が1955年に開始され，再び軍関係工事の発注が活発化し，基地建設ブームが再現した。日本の神武景気により対日輸出も大幅な伸びがみられた。1956年7月のスエズ動乱にともなう鉄・非鉄金属スクラップの輸出は全体の60%を占め，スクラップブームとなった。1955年前半の砂糖価格の値上がりによる砂糖の増産で，輸出は好調に推移した。日本政府の恩給年金事務の進捗により，沖縄での支払いも大幅に増加した。1956年には軍用地代の3倍値上げ，軍雇用賃金の引上げなども行われた。市町村の土木建設工事，校舎建築，台風災害復旧工事等に対するアメリカの援助金も支出され，経済に活況を与え復興を大いに促進した。

2．ドルの二重使用と基地依存輸入経済

　1ドル120B円体制の下での基地依存型輸入経済の形成は，基地建設のもたらす経済的波及効果を最大限に活用することによって，沖縄経済の復興を図ろうとするものであり，基地建設に必要とされる大量の物資を安価に調達する必要から，この1ドル120B円という極端なB円高の為替レートが設定され，輸入促進政策がすすめられた。基地建設の波及効果によって，沖縄の経済資源は基地の建設と運営に動員され，本来の生産力の復興や輸出産業の育成は考慮の外におかれた。基地経済の下では，域内の経済力復興よりも，ドルによって物

資を輸入する方が経済合理性にかなうことになり，多くの労働者，商工業者は基地需要をもとめて殺到し，一方で供給は輸入販売業へと資本を集中することになった。1950年代の沖縄経済は基地建設，朝鮮戦争特需，スクラップ輸出，米国援助等の貨幣所得を背景に量的に拡大し戦後復興を推進したが，それは域内に生産力をビルトインすることなく，輸入に依存する脆弱な経済構造を形成することになった。

　このような基地依存型輸入経済の形成は，アメリカの対日占領政策と深く関わっている。すなわち，日本経済の外貨獲得手段ないし輸出市場として，沖縄経済が利用されたということである。基地建設で沖縄に投下されたドルを，日本からの輸入に充当するというドルの二重使用（Double use of dollar）により，日本の輸出産業の育成と外貨獲得にも，貢献させる政策がとられた。一つのドルで，基地建設と沖縄経済の復興，そして日本経済の復興を同時に達成することをねらった。東西間の冷戦を背景として対日占領政策の目標は，日本経済の復興を最優先することに転じたが，沖縄経済復興に要する物資を日本から輸入させることにより，基地建設で沖縄に投下されたドルは，大部分が沖縄の対日貿易赤字を介して，日本の輸出産業育成と外貨蓄積に結びつくことになった。（琉球銀行・1285頁）

　1951年から53年にかけての沖縄経済は軍工事ブームで活気づき，住民の生活水準も大幅に改善された。1954年には，この軍工事も下火となり経済に翳りがでてきた。しかし，日本の神武景気の影響を受けて，スクラップブームが全島に広がった。輸出の6割を鉄，非鉄金属のスクラップ類が占めた。1957年に入ると，国際的な不況の波が沖縄にも押し寄せ，くず鉄の輸出が不振となり，国際収支も赤字となり，金融面も逼迫してきた。基地経済を中心とした沖縄経済のあり方に対する反省と，産業構造の歪みの是正を訴える声も起こった。（稲泉・16頁）

3．基地経済と第3次産業の発展

　米国援助資金の減額にも関わらず，沖縄の国際収支は好調を続けた。その主

因は，基地建設工事が急速に進展し活発化したことにある。また港湾，発電所，道路，通信施設等のインフラ関係の工事も着工され，復興金融公庫の融資による民間住宅の建設も進んだ。基地建設ブームを中心とした好況は，とくに第3次産業を刺激し，目ざましい商業，サービス業の発展をもたらした。軍施設の集中する沖縄本島中部は急激に都市化し，サービス業は殷賑をきわめることになった。また那覇市を中心に輸入商，卸・小売り業が急速な発展をとげ住民の生活様式も大きく変貌した。沖縄経済は軍基地に依存する基地経済と，旧来の小農経済とが併存する経済構造へと大きく転換した。住民生活も好況に刺激されて著しく向上した。ラジオ，洗濯機，冷蔵庫などの耐久消費財の輸入が促進され，次第に普及するようになった。またウイスキー，ビール，煙草等の嗜好品の消費も盛んになり，消費水準は戦前をはるかに上回る上昇を示した。（稲泉・29頁）

　1956年頃になると商業部門への投資も一服し，金融緩和を受けて製造業への投資が活発化する。製粉，飼料，ビール，畜産加工などの企業が設立され，分蜜糖，パイナップル，煙草などの企業の設備拡張や改良がすすめられた。とくにパイナップル缶詰企業の進出は目ざましかった。水産業においても大型船による遠洋マグロ漁，沿岸捕鯨事業などが始まった。（稲泉・34頁）

4．貿易の再開と発展

　輸出入は貿易庁の管理の下に政府ベースで行われ，輸入された一般消費物資は入札を通じて民間業者に売り渡されていたが，民間貿易再開への準備措置として，1949年3月に「商業ドル資金制度」が創設され，住民のドル収入を，この勘定に蓄えることが可能になった。1950年4月にはB円の対ドルレートが120円と決定され，従来各物資ごとに複数あったレートが，これにより一本化された。1950年10月布令26号及び指令11号が公布され，琉球列島の貿易及び外国為替の管理に関する規則が制定され，琉球銀行が外国為替管理の代行機関として，貿易庁が貿易管理の代行機関としてそれぞれ指定された。1951年1月外貨予算が公表され，民間貿易が開始された。（稲泉・26頁）

1955年の沖縄の貿易収支は，輸出1318万ドルに対して輸入が6359万ドルとなっており，輸入額が輸出額の約4倍半に達している。しかし，基地経済という沖縄の特殊事情から，国際収支は727万ドルの黒字を記録している。これは，主として軍労務賃金などによる円販売高が，4993万ドルにのぼることによる。衣料品，米，木材，セメントなど衣食住の必需品の輸入が多いが，その他，化粧品，石鹸，履物，麺類，煙草，缶詰，鶏卵，ビールなどの輸入が目立つ。輸出は砂糖，泡盛，パイナップル，屑鉄，金属屑，貝殻，海草，パナマ帽などの品目が見られる。沖縄の商業貿易の形態は，自由放任であり，小口取引が多い。米国統治下の沖縄では，日本との取引も，信用状による貿易代金の決裁が必要とされ，渡航も出入国許可を得て旅行小切手の持参が必要であった。（松川・106頁）

　1957年の米国金融通貨調査団の勧告を受けて，民政府は外国為替清算勘定を設立した。120Ｂ円を１ドルとする為替レートを設定し，沖縄の外貨収入の増減によってＢ円の発行量が自動的に増減する仕組みが作られた。（稲泉・35頁）アメリカの援助によって復興を遂げてきた沖縄経済は，通貨の米ドルへの切替えもあって1960年代にはいると，極めてはやいテンポでその量的な成長を達成して行く。この時期も，基地収入の対外収支に占める重要性は大きく，相対的な比重の低下傾向はあるにしても，経済の動きに大きな役割を果たしていた。また砂糖とパイナップル缶詰の急速な輸出増加がみられた。これは日本政府による沖縄産糖に対する特恵措置の決定と，パイナップル缶詰に対する関税免除等の特別措置によるものである。沖縄のパイナップル産業は，大きな恩恵をうけて糖業とならぶ中心的輸出産業に成長していった。また軍用地料の長期前払いの実施は基地収入の受取総額を拡大させ，輸入の拡大を支え経済を押し上げた。（久場・47頁）

　５．米ドルへの通貨切替え

　沖縄経済の急速な拡大にともない，租税収入も大きく増加した。琉球政府の自己財源は，1951年度の201万ドルから1953年度には905万ドルに，1957年度に

は1708万ドルにと増加していった。一方，アメリカ民政府の支出はガリオア援助の激減で先細りとなり，1958年には301万ドルに減少した。琉球政府の財政総収入に占める自己財源の割合は，1958年度には81.6％に達した。1958年に実施されたＢ円から米ドルへの通貨切替は，単に通貨制度の変更にとどまらず，その後の沖縄経済の体質を一層かつ明確に基地依存的なものへと決定づけた。

　法貨として流通していたＢ円は，形式的には軍票という軍の支払い証書であるが，実質的には外国為替準備高が完全にＢ円の発行額と見合うように管理運営されてきたので，ドルにリンクされた信用度の高い通貨となっていた。1952年に平和条約が発効してからは，沖縄において軍票という名のついた通貨を使用することは，国際慣行上からも問題があるとしてアメリカの金融の専門家の間で論議がなされ，これを廃止すべきだとの意見もあった。1957年3月，アメリカ政府は，6名の専門家からなる金融制度調査団を沖縄に派遣し，調査を実施した。この調査団は結論として，沖縄独自の通貨を流通させるよりも，合衆国ドルを直接流通させた方が簡単で効果的であるとした。通貨がドルとなってから沖縄経済は量的な拡大を遂げたが，基地依存という不安定要素の多い体制からの脱却を一層困難にした。（久場・43頁）

　日米講和条約3条は，アメリカが琉球列島の住民に対し，統治上の一切の権力を行使する権利を有すると定めている。世界的に価値の高い普遍的な流通性を有する米ドルを，直接保有することの有利さは，ドルの切替えによってもたらされる最大のメリットであった。一方でＢ円であれば域外に流出することは余りないが，ドルならばその広範な流通性のゆえに，外部に容易に流れ去ることが懸念材料であった。（久場・203頁）

6．自由化体制への移行と外資導入

　ドル通貨制に立脚した自由化体制を採用した目的は，経済開発手段として外資導入を促進することにあり，これを保障するために貿易，為替及び資本取引を自由化した。しかし，実際には経済開発の機動力となるような外資は進出せずに，貿易，為替取引の自由化によって，ありとあらゆる外国製品が自由に輸

入されるようになった。その結果，域内の生産力は抑制され，地元資本をして輸入販売を主とする第3次産業に集中させることになった。

　米国民政府が，沖縄統治の手段としてもっとも重視した要素は経済政策であった。住民の福祉や暮らしなどの経済的諸条件を改善することが，基地の安全をはかる上での要諦である，住民の黙認を得るために決定的に重要であると考えていた。1950年代中頃，熾烈をきわめていた軍用地闘争を契機に，経済政策を見直し，沖縄の経済開発政策が打ち出された。当時，沖縄の資本蓄積と技術水準は低位にとどまっており，また米国も緊縮予算を実施していたことから，軍の要求する沖縄関係予算が削減されるなど，開発資金の確保が困難な状況にあった。そこで外資導入に着目し，それを成功させる条件としての開放的な外資政策をとり，投資元金及び果実の自由な送金を保障する為替政策，自由な輸出入を可能にする貿易政策，さらに通貨価値の安定的な通貨制度を採用することになった。これがドル通貨制に立脚した自由化体制への移行であった。（琉球銀行・1285頁）

　このような政策転換を背景にして，米国民政府は経済開発の指針となる「長期経済計画」を1960年5月に米琉合同で策定した。この計画では，域内生産と輸出を拡大することによって経済・社会の高度成長を達成し，安定的な雇用と所得の持続的な増加をもたらすことが目標とされ，幾分なりとも沖縄経済の自立化を促し，基地経済への過度の依存を減少させることを狙いとしていた。

7．基地依存の深化と経済の量的拡大

　アメリカの対沖縄統治の目的は，極東戦略の礎石としての基地沖縄の確保にあった。この沖縄統治にとって重要なことは軍事目的の遂行であり，民生の安定と向上はそのための手段である。しかし，軍事優先の統治政策はあらゆる面で沖縄経済の自律的発展を阻害し，基地経済といわれる不安定な経済構造を体質化してきた。（沖縄教職員会・1頁）

　1963年に入って景気は一層加熱し，金融機関の資金ポジションが悪化したため，各金融機関は下期に金融引き締めを実施した。沖縄経済の輸入依存度が極

めて高いことから，この金融面の調整は迅速に功を奏し，1964年の輸入は絶対額（130万ドル）の減少となり，対外収支は大幅に改善され，1370万ドルの黒字となった。(久場・51頁)

沖縄の砂糖生産は日本政府の保護措置，新品種の導入による単位収量の増加，世界的な糖価の高騰などを背景として，その生産と輸出は急速に進展し，ピーク時1965年には輸出の63％を砂糖が占めるようになっていた。また1965年までの5年間の年平均の増加率も31％と高率であった。しかし，1965年を境として輸出は低迷することになる。需給の緩和による収益の低下と農業労働力の流出，台風や旱魃などの自然条件の悪化が影響している。

これに変わって，ベトナム特需，講和前損害補償金の支払い，観光収入の増加，日本政府の援助などの一連の受取増加要因が発生した。とくに基地拡張，兵器車輛等の修理，被服の調達，帰休兵によるサービス需要等のベトナム特需は経済成長を高め，かつてない沖縄経済の量的拡大を実現した。(久場・52頁)

沖縄の国民総生産は1958年からの10年間で，平均13％という高い成長を遂げてきた。この指標は，同じ期間の軍関係の受取額の増加率とほぼ足並みを揃えている。軍関係収入の対GNP比率は約35％にも達し（1968年度），その増加は高度成長を大きく支えてきた。軍関係の収入の増減は軍の運用と密接に結びついており，1950年代の朝鮮戦争を契機とする基地建設工事とスクラップ輸出，1965年以降のベトナム戦争とベトナム特需などがこのことを示している。とくに1966年から68年の平均18.6％という超高度成長は，ベトナム戦争を抜きにしては考えられない。(沖縄教職員会・1頁)

基地関係需要は沖縄経済の中で大きな比重を占め，それは単に経済成長の主因としてだけでなく，産業構造，対外収支構造，就業構造にも決定的影響を及ぼし，経済全体の構造的特質を規定している。就業別構成比についてみても，第3次産業の占める割合は1968年度において50.8％であり，そのうち軍雇用者数は3万7000人であり，同年の総雇用者数22万1000人の約17％にも達する。これに軍関係の建設工事，軍人，軍属及びその家族を支えているサービス業，商業など間接的な軍関係就業者を含めると，総就業者数の実に32％が直接，間

接，基地に依存して生活していることになる。一見して先進型経済とも見られる沖縄経済の第3次産業の肥大は，第2次産業の発展によってもたらされたものではなく，基地需要に支えられたものであった。

　沖縄の貿易収支は戦後一貫して膨大な赤字を記録している。1950年，60年，68年の輸入超過額はそれぞれ60万ドル，1億ドル，2億9700万ドルとなっている。経済規模の急速な拡大にともない，入超額もまた増大してきた。この膨大な赤字はおもに，軍関係収入と日米の援助によって補填されている。軍関係受取の経常受取総額に占める比重はきわめて高く約60％に及ぶ（1968年）。しかも，その大半が基地建設とその機能維持のための支出によるものである。また貿易依存度の異常な高さも注目される。1967年度の貿易依存度は80.2％，輸入依存度は65.2％に達していた。軍関係受取などで高められた旺盛な消費需要が，域内での供給によっては満たされず，ほとんど輸入によって賄われたことを示している。（沖縄教職員会・2頁）

3節　ケネディー新政策と経済主義的統治

1．池田・ケネディー会談とケイセン調査団

　1961年6月，日米間の協調体制を確認する目的で池田・ケネディー会談が開催された。アメリカの沖縄統治を是認した上で，住民の福祉に配慮する必要があるとする「経済主義的方式」を池田首相は提案し，これをケネディー大統領も受け入れた。会談後の共同声明においても，日本の潜在主権を認めた上で，アメリカが琉球住民の安寧と福祉を増進するために一層の努力をはらい，この努力に対する日本の協力を歓迎することがうたわれた。（琉球銀行・639頁）

　1961年10月，この声明をうけてホワイトハウスは，米国政府調査団（ケイセン調査団）を沖縄に派遣し，琉球住民が直面している経済的，社会的福祉問題の実態把握を行い，沖縄の経済的諸条件を効果的に改善するために必要な施策を策定する方向で情報収集をすすめた。基地反対等の運動を緩和する手段として，経済援助の増額，住民福祉の改善，このための日本政府の協力の方式等に

ついて勧告することが目的であった。この調査団は報告書をまとめ，経済援助の増大，米国経済使節団の常駐，行政機構の簡素化，日本政府との協力などについて勧告を行った。この報告書は，ケネディー大統領の沖縄統治の「新政策」の基礎となった。（琉球銀行・642頁）

2．ケネディー大統領の沖縄新政策

　ケネディー大統領は1962年3月，行政命令（1957年10713号）を改正署名し，沖縄統治に関する新たな「大統領声明」を発した。この声明は，沖縄の軍事基地の重要性を認め，施政権の保持が軍事上絶対に必要であることを前提として，住民の経済的社会的福祉との調和を詳細に検討しているとした。その上でプライス法を改正し，琉球諸島に対する援助の増額を議会に要請し，公衆衛生，教育及び福祉の水準を日本本土の相当する地域の水準に引き上げ，経済開発のための資金の借款を増やし，援助の供与について日米の協力関係を実現することを目指した。この大統領声明と同時になされた行政命令の改正は，立法院による行政主席の指名，高等弁務官の拒否権の見直し，立法院議員の任期の延長，民政官の文民化などを目指している。ケネディー新政策のねらいは，自治権の拡大等によって沖縄住民の政治的不満を抑えるとともに，社会的経済的不満を緩和するために，日米両国の援助によって沖縄の経済的諸条件を向上させようとすることにあった。（琉球銀行・647頁）

3．ケネディー新政策と議会及び軍部の反発

　ケネディー新政策は，実行に移す過程で米国議会や軍部の反発を受け，紆余曲折を余儀なくされた。プライス援助の大幅要求に対して，議会は減額修正を行い，日米の協力関係の重視について，沖縄基地の自由使用を固執する軍部は，日本の関与に反対した。行政権の委譲や自治権の拡大についても軍部は，基地の自由使用と行政権の保持は不即不離であるとして反対した。自治神話論を発して沖縄の経済界に直接介入して，関係者を震撼させた「キャラウェイ旋風」は軍部の反発の典型であった。

琉球諸島に対する援助を600万ドル以内に制限しているプライス法の改正要請は，1962年3月米国議会に提出され，下院本会議で可決され，2500万ドルの授権額が承認された。しかし，上院に回付されると援助増額に対する批判が集中し，半分の1200万ドルに減額修正の上，可決された。経済援助の大幅増加を声明したケネディー新政策は，そのスタートから挫折することになった。

　国務省は，これまで日本政府が沖縄問題に介入することを排除してきたが，この際，日本政府の介入を認め，これを積極的に活用すること，すなわち，日本政府の援助を受け入れて，日米双方で沖縄の経済開発にあたることが，米国の沖縄統治を助けることになると考えていた。一方，国防省は日本の要素を排除し，直接的に沖縄経済に単独で対処しようとするもので，希有の戦略的価値を持つ沖縄基地を維持するためには，完全無欠の統治権を維持する必要があり，日本の援助の受入れは，必然的に日本政府の沖縄問題への介入を招くことになり，米国の沖縄統治にとって好ましくないとした。（琉球銀行・651頁）

　ケネディー新政策をうけて沖縄では，1962年に「第1次民生5カ年計画」が策定され，経済開発に対する期待が高まったが，日本政府援助に関して日米間の合意が成立したのは1964年4月のことである。こうした遅延は軍部の反発によるものであった。軍部は日本政府援助そのものは必要であるとしても，それが米国の単独排他的統治に干渉するものであってはならず，その威信を損ねてはならないことを絶対条件としていた。実際に日本政府は援助の供与を契機に，積極的な沖縄問題への参画を企図していた。自民党沖縄問題特別委員会の作成した対米折衝に備えての「基本要項」には，施政権返還，自治権拡大，経済援助，国政参加などが盛られていた。（琉球銀行・658頁）

4．キャラウェイ旋風

　キャラウェイ旋風を引き起こした政治的・経済的理由は，自治権の拡大等を指示したケネディー新政策に対して，基地の安全保持を優先する軍部の反発と，経済主義的統治のもとで自由化政策へ転換したにもかかわらず，沖縄の経済界の中に，これに抵抗する勢力が存在し，混迷停滞した実態があったためで

ある。キャラウェイ高等弁務官は，ケネディー新政策への反発を背景に，自由化政策の下での経済活性化に向けた主体的行動を欠いた沖縄の経済界に，自ら直接介入の挙にでた。（琉球銀行・664頁）

キャラウェイは，住民を厳格に統治することこそが，軍事目的に応える最善の方法であるとして，自治政府とは一種の「神話」にすぎず，平和条約3条の下で可能なことは，施政権者である米国民政府から琉球政府に政治的機能を委任することにとどまるとし，その委任が行われるためには，琉球政府が責任ある能率的な政府であることが不可欠であるとした。琉球政府が無責任で非能率な政府であれば，権限の委譲はありえず，高等弁務官自らが最大限の統治権限を行使するとした。

琉球政府は失業保険法の制定にあたって，その資金管理者とされたが，その資金の保全義務があるにも関わらず，労働者の利益以外の目的に流用しようとしたこと。銀行業界の乱脈経営に対して，適切な措置をとろうとせず，その責任を回避しようとしたこと。医療法案や，労働者災害補償保険法案の立法過程の遅延などにみられるように，立法院の活動が極めて不十分であること，などを理由にキャラウェイ高等弁務官は，琉球政府が無責任で非能率的であり，権限委譲などは問題があるとして，慣行的になされてきた立法案の「事前事後調整」と大統領行政命令の「公布権や拒否権」を行使して，直接統治に乗りだした。（琉球銀行・668頁）

経済主義的統治政策をとる以上，経済開発の促進は何にもまして重要であり，外国資本であれ域内資本であれ，生産的事業に対する投資を促進し育成することが大切であり，外資の導入が，沖縄経済の向上と雇用機会の創出に貢献することが明らかであれば，これを積極的に促進していく意向をキャラウェイ高等弁務官は示した。これとともに，外資導入反対の運動の先頭に立っていた沖縄経済界のリーダーである琉球銀行の首脳を更迭した。

経済界の汚職や腐敗の摘発もすすめ，金融機関での粛清にも乗りだした。1950年代には金融機関の乱立や過当競争が表面化し，超過貸付や不正貸付が問題化したことが，この背景にはあった。この他，配電会社への電力料金引き下

げ介入，保険会社，農協，沖縄食糧，病院などへの監査にも乗り出した。これらの経済界への直接介入は，沖縄経済を活性化させることを狙いとしており，経済状態の改善によって政治問題を解決するという経済主義の統治方式の具体化であった。（琉球銀行・674頁）

5．日本政府援助の制度化

ケネディー新政策は，沖縄経済に対して二つの要素をビルトインした。それはプライス法の改正により，米国援助の増大を統治政策の一大支柱に据えたことと，日米協調を重視して日本政府援助の受入れを制度化したことである。これによって経済開発を促進し，もって住民の福祉と安寧の向上をはかる経済主義の統治政策が完成した。このような統治政策の下での沖縄の経済政策の枠組みは，ドル通貨制による自由化体制を基底にし，アメリカと日本の経済援助を大量に注ぎ込むことによって経済開発を促進し，住民の福祉向上を図ろうとするものであった。このような枠組みが，輸入販売業などの商業を主体にした第3次産業偏重の経済構造を作り上げたことの主たる原因となった。（琉球銀行・685頁）

4節　ワトソン施政と日本政府援助の拡大

1．ワトソン施政と自治権の拡大

ホワイトハウスは1964年4月，キャラウェイ高等弁務官の後任として，米第3陸軍司令官アルバート・ワトソン（Albert Watson）を発令した。新弁務官の任務は，従来の強硬政策を修正して，沖縄の政治的混乱を収拾することにあった。そのため，沖縄の政治的動向に配慮しうるような人選がなされた。新弁務官は改めて，自治権の拡大と日米協調体制の推進等を打ち出した，ケネディー新政策に回帰することを，沖縄統治の基本とした。ワトソンは同年8月の就任式のメッセージにおいて，信愛と寛容と誠意で施政を行い，住民の声に耳を傾けて，住民自治を徐々に拡大するなど，柔軟な施政で沖縄統治に望むこ

とを表明した。

ワトソン高等弁務官は，米国民政府の制定した布告布令について，これらを存在価値のなくなったもの，基地維持に関係するもの，廃止委譲または民立法への切り替えが可能なものに分類し，可能な限り布告・布令を廃止することにした。また，法案の事前事後調整に関しても緩和措置が講じられた。

ワトソン高等弁務官は，キャラウェイ旋風による政治的混乱の収拾と，住民の復帰志向を緩和するため，プライス法の授権額を拡大し，米国援助の増額を目指す一方で，日本政府の財政援助の受入れ姿勢を緩和していった。しかし，プライス法の改正要求は，議会の反発もあり難航し，ワトソンの施政期間中に実現することはなく，1200万ドル水準に固定された。この固定化は，日本政府援助の受入額を増加させ，日米協調関係を一段と促進させる要因になった。

日米協調による沖縄の経済的諸条件の改善は，ワトソンがもっとも重視した政策であった。住民の安寧や生活水準を向上することによって，米軍基地に対する住民の黙認を求めるという経済主義的統治方式は，米国の沖縄統治の基本であるが，このことは新弁務官においても変わりはなかった。

1964年4月，キャラウェイ高等弁務官の更迭が明らかになった後，日本政府援助に関する日米間の合意がようやく成立した。この合意の意義は，日米間に沖縄問題だけを討議する機関として「日米協議委員会」が設置されたことである。ここで沖縄援助に関する方針や年次計画が，駐日大使，外務大臣といったハイレベルで討議されることになった。ここで取り扱う議題は，経済開発や援助といった経済問題に限定された。また援助計画の原案はアメリカが作成し，日本に援助協力が可能なものを選択させるという方式がとられた。また援助計画を実行する際の，運営管理などの技術的な問題を検討する「日米琉技術委員会」が，高等弁務官を議長として沖縄に設置された。（琉球銀行・679頁）

1964年秋，ワトソン高等弁務官は，本土類似県並の水準を視野にいれた，適切な開発計画が欠如していることから，財政援助の基礎となる「長期事業計画」の策定を指示した。この計画は1965年3月に完成し，翌66年2月には改定版ができた。この計画では，1972年度までに公衆衛生，教育，民生面の水準

を，可能な限り本土並の水準に引き上げることを基本目標としている。ワトソン施政は，日本政府援助の増額と日米協調体制により，沖縄問題に対処しようという方向性をもたらした。ワトソン施政を際立たせたものは，佐藤首相の訪沖を要請したことである。戦後初の日本首相の沖縄訪問によって，住民感情の緩和を意図したものであった。（琉球銀行・691頁）

2．佐藤・ジョンソン会談と首相訪沖

　1965年1月，訪米した佐藤首相は，ジョンソン大統領との会談の後，共同声明を発表した。その中で，日本は，日米相互協力及び安全保障条約体制の堅持を，基本的政策とすることを明らかにし，その要となっている沖縄の米軍基地について，日米両国が共通の利害を有していることを確認した。そして両者は沖縄住民の民生安定，福祉の向上のため，今後も同諸島に対する相当規模の経済援助を続けるべきことを，当面の具体的政策とすることを確認した。そして，その前年に設置された日米協議委員会の機能を拡大し，単に経済援助問題にとどまらず，沖縄住民の福祉の向上をはかるために，協力しうる他の問題についても協議することで意見の一致をみた。この政策の基本方針は，1962年のケネディー新政策によって打ち出された経済主義的統治政策と軌を一にするものである。（琉球銀行・699頁）

　1965年8月，佐藤首相は訪沖に際して，沖縄の現状が本土と比較してその懸隔が大きく，改善を要する面が多々あり，沖縄の行政水準を本土レベルに引き上げ，住民の福祉向上をはかるため，出来る限りの援助と協力を行うことが，日本政府の義務であるとした。そしてこのような経済主義の視点から，本土との一体化を強調し「手土産」として教育，福祉，公衆衛生，産業対策などに対する援助増額計画を明らかにした。佐藤訪沖に対する沖縄の反応は，歓迎，抗議あるいは阻止と複雑な様相を呈し，経済主義の援助増額だけで，沖縄問題に対処することの難しさを認識させることとなった。（琉球銀行・706頁）

　帰京した佐藤首相は沖縄問題に関する重要問題を協議するため「沖縄問題閣僚協議会」を設置した。1965年9月の第1回会合では，当面の沖縄対策として

教育，社会福祉，その他の水準をなるべく早く本土水準並みに引き上げることを確認した。具体的には1966年度の琉球援助に関し，義務教育職員給与の半額国庫負担，教科書の無償配布，結核，精神疾患の病床増設と福利更生施設の強化，先島のテレビ局設置，産業基盤の整備，長期，低利資金の融資の大幅増加などを決定した。（琉球銀行・708頁）

3．日本政府援助の増大と質的変化

一方，ワトソン高等弁務官も，訪沖の際の佐藤総理の申入れに対し，日本の教育，福祉面の援助は歓迎するとして，援助受入れの増額を確約した。さらに1965年9月の記者会見において，援助が住民の福利，安寧に寄与し，期間内に効率的に消化でき，施政権に抵触せず，基地の使命を阻害しないこと等の条件を満たすならば，日本政府の援助を何ら制限するものではないとして，従来，政治的配慮から日本政府援助を米国援助以下に抑えてきたが，今後は，これが米国援助を上回ってもかまわず，従来の援助比率にこだわらないことを明らかにした。

日本政府援助は急速に拡大し，1967年度にはアメリカの援助を大きく上回った。この背景には施政権返還や自治権の拡大が，日米間の外交議題として次第に成熟していく政治過程があった。これにともない援助決定の手続も簡略化され，ただ一回の会合で，日本案の通りに決定されるようになった。（琉球銀行・683頁）

1967年度の日本政府からの援助額は（本土においては1966年予算に計上されている）質・量の両面で従来とは様相を一変した。日本政府援助額は1611万ドルとなり前年比で2倍の急増ぶりで，米国援助を400万ドルも上回った。さらに1968年度は2876万ドルとなり，米国援助の3倍近い金額となった。日米の援助のバランスの逆転は，援助の決定過程における日本側の発言強化をもたらし，従来の手続の簡略化が図られた。米国側が，このように日本政府援助の大幅増額に同意したのは，住民感情の緩和を目指しただけでなく，プライス法の2500万ドルへの増額要請が議会の反発で難航しているため，日本政府援助でこ

れを埋め合わせようとしたことも理由の一つである。(琉球銀行・709頁)

沖縄の経済界と日本の経済界を構成メンバーとする「沖縄経済振興懇談会」が，日本政府の肝入りにより創設され，1966年7月以降，毎年1回東京と沖縄で交互に会合を持ち，沖縄経済の開発問題について検討することになった。会議のたびごとに沖縄の経済開発に関する提言を行い，あるいは日本政府に対する要望や進言を行った。これらは沖縄の経済基盤整備に対する日本政府援助の基礎資料となった。(琉球銀行・712頁)

佐藤訪沖を契機とする日本政府援助の転換は，援助の質的な面にも大きな変化をもたらした。教育関係費が前年比8倍増額となり，教科書の無償供与，学校備品，教職員給与，学校施設などの「教育関係」が最も大きい費目となった。次いで急増したのは社会保障関係費であった。1966年7月から施行された医療保険及び公務員退職年金に対する援助，結核患者の本土収容治療の人員増，琉球政府立病院の結核病床などへの援助が増額された。投融資，国土開発，産業経済などがそれに続いた。復帰前年の1971年の米国援助は，1324万ドルにとどまり，これに対して日本政府援助は5倍強の6826万ドルに達した。その結果，琉球政府予算に占める比率は急速に上昇し，日本政府援助なしには琉球政府予算の編成は困難となるまでになった。(琉球銀行・711頁)

まとめ

戦後，米国による沖縄統治の行われた27年間，沖縄経済はアメリカの軍事基地の維持及び強化を主眼とする政策の下で開発されてきた。そのため沖縄経済は基地依存という特異な体質の形成を余儀なくされた。(久場・17頁)

米国の沖縄統治政策の基本的特質は，住民の経済的社会的福祉の増進にあるとしても，それは軍事上の安全保持を図る必要の範囲にかぎられているところにあった。軍事上の安全性を保持する必要性との兼ね合いで，その統治の実質的内容が決定された。沖縄の経済は，基地関連収入と財政援助に依存するとともに，第3次産業に偏った脆弱な構造を余儀なくされた。米国統治下沖縄にお

ける経済政策の特質ないし転換点を挙げると，1ドル120B円体制を基底とした基地依存型輸入経済の形成と，ドル通貨制に立脚した自由化体制を採用することによる輸入販売業を主とする第3次産業の伸長の二つをあげることができる。（琉球銀行・1285頁）

沖縄の占領と基地建設は沖縄の経済構造，所得配分，貿易収支に大きな歪みを生みだした。この歪みの修正のために，沖縄の自律的発展が必要とされ，産業構造の是正，製造業の成長・発展が模索された。一方で，基地建設とその長期的な確保を目指した米国民政府は金融，電力，水道などの基幹的産業の整備をすすめ，建設業や一般の製造業への外資導入を図った。しかし，経済の自立的発展の基礎となる鉄鋼や機械製造などの産業の発展は滞った。このため沖縄経済は基地確保政策との関連で展開し，基地経済を抜きにしては沖縄経済は存立し得ないとまで言われた。（杉野他・9頁）

沖縄経済は特需，援助，軍用地代などの外生的要因によって支えられてきたため，基地依存的な経済体質を脱却することなく，量的膨張を続けてきた。（久場・57頁）

参考文献・資料
琉球銀行調査部編『戦後沖縄経済史』（1984年）
松川久仁男『琉球経済の発展』アジア経営センター（1962年）
真栄城守定『沖縄経済』ひるぎ社（1986年）
稲泉薫『沖縄経済への提言』沖縄経営者協会（1966年）
杉野・岩田『現代沖縄経済論』法律文化社（1991年）
沖縄教職員会『沖縄経済の現状と対策』（1970年）
久場政彦『戦後沖縄経済の軌跡』ひるぎ社（1995年）

第2章 公的扶助の形成

　周知のように，公的扶助とは公費により生活困窮者の救護をはかる制度であり，社会保障の体系においても独立した制度となっており，その他の社会保障を補完するセーフティーネットとして存在している。公的扶助は，その対象者の個別的需要と資力の調査を要件として，公的財源により実施されることから，保護の適正化と厳格化，濫救の是正が常に要請される。本稿では，「島ぐるみ救済」として始まった，占領下沖縄での救済活動が，その後の社会的，経済的諸環境の変化の中で，大きな変動を繰り返しながら，近代的な公的扶助制度へと変貌して行く経緯を検討する。とくに，占領下沖縄における住民生活の経済的な土台に着目しつつ，「救済」から「扶助」への制度の変遷と，公的扶助法制の生成・発展の特質を考える。

1節　占領下沖縄の公的扶助の沿革

　終戦後，数年の沖縄の社会事業は，軍政の厳しい規制のもとで，戦後処理の一環としての傾向が強くみられる。

1．諮詢会発足までの公的救済
　沖縄戦は，住民の生活の基盤を根底から破壊し，生活物資の欠乏と相まって，心身ともに極限の状況に追い込んだ。1945年4月，米軍は上陸地域において逸速く軍政府を開庁し，難民の救出と援護の業務を開始し，戦線とともに前進しながら住民の救護を行った。米軍は，住民の生活の安定をはかるために，

各地に収容所を設置し，住居を用意し，さらに食糧，衣料，医薬などを提供した。また，各地に孤児院，養老院を設置している。

米軍によるこの時期の救済は，住民に占領政策を理解させ人心を安定させる宣撫工作としての意義をもつものであり，住民に対して公平な無償の配給を本旨とする「島ぐるみ救済」であった。この救済の業務運営は，1945年8月，軍政の諮問機関として発足した，沖縄諮詢会の社会事業部に移管された。社会事業部は救済物資の配給の中央統制を行った。

2．民政府時代の公的救済

収容所から元住地への住民の復帰がはじまった1946年4月に，行政機構の改革にともない，戦前の市町村長がそれぞれの市町村長に任命された。さらに軍の指令により諮詢委員，市町村長及び各界の代表者による知事選挙が実施され，沖縄民政府が設置された。また諮詢会の社会事業部は，民政府総務部に吸収され，同部の社会事業課が業務運営にあたった。このような行政機構の整備とあわせて軍政府は，1946年3月に特別布告を発して貨幣経済を再開し，4月には日本円のB円軍票への切り換えを行い，5月には賃金制度を実施した。従来の無償配給は有償に改められた。

⑴　貨幣経済下における社会救済事業

貨幣経済と賃金制度の実施にともない，救済は「島ぐるみ救済」から，「購買力欠如者を対象とした救済」に移行することになった。これに先立って軍政府は有償制を前提とした救済制度の実施のための領布，指令を示達して，民政府に対して機構の整備を促した。

軍政府は行政措置として領布A号（貨幣経済下における社会救済事業機構）を1946年4月に公布し，救済の機構の標準を示した。その概要は以下の通りである。①社会救済事業の組織及び調整の責任は，諮詢会社会事業部の答申にもとづいて軍政府総務部が負い，事業運営は村長の責任とする。②村長は各村ごとに5名の委員からなる救済委員会を設置し，村の社会事業主任をその委員長とする。字に関しては救済委員3名を任命し，村救済委員会の下部機関とす

る。③社会救済の基礎単位は世帯とする。被扶助該当世帯は，その家族になんら貯蓄がなく，世帯及び家族の収入の総額をもってしても，なお軍政府によって設定された最低栄養必需品及び十分なる衣料その他の必需品を購う額に足りない世帯とする。労務を拒絶して失業したものに対しては，いかなる救済も行ってはならない。④食糧をもってする救済は，当該世帯の生活水準を軍政府によって設定された水準に達するのに必要な範囲に止める。衣料品は，これを給与しないと，事実上肉体の疾病を招く恐れがある場合にのみ，被救済家族に給与するものとする。その他，石鹸，医薬品等の物品は，必要に応じて支給する。⑤救済を受けようとする世帯の世帯主は，世帯員数，収入額，貯金額並びに失業世帯人員の失業理由を列記した申請書を字救済委員会に提出する。字救済委員会は救済申請を調査し，村救済委員会に副申を添えて回送する。村救済委員会は独自の裁量で調査を行うことができ，また救済を受けようとする者に出頭を求めることもできる。⑥村救済委員会はこの申請が妥当であれば，救済申請世帯に対して，村売店で救済物資に関する無償販売契約を設定する。無償販売契約は小売り値段に基づいて設定し，救済世帯には，毎週その居住する村の村売店で，一定額の食糧，衣類その他の諸物品を無償で求めることができることを通告する。医療の救済を必要とする場合には，医薬品店において同様の無償販売契約を締結する。⑦村長は，村売店で給与された救済物資の合計価額に相当する資金を，毎月民政府社会事業部に要請し，同部はこの資金要請を軍政府総務部に提出する。軍政府はこの資金要請を検討した後，必要資金を民政府社会事業部へ交付する。この資金要請は卸売り原価で計算する。⑧救済世帯の収入が増加した時は世帯主は，その事実を2週間以内に字救済委員会に申告しなければならない。これに従わない者は検束または処罰される。字救済委員会は申告書を検討した後実地調査を行う。

(2) 救済事務取扱要綱

軍政府の行政措置「領布A号」をうけて，民政府は1946年4月「村救済委員会設立に関する件」(1946年沖総社1号)を発し，1946年6月1日からの賃金支払い開始に伴い，自活不能者の救済事業も同時に施行することになった。

この救済事業の執行機関として救済委員会を設立することになった。救済委員を各市町村に6名ずつ設置するよう指示するとともに，各市町村長並びに社会事業課長を招集して，要救済者の調査，救済の基準，手続等の協議を行った。この協議をふまえて，民政府は同年6月に「救済事務取扱要綱送付ノ件・救済事務取扱要綱」（1946年6月沖縄知事）を示達し，救済機構の整備を図った。これによる救済の方法（手順）は，まず要救済者から提出された救済申請書が，字救済調査委員の調査副申により，村救済委員会で可否決定され，それにもとづいて市町村長が救済通知書を2通発行し，1通は村売店へ，他の1通は被救済者に交付され，これによって売店から物資を受取る仕組みになっていた。救済調査委員は，救済額決定後も毎月5日の配給前実地調査を行い，変更のある場合は所定の手続を経て救済額の更正をすることとされた。

　軍政府は1946年3月，特別布告により沖縄において貨幣経済を再開して以降，貨幣経済政策強く打ち出したが，同年4月の軍政副長官から知事あての指令「沖縄に関する軍政府経済政策」及び同年5月の指令第3号「貨幣経済下における社会救済に関する件」もこの流れに沿ったものである。この指令第3号は概略以下の通りである。①知事は貨幣経済下における社会救済の準備をなすよう指令する。社会救済は，軍政府により指定された生活を維持するに足る最低生活水準に立脚し，失業者の適切な扶助ができるようにする。②軍政府は民政府に救済事業に相当する扶助金を下付する。③救済扶助は就職を拒絶したために失業状態にある者に対しては行わない。④食糧事情の改善は利用可能な可耕地の一切を耕作する住民の努力にかかっている。

　(3)　沖縄住民救済規定

　これらの取扱はまもなく「沖縄住民救済規定」及びその施行規則である「沖縄住民救済規定施行細則」として整理統合されることになる。この沖縄住民救済規定は，基準カロリー量，基準食糧費等が未決定であったため，当初は軍政府未認可の状態にあった「沖縄住民救済規定（案）」となっていたが，実質的には最初から市町村における救済の基準となっていた。知事は市町村長あてに「被救済者ノ基準カロリー量ニ関スル件」（1946年沖総第235号）及び，「被救済

者ニ対スル給与物資ニ関スル件」(1946年沖総第293号)の通牒を発して,規定施行上の周知を図った。前者においては,被救済者ノ基準カロリー量に関して,軍政府から指示により,例えば失業者の場合は1530カロリーとされ,1人当たり食糧費は月19円20銭であった。後者では「被救済者ノ基準カロリー量ニ関スル件」に関して,事務取扱に疑義がある場合の具体的な処理の基準が示されている。また「被救済者中ノ失業稼働能力者取扱ニ関スル件」(1946年沖総第310号)では,被救済者で,自家農耕や市町村の建設作業等の労務に従事する者に対する食料品のカロリーの特配量についての処理の基準が示された。

このようにして救済の機構は制度化され,その内容も対象の拡大,給与品目の増加など進歩が見られたが,救済主体及び客体の権利義務関係が不明確であることなど,近代的な公的扶助の理念からは程遠いものであった。それは1946年9月,民政府が早くも救済対象者の急増に苦慮して「救済ニ関スル件」(1946年沖総第146号)を発して,濫救の弊の除去を名目に,被救済世帯中の稼働能力者はもとより,障害を有する者でも何らかの生活技術を有する限り,救済の対象から除く方針を示したことにも見られる。この「救済ニ関スル件」では,救済に頼り過ぎ,勤労の美風を忘却し,怠惰の風潮があるので,救済に関する事務処理に遺憾のないよう,稼働能力者と非稼働能力者とを明確に定義し,稼働能力者は救済しないことなど,具体的な措置を指示している。

(4) 帰還者の救済措置

なお民政府は日本本土及び台湾からの帰還者に対しても,「日本本土ヨリノ帰還者ノ救済ニ関スル件」(1946年沖総第354号)と「台湾ヨリノ帰還者ノ生活臨時措置ニ関スル件」(1946年沖総第576号)に基づいて臨時的救済を行っている。前者では,日本本土からの帰還者で所持金の申告をしなかったり,虚偽の申告をする者があり,救済事業の上で支障があることから,帰還者のうち被救済該当者の措置の具体的な基準を示している。1世帯4名を標準として,例えば,引取人のない帰還者の場合は,稼働能力者1人にて3名を扶養し得るものと見做し,超過の人員に対して救済を行うこととしている。後者では,台湾からの帰還者が所持している旧日本銀行券のB円軍票への交換が滞っており,

その生活に困難を来していることから，交換が実施されるまでの間の措置を示している。台湾からの帰還者の救済は，一般の救済とは別個に処理することとし，交換が済み次第，救済を停止し，救済に要した代金を徴収し，民政府社会事業課へ返納することとしている。「那覇市社会事業の沿革」(1951年) によれば，1946年12月から台湾帰還者に対して，物資代金立て替えのかたちでの救済が行われ，翌年6月まで続いた。しかし，台湾から持ち帰った現地通貨の交換の見込が立たなくなったことから，那覇市の社会事業では，これを一般の救済と同様に扱うことになった。「台湾帰還者ニ対スル生活臨時措置廃止ノ件」(1947年沖社第278号) でも，これまで行われてきた台湾帰還者の配給物資代金の立て替えの臨時措置は，予算の都合により廃止され，自活能力を欠く者に対しては，救済人員の割当数の範囲内において，一般救済と同様な取扱をすることになった。

(5) 救済人員の減少と濫救の抑制

1947年1月，民政府の官制の改正があり，社会事業課は総務部から独立し社会事業部になった。同年5月「被救済者ニ対スル無償配給物資ニ関スル件」(1947年沖社第169号) により，従来からの取扱基準が改定された。ここでは，食糧品以外の品目は全額救済世帯に対し一般世帯と同等な数量を無償にて配給することとし，その際，全世帯の所持品を細密に調査し，物品の皆無もしくは甚だしく不足して日常生活に差し支える現状を確認の上，配給することとしている。同年6月，軍指令により，民政府予算の圧縮が行われ救済人員の減員が必至となったことから，「救済人員ニ関スル件」(1947年沖社第281号) を発し，市町村に対して，救済人員の枠を狭めて，その範囲で救済を行うよう通知している。ここでは，軍政府の指令により，民政府の予算総額が年額1億円以内に減額されたことに伴い，社会事業部の予算が前年の5分の1以下に減額されたことから，救済人員の削減が必要となった。そこで救済人員の決定に関しては，生活実情調査の煩瑣を厭い，各区割り当てにしたため，各区の被救災者の生活程度に差異を生じ公平を失する例があることから，救済人員の決定にあたっては調査員，救済委員，職員が合同で生活状態の調査をもれなく実施する

ことを求めている。

　また，1947年米国軍政本部政府指令第13号（入院患者食費）では，沖縄群島における医療活動の理財状態を強化するための措置として，指定病院，診療所における入院患者から食費を徴収するよう軍から知事に対して指令があった。食費として徴収された資金は，民政府財政部に納入することとされた。被救済該当者については，その家族の中の稼働者が救済に入っているか否かを見極めて徴収を決定することとしている。

　一方で，「被救済者に対し市町村販売店よりの衣料品の有償販売方に就いて」（1947年沖社第508号）では，被救済者の衣料所持高を調査したところ，現在の所持高では保健上遺憾の点があることから，今後衣料品は被救済者に対しても有償にて一般同様に配給するよう指示している。

　(6)　財政の逼迫と救済事業の混迷

　1947年3月，軍は指令第7号「沖縄群島における課税手続の設定及び実施の件」を発し，徴税制度の整備を進め，1949会計年度からは民政府の財政として予算編成を行うことになった。当初は，全面的な課税の実施は困難であったが，軍政府はこれを契機に従来の救済費の全額負担を8割負担に軽減し，さらに1949会計年度からは6割負担とした。これとは逆に民負担は2割，4割と累増し，民政府財政の逼迫は顕著になった。このため政府は1949年9月「救済人員減員に関する件」（1949年沖社第324号）を市町村に発して，予算の都合であることを明示して救済資格の認定基準を厳しくし，救済人員の削減を図った。ここでは，救済費の予算がないため軍に追加予算を申請したが，軍の予算の都合により，救済人員の減員が必要になったことや，生活費の騰貴により多数の人びとが救済をうけているが，中には，党派的情実によって救済が与えられたり，要救済者でないのに，当局と親交のあることから救済をうけている者もおり，現実に，1949年7月の被救済者2万3800人のうち要救済者は1万2800人であったこと，及び多数の救済がつづき社会事業の資金が枯渇し，200万ドル以上の負債を負っていることなどを指摘した上で，このような事態を是正し，制度を統制のとれた秩序あるものにする必要があり，そのために，被救済者に

は，その家族について事情を調査し，救済を受ける資格のあるものについてのみ報告することを求めている。被救済者は，その必要度に応じてABCの3階級に分類して報告することを求めており，民政府はその報告にもとづいて救済者の割当を定めるものとしている。また，救済人員の選定に関しての注意事項も具体的に指示している。なかでも，救済世帯の生活程度は各市町村とも同一でなければならないとして，縁故や同情による救済，学歴や社会的地位にもとづく体面の保持のための優遇的な救済は，厳に慎まなければならないとしている。疾病を招かない程度の最小限度の生活必需品以外は食糧購入に転用する。社会的地位等のため仕事の選択による失業は許されず，いかなる仕事にも従事しなければならない。不和のため扶養義務を懈怠している場合は，和解して扶養させるよう尽力するとともに，別居の扶養義務者の有無については，とくに厳密に調査することを求めている。

(7) 民政府の苦悩

救済機構の整備とは裏腹に，貨幣経済の開始と徴税制度の発足にともなう財政の逼迫により，救済人員の削減が繰り返されることになった。1949年の，知事より市町村長厚生員あての文書では，救済人員の削減は遺憾であるとした上で，自活不能の者に対する救済ついては，赤十字，ララ（アジア救済団体）にも援助を要請しているが，住民相互の援助も切に希望している。軍は縁故，情実，あるいは便乗の不正救済の整理を理由にしているようなので，関係者はもちろん全住民が自重して誠意ある協力のもとでの被救済者の決定を求めている。

1949年の，社会事業部長からの「10月以降救済人員の大幅削減に就いて」においても，軍政府係官から特に不正の絶無を期すように注意をうけているおり，一部の不心得者のために多数の自活不能者を，益々困窮に陥らせる結果になっていることを指摘して，被救済者の選定にあたっては遺憾のないようにして，軍の信頼を回復するよう要請している。なお，ただちに救済を必要とする者であれば，実情を軍政府に連絡し善後処置を講ずるよう陳情することも明記している。

「職種別世帯人員調査について」（1949年沖社第6号）では，自由経済実施に伴い，被救済世帯の生活実態に関する基礎資料を得るために，職種別の世帯数及び家族数を調査することになり，その具体的な指示がなされている。また「救済申請世帯の調査について」（1949年沖社第7号）では，食糧品の値上げに伴い，被救済者の増加が予想され，また資力がありながら，これに便乗する不心得者もいることから，救済の認定にあたっては厳密な調査を行い，遺憾のないようにという軍政府の命を伝えている。これまでの被救済世帯については再調査を行い，食糧品の値上げに伴う救済申請世帯に対しては，生活実情調査を行い，最低生活を維持するに必要な物品以外の所物品，家畜等は時価に換算して手持ち現金と見做すようその取扱を指示している。

3．群島政府時代
(1) 救済から扶助へ

1950年8月，群島組織法（軍布令第22号）が公布され，従来の民政府に代わって群島政府が設立された。民政府社会事業部の業務も群島政府厚生部に引き継がれ，同部社会事業課がその任にあたった。この年の9月，軍政府の計画により社会事業職員の第1回日本研修が行われた。また11月には被扶助者の自立助長を援助する積極的救護の観点から，これまでの「救済」を「扶助」に改称することになった。「救済を扶助に改称に就いて」（1950年沖厚第61号）では，現在実施中の救済は，自活不能者が自活できるまでの生活扶助であり，駐在厚生員の事務も生活向上から自活への就職斡旋，授産指導，疾病治療上の指導等，指導面に重点をおいて実施されている。そのため救済は，扶助というのが適当であり，被救済者に対しても精神的にも自活への意思を強めるよう指導を求めるとしている。これに伴い売店から現物給付で行っていた一般救済を主食以外の品目については，現金扶助に改めるなど，近代的な社会事業としての様相をしめすようになった。

1950年12月，従来の米国琉球軍政本部は，琉球列島米国民政府に改称され，翌1951年4月に特別布告第3号「臨時中央政府設置の件」により，住民の統合

的自治機関である「臨時中央政府」が群島政府と並んで臨時に設置された。しかし，これによって全琉的な施策がすべて直轄されたわけではなく，社会事業行政は依然として各群島政府の行政機構のもとで行われた。この頃から住民生活も次第に安定化し，税制も着実に整備されてきたが，これに伴って，米軍の援助の方式も大幅に変更されることになった。1952会計年度以降，従来の6対4の救済費分担金が一挙に全額民負担となった。その一方で，群島政府は自主的な施策を打ち出すことができるようになった。

(2) 扶助内容の充実

厚生部は，1951年9月「困窮世帯の最低生活基準額改定について」（沖厚第909号）を発して，食糧費，燃料費，家庭用品費，衛生費，個人用品費，学校教育費等の改訂と住宅費の撤廃等を自主的に行うとともに，1951年10月には「困窮世帯に対する扶助の中，現物（配給食糧品）扶助を現金扶助に改める件」（沖厚第1022号）により，現物給付を全面的に現金給付に改めている。「被扶助世帯に対する現金扶助経理の改正ついて」（1951年沖厚第1192号）において，扶助金請求書は食糧購入費，家庭用品費に分けることなく，現金扶助請求書として一本にし，財政調べの収入不足額をそのまま扶助金として請求すればよいというように，扶助金請求の手順が改められた。また同じ月に「最低生活基準の一部改正について」を発して，食糧費に結核患者分を追加するなど，扶助内容の充実を図っている。一方で，従来の市町村駐在厚生員を「社会福祉司」に改称し，現任訓練を実施するなど，その専門職としての資質の向上を促した。さらに，1951年10月，沖縄群島政府において全琉社会事業課長会議が開催され，社会福祉行政の全琉一元化，法制の整備等をはじめとする議題が協議され，米国民政府，臨時中央政府，各群島政府への要望事項もまとめられた。

4．沖縄群島医療扶助条例

1951年10月「沖縄群島医療扶助条例」（1951年沖縄群島条例第72号）が発効した。この条例は，全住民が健康で文化的な生活をする近代的な公的扶助の理念に立って，医療扶助を実施しようとするものであった。この医療扶助の実施

方式はその後も維持されることになる。この条例では，医療扶助の範囲が拡大されたこと，医療券の交付，診療報酬請求明細書の審査，医療機関への立ち入り調査等の規定及び不服申立制度の創設が注目される。

　この条例の1条では，医療扶助の対象と範囲を定めている。疾病が貧困の原因であり，貧困が疾病を結果しやすい事実をふまえて，貧困の防止及び救済の両面から医療扶助の重要性が念頭に置かれている。2条では，医療扶助は，自らの力で最低生活を維持することができない場合に行われるべきものであるとしている。3条では濫救防止のため扶養能力のある扶養義務者の責任を定めている。4条では，医療扶助額の限度を定めるとともに，知事が必要と認めた場合，予算の範囲内で増額が可能であるとした必要即応の原則を定めている。また，6条では医療扶助の要否決定の権限を市町村長に与えている。7条は，医療を受ける方法を定めており，交付を受けた医療券を公立または私設の医療機関に提示して受診することとされている。急迫の事情がある場合には，これを提示せずに医療を受けることができる。この場合，すみやかに市町村長に対し交付申請をしなければならない。10条では私設医療機関の診療報酬の請求の方法が定められており，11条では診療報酬の内容及び額の適正を期するため，厚生部長に審査の権限を与えている。13条では，医療扶助の目的を達成するため診療機関に対して診療義務を課している。14条では，移送，15条では入院に関する規定を置いている。17条は，医療機関に対する監督の方式として知事に対し，帳簿書類の調査，報告の聴取，または説明を求める権限を与えている。18条では，厚生員の医療扶助に関する職務の範囲を定めているが，被扶助者に対する調査，指導の中で，被扶助者が劣等感情を抱かないように指導するとともに，医師に対しては社会事業に対する理解協力を求めるように努めることが肝要であるとされている。19条では医療扶助の適切な運営をはかるために，市町村長は被扶助者について常にその状況を調査し，知悉しておく必要から，被扶助者に届出義務を課している。22条は不正に扶助を受けた場合の扶助費の返還命令，23条は不服申立て，24条は罰則を定めている。

2節　琉球政府の創設と生活保護法の制定

　1952年4月、米国民政府布告第13号「琉球政府の設定」にもとづいて、臨時中央政府に代わって「琉球政府」が創設され、各群島政府の厚生部社会事業課は新機構の下に統合され、琉球政府厚生局民生課となり、その後の機構改革により1954年9月には社会局福祉課となった。琉球政府の発足と同時に扶助費の増額が行われ、また宮古、八重山、奄美の3群島に社会福祉に関する事務所として独立の民生事務所が設置された。1953年10月には本土法に準じた生活保護法が公布され、翌11月には「社会福祉事業法」が制定公布され、その改正によって「社会福祉主事制度」が創設された。従来の社会福祉司は試験、認定講習を経て社会福祉主事に任命された。1954年には、民生事務所に代わる「福祉事務所」が全琉5地区に設置され、扶助の実質的決定権が、市町村長から福祉事務所長に委譲された。この時期に、沖縄の公的扶助制度は、近代化と専門化への制度的基盤を形成することになった。

1．生活保護法案の作成

　1952年4月の琉球政府の発足を契機に、これまでの救済規定の抜本的な検討が行われ、あわせて本土法を取りよせて、生活保護法案の作成が始まった。

　法案の作成作業は約1年間にわたり、多面的な論議を重ねながら内容の調整が行われた。生活保護法案の立法理由としは、以下のことがあげられている。①従来の救済は、軍による慈恵的な救済にとどまり、住民の生存権の保障は等閑に付されてきた。琉球政府の誕生により生活困窮者の保護の責任が軍から政府に移管され、終戦による行政分離が行われたこともあり、社会事業の領域でも他と同様に新しい法制度の創設が切実に要請されている。②公的扶助の領域においては、戦前の救護法（昭和7年）、児童虐待防止法（昭和8年）、母子保護法（昭和18年）医療保護法（昭和16年）などの救護制度がなお効力を持っている。戦災や外地からの引揚げなどにより、公的扶助を必要とする者の数が増加しており、分散化した救護制度のもとでは、漏救が生じ、適切で強力な措置

を講ずることができなかった。これまで群島ごとに必要に応じて応急的に条例を制定し対処してきたが，そこには一貫した理念もなく朝令暮改の状態で遺憾に堪えない。③民主主義の原則に基づく基本的人権の確立と，健康にして文化的な最低限度の生活を営む住民の権利を保障するためには，琉球政府章典による住民の権利（5条）ではきわめて消極的である。社会保障制度の一環として公的扶助を強化，確立し，生存権保障の理念を明確にすることが，住民生活の福祉を目的とする政府の当然の責務である。④住民生活の実相は次第に立ち直りつつあるとはいえ，なお窮迫した生活状態を示している。限られた財政の中で民生の安定を確立すべく，旧法を廃止して新たに関係法規を整備することは緊急を要する。

　法案作成上，問題となったのは，本土法を準用する場合，生活保護法の基本原理である生存権保障の理念をどこに求めるかという点であった。本土法は，日本国憲法25条に規定する理念にその根拠を求めるが，施政権の分離された沖縄では問題となる点である。法案は当初，1条で生存権保障の理念をうたい，2条を立法の目的としたが，法務局との合同審議において，生存権保障の根拠は大統領行政命令や琉球政府章典5条に求めることができるという見解が示され，当初案の1条は削除され立法の目的を1条に規定する法案に修正された。

　次に法案の作成過程で議論となったのは，保護の実施機関の問題である。当初，保護の決定，実施の権限を住民の福祉に直接関わる市町村長に，政府の機関として委任することとしていた。しかし，先に民生事務所の設置されていた宮古，八重山，奄美の3群島から，民生事務所が単に市町村長を指導監督するだけの存在になり，本来の業務であった要保護者の援護育成及び更生の業務が取り除かれ，実益のない機関になってしまう懸念が示され，同案に対する強い反対要請が出された。その他，保護の種類，社会福祉司，事務監査，費用負担等の事項についても種々の論議が展開された。

2．立法院における審議

　この生活保護法案は，1953年6月に第3回立法院議会（定例会）において，政府参考案にもとづいて議員立法の形式をとって提案された。法案は翌7月，文教社会委員会に付託され4回にわたって審議された後，本会議に上程された。本会議では第1読会，第2読会を経て，8月に議決され，10月に1953年立法55号として公布された。

　議員発議における提案理由について，兼次佐一議員は以下のように述べている。米国海軍軍政本部指令第3号に基づく社会福祉事業における保護の方法及びその種類と実施について整備強化して行きたい。民主主義の原則に基づいてすべての住民が，人間として最低限度の生活を保障されることを明確にして，その責任と権利を明らかにしたい。その他の文明諸国におけるのと同様に政府が生活に困窮する住民に対して，その困窮の程度に応じて必要な保護を行い，その最低限度を保障するとともに，その自立助長を義務づける。住民の最低限度の生活を保持するために，一切の制限を排除するところの保護における無差別平等の原則を採用する。生活保護法案は，世界人権宣言や日本の憲法において基本的人権として確認された，生存権保障の理念を具現し促進するものである。本法の制定を契機として従来の貧民救済的な制度の観念を打破し，政府の責任に基づく近代的な社会保障制度に移行せしめようとするものである。また，保護の実施機関を政府に限定したことについて，近代的な公的扶助制度の運営には，高度の知識と技術を有する専門家を必要とすることから，琉球において各市町村をその実施機関と規定することは，その財政を著しく圧迫する結果となるので，実施機関を大きい範囲に留めることが最も効果的かつ経済的な方法であるとしている。

　また法案の提案理由の補足説明で，佐久本嗣矩議員は次のように述べている。貧困生活水準にある人が，戦後8年にして，なお3％程度存在している。この困窮の原因は概ね戦争によるものであり，このような不可抗力による困窮に対して，その生活を保障することは，お互いに民族の連帯責任である。日本においては，昭和21年9月旧生活保護法が成立した。以来4カ年の経験により

改正に改正を加えて，昭和25年5月法律第144号として全面的な大改正が行われ新法として成立している。救貧法的な思想を脱却して国家責任による国民の生活保障の制度として立法された。今回の法案は，この新法に拠っているが，この法案が成立することによって，貧困の五大原因とされる窮乏，疾病，無知，不潔，怠惰をこの琉球から駆逐し，住民の生活の安定を速やかに確立するとしている。

3．生活保護法の実施と変遷

1953年10月立法55号として生活保護法が成立した。この生活保護法の立法の精神や各条項は，本土法に準じており，保護請求権の平等保障及び政府責任を明確にしている。本法は，保護の原則，種類及び範囲，保護の実施機関，方法，被保護者の権利義務ならびに不服の申立等を内容とする全72条から構成されている。生活保護法は公布と同時に施行されるが，生活保護制度が実際に動きだすためには本法だけでは不十分である。生活保護の基本となる保護基準（1954年3月）の設定，生活保護法施行規則（1954年4月），生活保護法施行細則（1954年3月），指定医療機関担当規定（1954年5月），診療方針，診療報酬額（1955年1月）の設定等の運用方針の確定が必要である。これら運用方針を指示する基本通知が出され，保護の実施機関としての福祉事務所の発足をみた1954年後半から，この生活保護の制度は完全に動きだしたと見られる。生活保護法は関係法制の未整備や有資格の現業職員の不備等による法内容上の問題点を残しながらも，それらの諸条件の整備にあわせて逐次改善が加えられ，その後1972年の本土復帰までに9回にわたる改正を重ねることになる。

生活保護法の9次にわたる改正の経過のうち，主な改正の概要を紹介する。1954年9月の第2次改正では立法30号により，福祉事務所長が行政主席の委任の範囲内で実質的に保護の実施機関となった。1956年9月の第3次改正では立法63号により，不服申立手続の充実，完備をはかるための事項が追加された。1957年6月の第4次改正では立法15号により，生活扶助の方法（31条の3），費用の徴収（68条の3，4）の中の関連事項に関して家事審判法（1956年立法

88号）の施行にあわせて新しい条項が付け加えられた。また巡回裁判所の担当事件のうち生活保護関係のものは家庭裁判所が担当することになったため生活保護法中の「巡回裁判所」はすべて「家庭裁判所」と改められた。1960年7月の第5次改正では，学校給食法（1960年）の制定に伴い，教育扶助の範囲に「学校給食，その他義務教育に伴って必要なもの」が加えられた。1961年5月の第6次改正では立法19号により，不当の申請，不正手段により保護を受け，また他人に受けさせたものを対象とする，72条の罰則に規定する罰金の通貨単位がB円からドルに改められた。1966年5月の第7次改正では，老人福祉法（1966年立法11号）の制定に伴い，従来生活保護法上の保護施設とされていた養老施設を全面的に，老人福祉法の老人福祉施設として位置づけることになり関連条文の改廃が行われた。1966年6月の第8次改正では，児童福祉法の改正に伴い，生活保護法に規定する医療機関に児童福祉法の規定する養育医療を担当させるよう一部改正している。1971年5月の第9次改正では民生委員法（1971年立法20号）の立法に伴い，民生委員を福祉事務所長または社会福祉主事の執行に協力する機関として，従来の市町村長の協力に加えて新たに設置することにした。

　以上のように沖縄の生活保護法は，関係法制の整備に伴い，順次改正を加え，体系として漸次本土法に接近していった。制定以来20年にわたって，沖縄の社会保障制度の中核としてその役割を果たし，その理念においても住民の意識の中に定着して行った。

4．生活保護法の日本法との比較

　本土復帰を直前にひかえた1972年の段階において，沖縄の生活保護法はその置かれた環境を反映して，日本法との間に次に述べるような相違が存在している。①保護責任の所在に関して，日本法は，これを国家の責任としている（1条）のに対し，琉球住民に対する政府の責任としている（1条）。②実施機関について，日本法が都道府県知事の外，市長及び福祉事務所を管理する町村長としているのに対し，沖縄では実施機関は，行政主席のみであり，全琉5ヵ所

の福祉事務所に事務委任することになっている。③不服申立については，日本法では当該の実施機関を通じて都道府県知事へ不服の申立を行い，なお不服があれば，厚生大臣に申し立て（64条～69条），さらに不服がある場合は裁判所へ訴えを提起する。これに対して沖縄では，福祉事務所長の処分に不服があるときは，当該福祉事務所長を通じて行政主席へ申し立て（64条1，2，3），さらに不服の場合は裁判所に訴えを提起することになっている。④事務監査，指揮及び監督については，日本法では保護に関する事務について厚生大臣が都道府県知事を，都道府県知事は市町村長を事務監査することになっているが，沖縄では行政主席が唯一の実施機関のため，その必要がなくこの規定はない。⑤費用の負担については，日本法では国が10分の8，都道府県または市町村が10分の2とされているのに対し，沖縄では全額政府負担である。

3節　生活保護の基準

　実際の生活保護制度の運用にあたっては，保護に対する需要の測定や，保護費の算定根拠となる生活保護基準が必要となる。この基準の具体的現実的設定は，生活保護法8条の規定に基づいて行政主席が定めることになっている。これは要保護者の年齢，性，世帯構成，所在地域，その他諸般の事情を考慮した，最低限度の生活需要を充足するものでなければならない。この基準を設定するにあたっては，住民経済の現状と将来の見通しとの比較検討，財政事情その他社会的条件等の巨視的観点とともに，最低生活費論からみた科学的合理的妥当性等の微視的視点の両面から十分検討が行われ，最低生活費として妥当な水準が確保される必要がある。

1．保護基準の設定

　生活保護法施行前の保護事業は，各群島とも地域の事情や財政事情に応じて個々に運用実施されていた。そのため生活保護基準についても，各群島ごとに水準や給付の範囲に差異が見られた。沖縄群島における基準は，沖縄住民救済

規定によって定められていた。この基準は1951年10月に改訂された後，1954年3月生活保護法に基づく新基準が設定されるまで，保護の要否判定及び給付の基準として実施された。

　生活保護法の制定に伴い，保護は，健康で文化的な生活を保障するに足るものでなければならないとされたが，具体的な保護基準が制定されたのは，法制定後5カ月を経た1954年3月の告示54号をもってのことであった。保護基準の設定において飲食物費については，米国民政府から年齢別の所要カロリーが指定され，これに基づいてマーケット・バスケット方式を採用して定められた。

2．保護基準改定の経過

　生活保護基準が設定されて以降，社会経済の変動に対応して，本土復帰までに第1次から第12次までの12回にわたる保護基準の改定が行われた。主な改定の概要を以下に示すことにする。1958年の第2次改定では，物価変動と住民生活水準の向上に対応して大幅な基準の改定がなされた。1964年の第5次改定では，マーケット・バスケット方式にあわせ，新たに一般世帯のボーダーライン層の生活水準，生活慣習との格差縮小方式が採用された。すなわち，生活扶助基準において物価事情を考慮し，飲食物費及び理髪費，入浴費の物価上昇分を補正し，一般住民の低所得層との所得格差を縮小した。1965年の第6次改定では，引き続き一般世帯との格差縮小方式が踏襲されるとともに，日本の保護基準との格差が検討され，この面での一定の配慮がなされた。また日本政府による生活保護に対する初の資金援助が行われたこともあり，生活扶助基準20％引上げ，住宅扶助基準67％引上げという大幅な改定が行われた。第7次改定では，算定方式，採用カロリーには変更がないが，物価動向及び教養文化費等の新規計上で10％の基準改定となった。生活扶助基準では，勤労控除加算制度が創設され，働く世帯の最低生活費の保障と自立意欲の促進が図られた。また，教育扶助基準では学用品費のうち通学靴，雨具が，さらに実習見学費，完全給食費も新規計上され59.4％の引上げとなった。1954年の基準設定以来，第7次改定までに生活扶助基準で172％，教育扶助基準で197％，住宅扶助基準で259％

のそれぞれ大幅な改定がなされた。

3．社会福祉審議会答申（1965年）

1965年11月，社会福祉審議会から「生活保護基準のあり方」に関する答申がなされた。この答申では，本土の類似県並みの保護水準を一つの目標として，経済の高度成長下にあって，その直接的効果の及びがたい人びとに対し，繁栄の成果を分かち合うことこそ，現代福祉の理念であることが述べられている。従来，沖縄独自の立場で年々，住民生活の向上の計画を策定し，一般住民との格差縮小の方向で保護基準が引き上げられてきたが，答申では，この点についてさらに分析を深め，諸般の情勢を総合して，その時点での目標として，本土類似県との格差を年次計画によって早急に解消することが，最も妥当だと判断されている。

当面の生活保護基準の改善の方途として答申は，本土における一般勤労世帯と被保護世帯との生活水準の格差縮小の動向を参酌し，一般住民との生活水準の格差が，少なくとも本土のそれと同位におかれることが望ましいとしている。また保護水準の算定方式として，本土で採用されているエンゲル方式を最善のものと評価はできないが，少なくとも沖縄のマーケット・バスケット方式と比較して，経済成長に伴う一般住民の消費生活水準の向上に即応した改善を可能にする点で，相対的な長所が認められるとして，可及的速やかに近い将来においてエンゲル方式に改めることを主張している。

この答申は建言として，保護基準の改善にあたっては，①身体障害，老齢等，各種の加算を新設すること，②勤労控除制度を設けて被保護者の勤労意欲を助長すること等の諸点を考慮することとしている。

4．保護基準の本土格差の縮小

生活保護基準の第8次改定では，1965年の社会福祉審議会の答申と，物価上昇等の社会経済情勢をふまえた対応がなされている。この改定の根幹は，本土類似県との格差縮小をはかることを目指した，社会福祉審議会の答申を尊重し

た，マクロ的なアプローチをふまえた方法によることのほか，生活保護水準の基本となる最低生活費の算定方式をマーケット・バスケット方式からエンゲル方式へと移行させることにある。

これまでは，最低生活に必要な飲食物費をはじめ，すべての生活費の全物量を積み上げ，現実の単価によってこれを計算するというマーケット・バスケット方式であった。しかし，この第8次改定では，飲食物費については，実態調査を参考とし，栄養審議会の答申に基づく基準栄養費に達しうる食品を，理論的に積み上げて計算し，現実に，この飲食物費を支出している世帯のエンゲル係数を求め，これから逆算して，総生活費を算出するところのエンゲル方式を採用することになった。

日本政府の生活保護に対する資金援助は，大幅に伸び，算定方式の切り替えが行われた結果，生活保護は住民生活の推移に対応できるようになり，1968年の第9次改定，1969年の第10次改定，1970年の第11次改定と連続して大幅な改善がなされた。また各種の加算や控除制度も体系的に整備され，実態的な保障水準の改善が図られた。

1954年の基準設定以来，1971年までに12回の改定が行われ，基準設定当初に比して，生活扶助基準で399％，住宅扶助基準で295％，教育扶助基準では674％もの基準の引上げが行われたことになる。

5．本土復帰と保護規準の引上げ

1971年の第12次改定では，本土復帰を翌年に控えて，生活保護制度の本土との一元化が要請され，生活保護基準の本土府県並みの充実を指向することに重点がおかれた。日本では厚生大臣の保護基準の引上げと処遇の充実改善に関する諮問に対して，中央社会福祉審議会から，生活保護専門分科会の審議の結果についての中間的な報告が昭和44年11月に出された。その中では以下のようなことが述べられている。①保護基準については，一般国民の生活水準との格差縮小を基調として引上げを行うべきであるが，低所得層の生活水準の向上が著しいことにかんがみ，一層大幅な改善を必要とする。②被保護層の大半を占め

るに至った老齢者，身障者等については，経済活動に参加できないまま長期間の保護受給を余儀なくされており，その処置について特段の配慮を要する。昭和46年度の日本の第27次の保護基準の改定に際しては，この中間報告の趣旨に添って，一般世帯と被保護世帯の格差縮小の観点からの基準改善，老齢者の扶助基準について一般の引上げ率を上回る改善，重度の障害者の介護を行う家族に対する介護料の支給など，生活保護の新たな方向を示唆する改善が行われた。沖縄の第12次改定でも，日本の第27次改定の，このような考え方をとり入れることになる。

6．生活保護制度の実施要領

　生活保護行政は，生活保護法の運用指針等に関する細目を定めた通達によって運用されている。このような生活保護の全般にわたる行政通達を，全体として保護の「実施要領」と称している。具体的な保護行政は，この実施要領によって運用されている。この実施要領は当初から確立していたものではなく，生活保護法の制定以降，その時々の社会情勢に応じた措置が常に求められ，その取扱の根拠となる通達も，漸次その数が増え内容も複雑化した。保護の現場においても，これらの通達の内容全般に通じて，生活保護法を運用することも難しくなってきた。

　そこで多くの関係通知を整理，統合することによって，生活保護事務の能率化をはかり統一的な取扱を確保するために，1958年10月「生活保護法による保護の実施要領について」（社福第784号）が通知された。これが沖縄で最初にできた保護の実施要領である。しかし，この通知は翌1959年2月の社福第165号による通知によって，その実施が保留された。その理由は，生活保護制度の範囲，程度及び保護事務等の整備が未だ十分とはいえない中で，この要領をただちに実施することは，なお検討を要するというものであった。

　その後，1961年12月に，「生活保護法による保護の実施要領について」が新たに通知され，体系的に整理された生活保護制度の運用指針が明らかにされ，実施された。その内容は，保護の申請，実地調査，最低生活費の認定，自給額

の認定，収入の認定，保護の決定，訪問調査等，ケースファイルの整備の8項目から構成されており，それぞれの項目について細かくその取り扱いが定められている。

　実施要領は，その後，随時改正されて行くが，その改正については以下のような特徴が見られる。すなわち1966年頃までは，保護基準算定において，最低生活に必要と考えられる日常生活上の消費財のすべてを，理論的に積み上げるというマーケット・バスケット方式を採用し，実施要領の規定においても制限規定主義がとられていた。しかし1967年以降は，基準算定方式がエンゲル方式へと変更されたことに伴い，従来の制限規定主義から例示主義へと移行した。また1972年の本土復帰を控えて，生活保護の本土並み実施に重点を置き，社会構造や住民生活の急激な変動に対応するために，被保護世帯の処遇の充実，とりわけ社会的弱者，要看護世帯の処遇の充実，自立助長，事務の合理化に配慮した改正が行われた。

7．医療扶助について
　(1)　診療方針及び診療報酬の制定

　生活保護法に規定される7種の扶助のうち，医療扶助は，その給付の方式が他と異なり，現物給付によって行うものとされている。このため医療の給付にあたっては，他の扶助とは別に「診療方針及び診療報酬」（生活保護法52条）を定め，これに基づいて，医療を担当した医療機関（医療保護施設，指定医療機関，その他）に対して費用を支払うことになっている。生活保護法52条に定める沖縄の診療方針及び診療報酬は，当初，日本の昭和25年当時の社会保障のそれに準拠して，1955年1月に告示第4号をもって定められた。生活保護法49条2項の規定により，指定医療機関が，療養の給付または療養を受ける際に，別表「診療報酬点数表及び歯科診療報酬点数表」に基づいて，診療報酬額を算定する。

　(2)　診療報酬の審査規定

　診療報酬の審査の根拠となる，「診療報酬請求審査規定」が1955年9月に告

示第33号をもって定められた。行政主席は生活保護法53条1項の規定により，指定医療機関の診療報酬を審査し，診療報酬額を決定するために診療報酬請求審査委員会をおく。委員の数は10名で，その資格は主管局職員，医師及び歯科医師とし，その任期は1年とされていた。委員会において診療報酬を審査し報酬額を決定する場合には，委員の2分の1以上によることとされ，診療報酬額を決定した場合には，行政主席の承認を得ることとされていた。1962年の規則第30号により，委員数は10名から15名に改められた。

(3) 医療扶助運営要領

医療扶助については，保護基準と同じく，実施要領についても別個の取り扱いがなされ，1961年8月「医療扶助運営要領」が定められている。これは，従来の断片的な医療扶助関係の諸通知が膨大となったため，これを整理統合して，必要な改定を加えて定めたもので，1962年1月から施行されている。これによって医療扶助の実施，取り扱いに関する統一的，体系的な指針が示された。その内容は，運営方針，運営体制，決定手続，書類の保存，指定機関，給付方針及び費用，報酬等の請求，報酬等の審査及び支払い，検診命令など11項目から構成されており，さらに細かい規定がなされている。

(4) 医療扶助の状況

疾病類型別にみて，結核のウェイトがかなり低いことが特徴的であった。沖縄では日本の結核予防法と異なり，結核に関しては，命令入所以外も結核予防法による公費負担が図られていた。精神疾患についても，精神衛生法自体が日本と相違しており，沖縄では法25条による措置入院のほか，法45条による同意入院，入院外治療についても政府負担制がとられ，建前としては日本よりも進んでいると評価された。しかし，実態としては医療扶助が相当に代替的な機能を果たすことになり，医療扶助にしめる精神疾患の割合は日本のそれを上回っており，入院の割合も本土のそれよりも高かった。

医療扶助人員について見ると，保護人員にしめる医療扶助人員の割合が低いという特徴がある。その背景には，医療機関の未整備により受診機会が十分に得られないこと。軽度の疾病は売薬で対応処理するため，売薬依存度が高く，

悪化してはじめて受診する風潮があるなど、住民所得の低位性に基づく制約があること。医療保険が整備されていないこと。公衆衛生関係法規による公費負担制度が、日本とは内容を異にした取り扱いがなされていることなどがあった。

保護費全体にしめる医療扶助費の割合は、生活保護法施行直後の1956年度の10.5％から毎年増加を続け、1970年頃には30％程度にまで達した。しかし、この時期に日本の保護費総額の6割を医療扶助費が占めていたことを踏まえると、なお沖縄では保護費に占める生活扶助費が6割と圧倒的優位を占めているところに際立った特徴があった。1966年から始まった生活保護費に対する日本政府の財政援助は、1969年からは生活扶助費のみでなく、医療扶助費も含めた保護費全体に拡大された。

4節　生活保護の実施状況と法外援助

戦後、沖縄の公的扶助の歩みは、米軍の戦後処理策、難民救済事業による島ぐるみ救済をその萌芽とし、限定的な自治の枠内での救済事業を経て、生活保護法の立法によって体系化された。このような経緯は、その実施状況にも反映し、軍の占領政策や財政事情に直接的な影響をうけた生活保護法立法化以前は、保護の対象人員も不規則に変動していた。これに対して、一定の基準と根拠を持つことのできた法立法化後においては、保護の対象人員の増減も安定している。

1．コザ福祉地区における生活保護

1954年10月1日、コザ福祉事務所は、他の福祉事務所とともに沖縄中部福祉地区（後のコザ福祉地区）における福祉行政の第一線の現業機関として開設された。その管轄区域はコザ、石川、宜野湾とその周辺の14カ市村であった。コザ市を除く管内の各市村役所内に出張所が設けられ、円滑で合理的な福祉現業業務の運営と住民の利便が図られた。出張所には地区担当員が配置され、所掌

の一部が分掌された。

　発足当時，福祉事務所の窓口には，生活苦を訴えて保護を申請する者が，不安定な社会情勢を反映して，月120～150件に及んでいたが，その後，社会経済事情の好転とともに被保護者数は減少の傾向を示し，1960年代半ばには毎月60件程度になっている。この時期には，19人のケースワーカーが常時勤務し，1人平均して93のケースを担当し，月平均7日の訪問活動と，受付，面接を行い，要保護者の福祉の増進と自立更生に努めていた。

2．適正保護と自立更生

　コザ福祉事務所では，生活保護業務の実施目標を，適正保護と被保護世帯の自立更生のための援助においている。また，事務運営の効率化をはかるために，査察指導員による地区担当員の行う現業業務の指導監督を実施し，同時に，事務連絡会，ケース研究会等を定期的または随時に開催して職務能力の向上を図っている。生活保護業務の適切で円滑な実施のために，地区担当員は日常の訪問活動とともに世帯調査の徹底を図った。

　管内の生活保護法による被保護人員は，1960年の14万6000人から1964年には14万3000人と減少を続けていた。この理由としては，社会経済生活の安定と，低所得者層に対する世帯更生資金の貸付の開始に伴い，被保護層から離脱する者か多かったこと，さらに児童世帯，母子世帯で被保護層にあった者が，子女の成長により就労等により収入の稼得が可能になったり，母親の就労の機会が増えて所得が増加したことも，その理由としてあげられる。

　生活保護の中でも，医療扶助は当時，増加傾向をたどっており，その適正実施が求められた。この医療扶助人員と医療費の年々の増加傾向は，医療単給での入院患者の増加によるものと考えられていた。この背景には入院患者の長期固定化等の要因があると考えられており，これに伴って患者1人当たりの医療費の増嵩現象が注目された。

3．保護の開始・廃止理由

　この時期の保護の開始状況をみると，生計中心者や家族の者の傷病によるものが全体の半数弱に及んでいる。すなわち，保護開始世帯1670世帯のうち，傷病に起因するものが実に818世帯にも達した。コザ事務所管内においても，傷病がもたらす所得の低下や喪失が生活困難の最大の原因となっていた。一方，保護の停廃止の状況についてみると，収入の増加による者が最もおおく，次いで，年金，恩給の受給，死亡の順となっている。収入の増加による停廃止は，1964年度において約3割に達しており，生計中心者や家族の就職等による世帯更生が大きな役割を果たしている。また生計中心者や家族の傷病の治癒による能力の回復が理由となっているものは1割強あった。開始原因における数値と大きな差異があるが，これは傷病が治癒しても，ただち就労できないことが多く，傷病の回復による更生の容易でないことを示している。

　1968年度における保護の開始世帯の開始理由をみると，傷病を理由とするものが70％を占めており，勤労収入の減少を理由とする世帯は8％にとどまっている。これは，貧困の最大の原因が傷病であることを物語っている。医療保険制度の整備強化は喫緊の課題であった。保護の廃止理由では，傷病の治癒による世帯が，22％にとどまっており，勤労収入の増加による世帯は27％であった。傷病を理由として，いったん被保護状況に陥ると，その傷病が治癒しても容易に更生できない一面を示している。

4．法外援助と低所得者対策

　沖縄の貧困の防止と学童の体位の向上に，大きな貢献を果たしたものに法外援助がある。戦後の住民に対する物資の援助はララ（アジア救済団体）によって始められ，1953年まで続いた。その後は，アメリカの余剰農産物資法（1954年）によりリバック委員会（琉球列島奉仕委員会）が設立され，ララに代わって援助が続けられた。低所得者対策は，1959年に福祉貸付金が発足するまで，米国の援助物資を配布するだけにとどまっていた。

5．ララ救済物資

「ララ」とは Licensed Agency for Relief in Asia の頭文字を綴って LARA と呼んだもので，アジア救済団体と訳された。ララは連合国最高司令官の管下において救済事業を行うために，米国政府によって認可された私設の救済機関を統合した団体で，戦災を被ったアジア諸国の人びとを救済することが目的であった。沖縄に対するララの活動は，1947年6月から始まり，その救援物資は翌7月から到着し始めた。

その後7カ月間に到着した物資は毎月平均で30トンで，その4分の3はキリスト教会世界奉仕団からのものであった（1948年1月民政府知事官房情報掲載の軍政府説明）。10月には，194頭の山羊が新教連合機関のヘイファズ救済会から贈られてきた。その他の着荷の全部はホノルル，ロサンジェルス，アルゼンチンの沖縄人会からのもので，そのうちの2回はフレンド協会奉仕会の支援よって沖縄に届けられた。その後，漸次沖縄におけるララの救済事業は強化されて行くことになった。到着物資トン数の半分は衣料で，古着ではあるが洗濯，消毒，分類，荷造りがきちんとしていた。その他，学用品，食糧品，靴，それに数は少ないが寝具，石鹸，書籍，玩具，聖書，賛美歌集，ミシン，山羊，ブタコレラ血清などが到着した。この血清は100リットルで，農家の危急に対応して空輸されたものである。

「被救済者に対しララ救済品押麦の配給に就いて」（1948年沖総第295号）では，ララ救済品の押麦の配給を速やかに行えるよう，対象となる被救済者の食糧困窮者を，あらかじめ調査しておくように指示がなされた。この物資は被救済者全員に配給せず，食糧に困窮している世帯に困窮の程度に応じて配給をすることとしている。配給世帯からララへの礼状を必ず出すことも指示されている。

ララの方針は，人種，信条，政治上，社会上の地位などの区別なく，困窮している者に無償で救済物資を配給するもので，その目的は緊急の対応による住民生活の復興にあった。ララから供給された物資は，米軍政府社会事業部長，ララ派遣者，民政府社会事業部長の3者の協議により配給計画を策定し，社会

事業部，公衆衛生部，労務部，文教部などがそれぞれの管轄下に配給することになっていた。ララの活動は1953年まで続けられたが，その間1949年2月，ララの沖縄駐在派遣員であるロバート・スミス氏の好意により学校給食が開始され，沖縄における学校給食の先駆けとなった。

6．リバック援助物資

リバック援助物資は，ララ救済物資と同様に，沖縄の防貧対策に大きく貢献した法外援助である。この名称は，援助物資の配給計画の策定を行う琉球列島奉仕委員会（Ryukyu Islands Voluntary Agency Committee）の頭文字をとった略称である。この組織によって送られてきた援助物資をリバック物資と呼んでいる。この援助物資は，1953年まで続いたララに代わって，米国余剰農産物資法（1954年）により設立された同委員会が所管している。その活動は1954年から始まり，1971年6月まで続いた。

リバック援助物資は，アメリカの国際協力局から沖縄キリスト教奉仕団及び国際カトリック福祉協議会を通じて琉球に贈与された。物資の配分の方針や時期については，米国民政府，琉球政府及び奉仕団体からなるリバック委員会において決定し，その決定に基づいて琉球政府が市町村を通じて配給した。市町村においては，困窮の程度による段階別の生活困窮者名簿を作成し，物資の適正な配分がなされるようにしていた。

政府も適正な配分がなされるように，計画的に調査を実施し，市町村も困窮の程度による段階別生活困窮者名簿を作成し，配給の適正な実施をめざした。この物資の受給対象は，生活保護の受給者，生活困窮者，災害地の罹災者，社会福祉施設の収容者，結核患者等であった。1970年7月からはその対象が，生活保護の受給世帯，生活困窮世帯の妊産婦，未就学児及び児童福祉施設の収容児に限定された。この援助は，沖縄の経済成長，住民生活の向上，社会福祉施策の充実にともないアメリカ側の判断により1970年6月末で終了した。

リバック援助物資は，通常時は法外援助として，生活保護法の適用をうけている被保護者，または世帯収入が保護基準額の120％に満たない生活困窮者に

継続的に配給されるほか，火災，海難，暴風などによる災害困窮者に対しても，必要に応じて臨時的に配給が行われた。その他，福祉施設，結核在宅患者，保育所等に対しても主としてメリケン粉，粉ミルク等の物資が配給された。この援助による物資の売買，交換等の目的外流用は厳禁されており，このような事実が発覚した場合には，個人だけでなく当該市町村全体が配給を停止されることになっていた。

7．低所得層の状況

1960年台前半の生活扶助受給者は3万人弱，保護率は3％台前半で推移していた。一方，これに準じる生活困窮者は，その3倍程度存在していた。低所得層の世帯類型は多家族，疾病，身障，母子，老人世帯などで，その適応に長期を要すると考えられていた。就労形態においては，農林業従事者が最も多い。1961年の農林業就業人口は，全産業の半数弱をしめていたが，その所得は2割弱にとどまっていた。農業の低生産性と低所得の要因は，耕地が狭小であって，農家の約7割が0.5ヘクタール以下の零細経営で，過剰な農業人口を抱え，台風や旱魃などの自然災害が多かったことなどがあげられる。

1960年7月「福祉貸付金に関する立法」が公布，施行された。この制度は低所得者世帯の防貧と自立更生を促進するために，生業資金，技能習得資金，生活資金，医療資金など7種類の資金を貸し付けるもので，政府が直接の実施主体となっており，その相談や指導の業務は市町村の協力のもとに行っていた。貸付に要する資金は一般会計からの繰り入れによって賄われ，特別会計が設けられた。

8．低所得者対策

消費水準が高まり，住民生活の安定と向上が著しい1970年前後においても，なお多くの低所得層が存在した。1970年6月の市町村実施の生活困窮者調査によると，被保護者及びその他の生活困窮者が，総人口の7％弱もあった。一般に低所得層の経済的能力は低く，人口の老齢，過密と過疎の激化，低賃金，高

物価，災害，さらには医療保険や社会保障制度の未確立などから，特別の施策を講じる必要があった。根本的施策としては，社会，経済，労働等の関連施策を推進して，この階層の縮減をはかるとともに，被保護階層への転落を防止し，その自立更生をはかる諸制度の整備が必要とされた。そのための具体的な施策としては，世帯更生資金の貸付制度だけであるが，他に法外援助としての米国からの物資の援助がなされている。

世帯更生資金貸付制度は，福祉資金貸付制度にかわり，1970年度から本土の制度にならって新たに発足した。この制度は「世帯更生資金貸付制度要綱」により社会福祉協議会が政府の委託をうけて実施しているもので，低所得者に対し，資金の貸付けと必要な援助指導を行うことにより経済的自立と生活意欲の助長促進をはかり，安定した生活を営めるようにすることを目的としている。資金貸付けの対象となる世帯は，貸付けとあわせて必要な扶助及び指導を受けることにより，独立自活が可能と認められる世帯であって，そのための資金の融通を他から受けることが困難な低所得世帯とされている。資金の種類は，更生資金，生活資金，住宅資金，修学資金及び療養資金の5種類となっていた。貸付金の交付は，一括，分割または月極め交付とされ，その償還は年賦，半年賦，3月賦または月賦償還の方法によるものであった。

まとめ

占領下沖縄における公的扶助は，米軍の上陸地域における避難民の救出と援護の業務から始まり，それは占領地の住民に対する宣撫工作としての意味を持つものであった。住民に対する無償で公平な配給を中心とする救済は「島ぐるみ救済」という特異な様相を呈していた。その後，この救済は，貨幣経済と賃金制度の再開に伴い「購買力欠如者」を対象とする救済へと移行した。軍政府と民政府の財政の状況により，救済予算は大きな変動を免れず，漏救と濫救の是正が繰り返され，制度の混迷と担当者の苦悩は深まるばかりであった。しかし，群島政府の設立の頃から，これまでの「救済」から，生活の向上と自活を

促進する「扶助」へという，質的な変化が生じ，近代的な社会事業へと変貌する。琉球政府の設立を契機とした「生活保護法」の立法は，日本法に準じたものではあるが，施政権の分離された沖縄にあって，法案の作成と立法の過程において，特別な議論が必要とされた。その後の沖縄経済の推移は，生活保護法と保護規準の何度もの積極的な改定をもたらすことになった。

参考文献・資料

厚生局民生部『沖縄社会福祉15年の歩み』(1969年)

厚生局民生課『社会福祉事業10年の歩み』(1964年)

琉球政府文教局『琉球史料・第5集社会編2』那覇出版 (1988年)

沖縄社会福祉協議会『沖縄の社会福祉25年』(1971年)

琉球銀行調査部編『戦後沖縄経済史』琉球銀行 (1984年)

我喜屋良一「社会事業の沖縄的現実と課題」琉球大学文理学部紀要社会編8号77頁 (昭和39年)

我喜屋良一「被保護世帯に対する一般住民の意識」琉球大学文理学部紀要社会編13号 (昭和44年)

我喜屋良一『沖縄における社会福祉の形成と展開』沖縄社会福祉協議会 (平成6年)

Summation of United States Army Military Government Activities in the Ryukyu Islands No 1 July-November 1946, Commander-in-Chief United States Army Forces Pacific, Papers of James Watkins, p.47.

Summation of United States Army Military Government Activities in the Ryukyu Islands No.12 July-August 1948, Commander-in-Chief Far East, Papers of James Watkins, p.61.

Summation of United States Army Military Government Activities in the Ryukyu Islands No.12 July-August 1948, Commander-in-Chief Far East, Papers of James Watkins, p.62.

Civil Affairs Activities in the Ryukyu Islands, for the period ending 30 september 1956, vol IV, no.1, United States Civil Administration of the Ryukyu Islands, p.133.

第3章
児童福祉の端緒

　本章では，占領下における沖縄の児童福祉の形成過程を考察の対象としている。沖縄戦による徹底的な破壊の下で，ゼロからの再出発を余儀なくされた児童対策は，アメリカによる統治の下で近代的な児童福祉へと変貌を遂げて行く。このような占領下沖縄の児童福祉の形成過程を，制度・立法の面から把握するとともに，その機能の変遷の背景について検討する。このような作業を通じて，この時期の沖縄児童福祉の特質を究明することを目的としている。

1節　占領下沖縄児童福祉の沿革

　沖縄は1945年6月23日，日本守備軍の壊滅により完全に米軍の占領下におかれた。これより先4月1日に，本島読谷と北谷の沿岸から上陸した米軍は，5日には米国海軍軍政府を設立し，「ニミッツ布告」と称される米国海軍軍政府布告第1号を公布した。この布告は米軍による沖縄占領統治の基本法となるものである。米軍は上陸直後から占領地域に仮設収容所を設置し，非戦闘員の避難民を救出し，その収容と保護にあたった。避難民の中には，戦争で身寄りをなくした孤児や老人が多く含まれており，その収容，保護も一般住民に対する住居，医療，食糧，衣料等の供与とともに，米軍の重要な宣撫策の一環であった。米軍は本島上陸直後から，これらの人びとに対する応急の保護対策をたて，住民避難地区に孤児院や養老院を設置した。その数は11ヵ所に及び，約1000人の孤児と約400人の孤老が収容された。占領下沖縄の児童福祉は戦災孤児に対する緊急対策から始まったが，八重山においては，戦災のほかにマラリ

アによる孤児もあり，1946年4月に石垣町営の救護院が設置された。

1．沖縄諮詢会と児童保護

　1945年8月15日，日本政府がポツダム宣言を受諾し，無条件降伏した日に，米国海軍軍政府は，本島中部の石川に各地区から代表者を招集し，軍政府の諮問機関ないし米軍と住民との橋渡し的な役割をになう機関の設置について協議が行われ，同20日には沖縄諮詢会が設置された。この沖縄諮詢会には業務を分担して13の部がおかれ，その中に社会事業部があった。社会事業部は食糧，衣料，住宅の提供，移動の援助，行方不明者の捜索，孤児の収容，養老その他の事業を担当した。そのうち孤児，老人，傷病者等の収容所の管理，維持については米軍が直接あたったため，社会事業部の主要な業務は住民に対する公平な食糧，衣料の無償配給を行うことであった。

　沖縄諮詢会設置の1カ月後，本島及び周辺離島で市会議員と市長の選挙が行われた。これは，軍政府が沖縄諮詢会に諮って9月13日付で発表した「地方行政緊急措置要綱」によって行われた，戦後初の選挙であった。この地方行政緊急措置要綱は，沖縄における組織的な地方行政を創設するために作成されたもので4章62条からなり，第1章総則に市の区域と住民の権利義務が規定された。市の区域は原則として軍政府が決定し，市は軍政府の監督のもとに，公共の事務を処理するとともに，住民生活の福祉の実現を目指した。市の内部は区と班に細分され行政が執行された。（当山・3頁）

2．沖縄民政府の児童保護

　1946年4月4日，住民の元居住地復帰による行政機構改革にもとづいて，戦前の市町村長が，それぞれの市町村長に任命された。同8日には，沖縄人による中央執行機関の設置について，軍から沖縄諮詢会に指示があり，その設置を前提とした諮詢委員，市町村長，各界代表らによる知事選挙が行われ，知事が選出された。これとともに，沖縄諮詢会は解消され，沖縄中央政府が誕生した。この政府は同年12月には「沖縄民政府」と改称された。内部機構の整備が

行われ，沖縄諮詢会の社会事業部は民政府総務部に吸収され，その業務は同社会事業課に引き継がれた。社会事業課の業務は，救済，救護，孤児院，養老院，教護院，傷痍保護院，及び託児所に関するものであったが，その他に民政府警務部では少年保護，労務部では職業紹介や失業対策に関する事項が取り扱われていた。1946年10月，沖縄民政府は石川市から知念村に移転し，翌1947年1月には社会事業の執行機関が総務部から分離し，社会事業部として独立した。社会事業部は各地に散在していた孤児院，養老院等の施設を20カ所から7カ所に統合した。

　1947年2月，沖縄民政府令第1号として「託児所規則」が制定実施され，その設置主体として市町村をうたったが，市町村長に設置義務がなかったことから，この時期に託児所が設置された実績はない。また，1947年7月，沖縄民政府令第6号により「少年教護規程」が公布施行された。この規程は，監護養育と普通教育を施し，独立自営に必要な知識技能を授け，資質の向上をはかることを目的として，沖縄民政府直轄の少年教護院の設置，管理，運営及び収容児の措置等が定められているが，この時期にその設置を見るには至らなかった。しかし，この頃から，児童の保護を含めた児童福祉に対する世論がようやく喚起され，沖縄民政府の対応も積極化して行くことになった。

　1948年12月，各市町村に「厚生員」が設置された。これは，正式には「公衆社会事業委員」として任命されたもので，身分は軍政府職員であり，軍政府公衆衛生社会事業課の直属となっていた。その権限は大きく，民政府の政策手続の実施状況を監督したり，ララの救援物資など海外から送られた社会救済品についての進言，監督を行った。(当山・4頁)

3．群島政府の児童福祉

　1950年6月から8月にかけて，米国軍政府は特別布告37号及び布告19号「群島知事議会議員選挙法」を発して沖縄，宮古，八重山，奄美の4群島における知事及び民選議員の選挙の準備を進めるとともに，それまでの民政府に代わる群島政府の設立に向けて布告22号「群島組織法」を発した。これにより同年9

月17日，各群島一斉に知事選挙が行われ，同11月以降各群島政府が発足した。この年の12月，米軍はみずからも「琉球列島米国民政府に関する指令」を極東軍総司令部が発し，従来の軍政府を「琉球列島米国民政府」に改称し，形式上，米国の沖縄統治が「軍政」から「民政」に移行された。沖縄群島政府の設立により，従来の社会事業部の業務は群島政府厚生部に引き継がれ，厚生部社会事業課が直接その任務にたずさわることになった。群島政府の発足にあたって，平良辰雄知事は社会事業の重要性を強調し，この事業の拡張を政府の五大施策の一つとして掲げた。（当山・6頁）

児童福祉の領域では，戦災孤児の問題にかわって児童の不良化が問題となってきた。軍需物資の窃盗，軍施設の立ち入り，軍需品の不当所持等の少年による犯罪件数が激増の兆しを見せていた。これらの事件は軍裁判所で裁かれたが，軍の法廷では少年の処遇について，非行に走った社会的背景の調査や，出所後の保護指導について群島政府への通報を行っていた。1951年10月，米国民政府法務部と沖縄群島政府との協議の結果，軍裁判に送られる児童について，成人とは異なった処遇を行うため，那覇裁判所とコザ裁判所に各1名の軍裁判係の厚生員を配置した。裁判係の厚生員は，各市町村の厚生員と連携し，児童の家庭，学校等の調査を行い，軍裁判所での弁護にあたった。また釈放後の児童についても，厚生員が居宅指導を行った。また沖縄群島政府は，収容施設の必要性を痛感し，1951年4月，沖縄厚生園の一部を利用して，その後の教護院に相当する「沖縄職業学校」を開設した。

沖縄群島政府が，非行児対策の次に手がけたのは，盲聾児の教育の問題であった。当時の文教行政の実情から，特殊教育の分野まで行き届かない状態にあったため，厚生行政においてこれを採り上げることになった。そして，教育と保護の二つの機能をもった収容施設が設置されることになり，1951年5月，「沖縄盲唖学校」が開校した。沖縄職業学校とともに，学校としての教育行政的色彩を色濃く持ちながら，厚生行政の分野でこれが推進された点が，沖縄の社会福祉事業の一つの特色とされている。

1951年9月，群島政府は従来の社会事業課の扶助係，施設係に加えて，企画

係と児童係を新設した。児童係の分掌事務としては，犯罪少年の教護，母子保護，児童文化，要保護児童の指導，児童福祉の総合企画等に関する事項があげられている。(当山・6頁)

厚生部社会事業課に「児童係」が設置されたことは，後の琉球政府発足時に所管課に児童係が設置されていなかったことを踏まえても，沖縄群島政府が児童問題をとくに重視していたことがわかる。また1951年11月に設立された沖縄群島社会福祉協議会は，児童一時保護所を設置するなど，沖縄の児童福祉における民間サイドからの貢献を果たした。

4．児童福祉従事者の養成

戦後，軍政府が行った社会福祉関係従事職員の養成と訓練に関する配慮は，福祉関係立法とくに児童福祉法の立法化に伴う作業と，深い関わりを持っている。1948年11月，軍政府は，沖縄民政府知事に対して「各市町村に配置される軍社会事業委員」と題する覚書を交付した。この委員は厚生員と呼ばれ，各市町村からの推薦をうけて軍政府直属の職員として各市町村に駐在した。この厚生員は，1950年に沖縄側に身分替えされ，1952年には社会福祉司，1953年には社会福祉関係立法の制定にともない，社会福祉主事と名称をかえた。

また，1950年4月，在沖縄ライカム婦人クラブの奨学金制度により，社会事業従事者養成を目的として，日本社会事業短期大学への留学生派遣が行われた。また同年9月，軍政府の費用により，日本社会事業研修所へ第1回目の社会事業研修生が派遣された。1951年にも米国民政府の奨学金により4群島から選抜された留学生が，日本社会事業学校研究科へ派遣され，翌1952年にも派遣が行われた。これらの留学生，研修生は帰沖後，沖縄の社会福祉行政と，その第一線の現場において指導的な役割を果たし，1951年11月の沖縄群島社会福祉協議会の設立にも貢献した。また社会事業従事職員の現任訓練や社会福祉関係立法の立案作業にも関与した。(渡真利・10頁)

5．琉球政府の児童福祉

1952年2月29日，琉球列島米国民政府布告13号「琉球政府の設立」が公布され，これにより同年4月1日，立法，司法，行政の3機関を整えた琉球政府が設立され，4群島を統括した，統一的かつ恒久的な中央政府組織が実現した。この米国民政府布告13号は，琉球政府の3機関の構造と権限，住民の権利，民政副長官の権限等について規定しており，米国民政府布告68号「琉球政府章典」とともに，沖縄の基本法としての性格を持つものであった。

米国民政府布告13号2条は，琉球政府が米国民政府の布告，布令，指令に抵触しない範囲で，琉球列島における統治の全権を行使することが出来るとしている。同3条は，琉球政府の立法権が立法機関である「立法院」に属し，立法院の構成は住民の選挙によって定められることとしている。4条は，琉球政府の行政権が「行政主席」に属し，行政主席の任命は，選挙制になるまで民政副長官が行うとしている。5条は，琉球政府の司法権が既設の琉球上訴裁判所以下の「裁判所」に属し，上訴裁判所裁判官の任命権は民政長官に属し，さらに民政副長官は裁判所に対して再審の権限を留保するものとしている。6条では，住民は公共の福祉に反しない限り，民主国家の基本的自由が保障されている。7条では，民政副長官は，必要に応じて琉球政府または行政団体もしくはその代行機関によって制定された法令の施行を禁止し，みずから適当と認める法令の公布を命じ，琉球における全権限の一部または全部をみずから行使する権限を留保するものとしている。

また，同時に公布された米国民政府布告68号も，沖縄の基本法の法源である。同布告は7章36条からなり，琉球政府の管轄範囲，琉球の首都，住民の地位及び権利義務，行政府，立法院，裁判所のそれぞれの組織と運営，市町村との関係等について詳細な規定をしている。

1952年3月2日，新設の立法院の最初の総選挙が実施され，各群島地区の人口に比例した定員のもとに，民意を代表する立法院が組織された。

琉球政府が創立された1952年ごろも，児童の非行は衰えを見せず，基地建設工事ブームと朝鮮戦争特需によるスクラップブームなどを背景として益々，複

雑化する傾向がみられた。厚生員は，青少年の非行対策にその多くの時間を費やすことになる。青少年の非行防止と事後処理に追われ，少年刑務所から出所した少年のフォロー，軍裁判所に係る少年の社会調査，立会いなど児童の分野に仕事のウェイトがかかった。（渡真利・9頁）

2節　沖縄の児童福祉法

　敗戦の結果は，家庭の破壊混乱，経済界の不況，道徳の頽廃をもたらし，子どもにまで悪影響を及ぼしていた。特殊な社会環境の中で，戦災孤児，街頭浮浪児の問題，増加する青少年の不良化と犯罪は，多くの関係者を憂慮させ，群島政府社会事業課は課内に児童係を設けて児童福祉面の仕事を強化し，積極的に非行少年の保護と処置にあたってきた。しかし，機関の不備と技術の未発達のために，応急処置にとどまり適切な措置が行われてはこなかった。児童福祉を裏付ける法的根拠も不備で，児童の権利が無視され逆に濫用されるおそれがあり，児童の権利を保護する必要から，児童福祉法の制定は急務であった。

　1951年9月，対日講和条約及び日米安全保障条約が調印され，対日講和条約3条によって，沖縄がアメリカ施政権下に入ることが確認された前後から，沖縄群島政府は，激増する児童問題に対処することと，一般児童の健全育成を目的とした，沖縄独自の児童福祉法を制定する必要に迫られていた。児童福祉法の立案に関しては，米国民政府もその必要を感じていた。米国民政府係官の山崎亮一は，児童福祉法の立案作業に当初から関わっており，同法案の立法要請は議員発議によらず，米国民政府の合意を得て，行政主席から立法院議長に対して行われた。また同法制定後，児童福祉行政の第一線機関となる児童相談所の建設費用についても，米国民政府の特別の計らいがあった。沖縄の社会事業従事者の養成訓練や社会福祉行政，とりわけ児童福祉行政と，その施設現場に対する米国民政府担当官であった山崎の指導的役割は注目される。（渡真利・10頁）米国民政府は非行等の児童の問題にとくに関心があり，担当官の山崎は，児童に関する法律を作らなければならないという強い意向を持っていた。

アメリカでは，1930年に既に児童憲章が出来ており，アメリカ人の中には，日本人とは違った児童問題に対する感覚があった。山崎はケースワーク等の技術的な部門の指導に力を入れ，それらの面の今日の礎石を敷いた。

1．児童福祉法案の作成

1952年4月，琉球政府創立の年に，日本で社会福祉を学んで帰沖した留学生らによって，児童福祉法の立案作業が始まった。政府厚生局民生課児童係に配属された留学経験者3名と，米国民政府公衆衛生社会事業部の山崎亮一が加わって作業が進められた。児童福祉法も日本法を範としているが，国家事務と地方自治事務とが混淆しいる当時の沖縄においては，その制定は立法技術的にも難しく，国家の所掌や首長の権限と，行政主席や市町村長の権限などをどのように結びつけるか，などはその一例であった。日本における児童福祉法は昭和22年に制定されており，この時点では第9～10次の改定がなされていた。沖縄での立案作業においても，日本法を基本にしていたが，諸制度や社会的状況が相当に異なっていたため，沖縄の実情にあった作業が求められた。

(1) 児童福祉の理念

第1章総則における児童福祉の理念では，1条1項が，すべて児童は一人格として尊重され，ひとしくその生活を保障され，愛護される権利を有するとした。また同2項では，すべて住民は児童が心身ともに健やかに育成されるよう努めなければならないとしている。基本的人権，個人の尊重，法の下の平等，生存権などを規定する，日本国憲法の下にない沖縄では，これらの児童福祉の法的根拠を，琉球政府章典（米国民政府布令68号）に求めることになる。

児童福祉施設の種類として，6条では，助産施設，乳児院，母子寮，保育所，児童厚生施設，養護施設，精神薄弱児施設，盲聾唖児施設，虚弱児施設，肢体不自由児施設及び教護院の11種類をあげている。法立案当時，沖縄で設置されていた児童福祉施設の種類は，養護施設，教護院，盲聾児施設，保育所の4種類にとどまっていた。

日本の児童委員の制度については，沖縄では採用されず，児童福祉関する職

務は専門技術的なものと捉えられ，第一線の現業業務の指導と訓練に携わるものと考えられていた。児童福祉司は，10条において，児童の保護，保健その他児童の福祉に関する事項について，相談に応じ，専門的技術に基づいて，必要な指導又は適切なる措置をとらなければならない，としていた。なお児童福祉司は「技術職員」とされ，その資格は大学において心理学，教育学若しくは社会学を専修する学科又はこれらに相当する課程を修めて卒業したものされていた。また，12条は，社会福祉主事に関する規定として，社会福祉主事設置法による社会福祉主事は，児童福祉司の行う職務に協力するものとし，取扱困難な事例は，これを児童福祉司に移管しなければならないとしている。

児童相談所の設置と業務については，13条及び14条に規定され，政府がこれを設置し，相談及び調査に応ずる者は，児童福祉司でなければならないとして，相談及び調査機能の充実をはかることを意図している。児童の一時保護施設については15条で規定され，設置について義務ではなく任意規定とされている。これは沖縄の経済的実情を配慮したものであるが，実際に児童福祉法が制定された時に，米国民政府の計らいで琉球政府の予算に計上され，新設の児童相談所に付設されることになった。

　(2)　福祉の措置及び保障

第2章は福祉の措置及び保障とされている。要保護児童の通告について，19条は，これを発見した者は，児童福祉司及び社会福祉主事または市町村長に通告しなければならないとしている。また，行政主席のとるべき措置が20条に規定され，22条では裁判所と行政主席との関係が規定されている。当時の沖縄では，家庭裁判所に相当するものが「巡回裁判所」であると理解されていたことから，21条では，巡回裁判所への送致が規定されている。また，裁判所は児童福祉上適当な措置をとるために，行政主席に対して必要な援助又は協力を求めることができるとする，沖縄独自の規定が22条におかれている。

日本法27条1項には，都道府県知事のとるべき措置として，「児童またはその保護者に訓戒を加え，また誓約書を提出させること」との条文があるが，これが沖縄法にはない。米国民政府の担当官山崎のつよい意向が働いて，児童相

談所で取り扱う問題のケースを，訓戒や誓約によって治療しようとするのは，甚だ前近代的であり，現在の社会福祉事業の方法論にもとるものであるとして，この条項はあえて法にうたわれなかった。山崎によれば，このような措置はケースワークの専門技術の立場からは好ましくないというものであった。

(3) 児童福祉の費用

第3章は，児童福祉施設について規定している。31条で児童福祉施設の設置が規定され，43条では，最低規準の制定，44条では最低規準実施の監督がそれぞれ規定されている。

第4章は，費用についての規定がある。児童福祉法立案当時の，沖縄の児童福祉に関する財政は極めて貧しいものであった。このことが法の内容を狭めた要因でもあった。法案では費用の負担について沖縄の実情にあうように，49条及び50条に政府の支弁を，51条に市町村の支弁を規定し，集約をはかった。52条では事務処理状況の実地調査，53条では費用の徴収及び代負担についての規定がなされている。

第5章には雑則がおかれている。55条では，児童福祉施設の認可の取消，事業停止又は施設閉鎖命令に関する規定が，沖縄の実情にあわせて集約しておかれている。56条は，訴願に関する規定となっており，行政主席若しくは児童福祉司，社会福祉主事または市町村長のなす処分に不服のある者は，行政主席又は市町村長に訴願することができる。57条では禁止行為違反の罰則，58条では守秘義務違反の罰則などの規定がおかれている。

附則として，62条において，児童福祉法の公布にともなう，既存の児童虐待防止法及び少年教護法の失効に関する規定がおかれている。(渡真利・30頁)

2．立法院での審議と修正

沖縄における児童福祉法の立案作業は，1年の月日を費やして完了した。琉球政府法務局法制課の具体的な法立案の指導を受けながら法案を完成した。最終的に米国民政府との調整も済み，社会局福祉課の「児童福祉法案」としてまとめられた。これに「児童福祉法立案の趣旨」を添え，行政主席から立法院議

長に対してメッセージ30号として「児童福祉法に関する立法要請」がなされた。

琉球政府章典5条が「すべて住民は個人として尊重され，法の下に平等である。生命，自由，及び幸福追求に対する権利は，公共の福祉に反しない限り，立法その他の政務の上で最大の尊重を必要とする」と規定していることに基づけば，住民の一人である児童の保護を，単に従来の特殊児童に限定することなく，全児童の福祉へと進めることは当然である，とこの「児童福祉法立案の趣旨」は述べている。

児童福祉法の立法案は，立法院本会議上程をへて，文教社会委員会に付託され，以後7回にわたって開かれた同委員会において審議が行われた。この時の文教社会委員会の委員は6名であり，審議にはこの他に証人として琉球政府社会局福祉課長と主事2名が出席している。（1953年琉球政府立法院文教社会委員会会議録）

第1回目の審議（1953年7月8日）では，日本法との主な相違点についての質問が行われた。日本法では妊産婦についても規定されているが，法案では出生以後の子の保護という立場から，妊産婦の保護に関する規程を省いていること。児童委員を設けていないこと。児童相談所長の資格要件については，それらを備えた専門家が出たときに規定するものとして，相談所の設置と業務とについてのみ規定したこと。親権者の親権濫用の防止策としての「親権喪失宣言の請求」や「後見人選任の請求」に関する規程は省かれていること等が説明された。

逐条審議に入ったのは第4回目の審議からである。委員から，法案1条1項の児童の人格に関する文言の根拠について説明が求められ，証人はアメリカの児童憲章を示している。第5回目の審議では，児童委員をおかないことについて検討が行われ，琉球において民生委員の制度が存在しないことと，その効果も勘案して児童福祉司一本立てとした旨の説明が証人から行われた。第6回目の審議では，妊産婦が規定されていないことについて，予算上の問題で削除するとの理由では，説明ができないとして，これを含める方向で検討することと

した。

　文教社会委員会の原案に対する主な修正事項は，次の通りである。第1章の総則に関しては，児童福祉に妊産婦の保護まで含めることとした（1条）。妊産婦とは，妊娠中又は出産後1年以内の女子をいうと規定した（5条）。政府は児童相談所に児童福祉司をおかなければならないと修正した（10条）。生活保護法に規定する社会福祉主事は，児童及び妊産婦の福祉に関する事項について，相談に応じ，必要な調査並びに指導を行うものとする（12条）。児童相談所の業務について，医学的，心理学的，教育学的，社会学的及び精神衛生上の判定を行い，これらに付随して必要な指導を行うこととした（15条）。第2章の福祉の措置及び保障に関しては，妊産婦に対する福祉の措置及び保障に関する条項として，保健指導，健康審査，費用の代負担（20条），妊娠の届出（21条），母子手帳（22条）が加えられた。（渡真利・20頁）

3．児童福祉法の成立

　児童福祉法案は，文教社会委員会の審議を経て1953年8月，立法院本会議に上程された。これと関連して，行政主席はメッセージ（3号）を送り，児童福祉法案の審議にあたっては政府歳入を勘案の上，慎重を期して欲しい旨を伝えている。この背景には政府施策には予算の裏付けが必要で，この年は，まだ軍補助金の総額の見通しが立っていないという事情があった。同年9月，法案は原案に委員会修正案を含めて可決され，翌10月，児童福祉法は1953年立法61号として行政主席により署名公布された。

　他の社会福祉関係立法が，米国民政府との調整に難航し，漸く議員立法の形で成立したのに対して，児童福祉法のみが行政府の勧告で立法されたのであり，ここでも米国民政府の児童福祉に対する関心の深さがうかがえる。沖縄の児童福祉は，児童福祉法の成立により，応急的な児童保護から抜け出して，近代的な児童福祉への道のりを歩み始めることになった。従来の児童政策に流れていた要保護児対策から，それをこえて次代の社会の担い手たるすべての児童の福祉を，積極的に推進することを基本精神とする総合立法が児童福祉法であ

る。その理念も，権利も日本法と趣旨を同じくするものである。

4．児童福祉法の改正

沖縄の児童福祉法は，制定後，その不備を補うとともに，社会情勢の変化に応じて，児童福祉の充実をはかるために6回の改正と，他法の附則による改正とを合わせて13回の改正が行われた。このうち1957年の第4次改正では，1956年立法88号（家事審判法），1957年米国民政府布令165号（教育法），1957年立法78号（少年法）等の新たに制定された他法との，関連整合をはかるための法改正が行われた。これは家庭裁判所制度の発足にともない，関連条文中の巡回裁判所及び裁判所が「家庭裁判所」に改められたこと，児童の里親委託や児童福祉施設への入所措置の際の承認につき，家事審判法の適用に関する規定等が加えられたことによるものである。

(1) 第5次改正について

1959年の第5次改正では，増加傾向にあり，しかも複雑多岐にわたる児童問題に対処するため，児童相談所と福祉事務所の機能の整備と強化がはかられた。また，児童の基本的人権の保障の観点から，児童相談所長に対し，家庭裁判所に親権喪失の宣告及び後見人の選任または解任の請求をする権限を与えた。

靴磨きや花売り等夜間における児童労働は，児童の心身に与える害が大きいとして，時間を制限して禁止した（36条1項5号）。従来，児童の夜間街頭労働の禁止時間を，午後10時から午前3時までとしていたものを，15歳以上については午後10時から午前5時までとし，15歳未満の児童については午後8時から午前5時までと改め，児童の保護を強化した。当時，深夜の街頭での靴磨き，花売りのアルバイトが横行し，児童の長期欠席が大きな社会問題になっていた。

民間の児童福祉施設を育成するための政府補助の途が開かれた（57条の2，3）。私立の福祉施設について，その修理，改造，拡張等の整備に要する費用の4分の3以内を，補助することが出来ることになり，行政主席は補助の目

的が有効に達せられるよう監督，命令し，その予算について変更を指示することができることになった。精神薄弱児の福祉増進のため児童福祉施設の種類に「精神薄弱児通園施設」が加えられた。

児童保護の事業として「里親制度」がある。身寄りのない児童等を引き取って養育している人びとの中で，生活にゆとりのない家庭に対しては，児童分だけについて「救済」（生活保護）を適用した。このように「世帯分離」の形で，救済を適用し，児童保護がなされていた。この法的根拠のない里親制度は，児童福祉法の制定により同法に基づく制度となったが，1959年の改正により，里親以外の者でも適当と認めた場合は，当該家庭に児童を委託することができるようになった（26条但書き）。すなわち，里親家庭運営要綱では，原則として3親等以内の者には，里親としての児童委託はしないが，児童の伯父，伯母（叔父，叔母を含む）がその児童を養育する資力に乏しい場合には，それがなしうることになった。これは縁故者等で，児童を養育するのにふさわしいが，資力に乏しい者等を活用するみちを開くものであった。この制度は日本にはないが，これにより多くの児童の福祉がはかられた。

1956年，本土の規準にならって「児童福祉施設最低規準」が制定された。これにともない，それまで保育所として認可を受けていた多くの施設が，設備，職員等でその規準に達しないことになり，関係者を憂慮させた。その救済措置として，政府は1959年児童福祉法の一部改正を行い，児童厚生施設のなかに「幼児園」を加えた。施設，設備などでこの規準に達しない保育所，または設置経営の目的が保育所のそれに合致しない施設等に対して通達を行い，切り替えをはかった。

(2) 第7次改正と育成医療

1961年の第7次改正（1961年立法29号）では，未熟児が出生したときの保護者の届出義務（22条の2）と，未熟児の訪問指導，看護措置が定められた（22条の3）。また，身体障害児の療育，とりわけ「育成医療」の給付について改善がはかられた。育成医療は，生活保護法の指定医療機関に委託して行うことになっていたものを，整形外科，眼科，耳鼻咽喉科等の専門分野での効果を期

待して，身体障害者福祉法の規定によって指定された医療機関で行わせるものとした（22条の5）。育成医療には多額の費用を要することから予算措置や支払い，徴収事務の適正を期するため，まず，本人及び扶養義務者が直接医療機関に支払い，政府はその支払い能力のない部分について医療機関に支払うこととした（57条3項）。

(3) 第9次改正と児童相談

1966年の第9次改正（1966年立法33号）では，児童相談所の職員の資質の向上，乳幼児及び妊産婦の保健対策の強化，保育所及び児童厚生施設への入所の措置権の市町村長への移管，各福祉措置がとられた場合の政府，市町村の支弁，負担関係の明確化，そして，福祉措置にともない自己負担金を直接，施設や機関に支払う「第三者支弁」が可能になったことなどがある。

児童福祉司及び児童相談所長の資格について，拡大解釈のあった部分を明確にした。児童福祉司の資格は，大学において心理学，教育学又は社会学を専修する科目を修めて，卒業した者と規定されていたが，「修めて」の語は単独の科目の履修で済むものと拡大解釈されるおそれがあるため，これを「専修する学科又はこれに相当する課程」とあらため専門性を強調した（11条）。

(4) 第10次改正以降

1969年の第10次改正（1969年立法146号）では，社会福祉審議会の分科会に位置づけられていた「児童福祉審議会」が復活することになった。これは，精神薄弱者福祉法並びに母子保健法を同時に立法勧告することにともない，児童及び妊産婦並びに精神薄弱者の福祉を調査審議するために，児童福祉審議会を児童福祉法の中で復活させたものである（8条，9条の2）。

1969年の第11次改正は，精神薄弱者福祉法（1969年立法160号）の制定にともなう同附則6項によるものである。当時，沖縄の精神薄弱者及び精神薄弱児の数は，軽度のものを含めて3万人にのぼると推計されていた。一方で，従来の精神薄弱者対策は，主として児童福祉法により，児童を中心として行われてきた。成人のこの領域の福祉対策は，ほとんど存在しなかった。その更生を支援するとともに必要な保護を行い，福祉の向上をはかるために同法が制定され

た。

　第12次改正は，母子保健法（1969年立法168号）の制定にともなう同附則2条及び5条によるものである。これまで児童福祉法により，母子保健事業が行われてきたが，母性並びに乳児及び幼児の健康の保持増進を図るため，母子保健に関する権利を明らかにするとともに，母性並びに乳児及び幼児の健康の向上に関する措置を講ずる必要があるとして，母子保健法が制定された。これにともない児童福祉法に規定されていた母子保健に関する条項が削除改定された。

　第13次改正は，民生委員法（1971年立法20号）附則3条によるものである。社会福祉の大衆化，社会化を推進する上で不可欠の要件とされる，住民参加の地域福祉活動と，公私社会福祉事業の均衡ある発展をすすめる観点から，民生委員制度を創設し，公的社会福祉事業への協力とボランティア活動の展開を促進する趣旨から，「民生委員法」が制定された。同附則による改正により民生委員が児童委員に充てられることになった。（幸地）

3節　児童福祉行政

　児童福法の制定により，要保護児童に対する保護対策は，体系化され，児童相談所等の福祉関係の行政機関の整備と相まって，その児童の態様に応じた処置がなされることになった。また入所児童の保護費についても負担能力に応じた政府の代負担を定め，経済的にも公的保障の方向性を強く打ち出した。

1．児童福祉行政の組織と人材

　1956年11月，琉球政府社会局福祉課の中に，3名の職員からなる専管組織として「児童係」がはじめて設置された。その後，制度の整備拡充にともなう業務量の増大と，児童福祉行政の充実強化をもとめる世論を背景として，1965年に児童係は「児童福祉課」に昇格した。課内には指導係と養護係が置かれ，10人の職員で構成された。1967年の特別児童扶養手当法，翌68年の児童扶養手当

法，母子福祉法等の相次ぐ立法制定により，事務事業量は益々増大するなどの状況の変化や社会のニーズに対応する必要から，1968年には新たに母子係が，さらに翌69年には保育係が新設され，児童福祉課は総勢18人の職員体制に拡充された。保育係設置の背景としては，1964年度から保育所建設についての日本政府援助が実現し，多くの市町村において公立の保育所が設置されるようになり，その建設や許認可，並びに運営指導などにともなう事務量が増え，行政需要がさらに旺盛になったことがある。

　沖縄では，戦後の比較的早い時期から各分野で活躍する人材の育成策が積極的にすすめられてきた。終戦直後の1949年から，契約学生制度が発足し，留学生の派遣による人材育成が始まった。福祉の領域においても，制度の創設と，それを運用する人的資源の確保が焦眉の課題であった。1950年11月に設立された群島政府厚生部社会事業課の所掌事務の中にも「職員の養成と現任訓練に関する事務」が明記されていた。この年の9月，最初の留学生が日本社会事業大学に派遣され，翌年には，軍政府の資金により4人の留学生が各群島から選抜され派遣されている。1952年には琉球政府による留学生の派遣事業も始まり，この事業はその後，沖縄社会福祉協議会の奨学生制度として引き継がれた。さらに留学生だけでなく，それぞれの時期に政府独自の計画による職員の派遣研修も行われ，その他，民間組織や団体のレベルでも研修，訓練が実施されてきた。（安里・39頁）

2．児童保護措置費制度

　「児童保護措置費」とは，児童福祉施設において児童の福祉を図るための運営費であり，入所児童の処遇費，職員処遇費，及び施設自体の維持管理費の総称である。行政的には，行政主席または市町村長が，児童福祉法の規定によって，養護施設等の入所措置をとり，または里親等に委託の行政措置を行った場合，その入所または委託後の保護，養育につき，児童福祉施設最低規準を維持するために要する経費である。具体的には，政府や市町村が，児童福祉施設または里親に対して「委託費」として支弁する経費のことをいう。

1953年，児童福祉法の制定により，行政主席の福祉措置として，里親委託，養護施設等への入所措置が規定された。これに要する費用は，政府が支弁することが明確にうたわれていた（26条1項2号）。しかし，当時の施設はそのほとんどが公立であったため，児童保護費の支弁の必要はなかった。そのため里親に支給されていた養育費が，この種の費用の支弁としては最初のものであった。その1人当たりの月額単価は15歳以上の場合，生活扶助額と同額とされていた。1958年5月，告示146号（里親家庭養育運営要綱）が制定され，この要綱1章10（費用）により里親委託費の改定が行われた。1963年2月には，里親委託措置費が施設入所児童の要する費用に比べて極めて低く，この格差は不合理であること，伸び悩んでいる里親制度の拡大を図る必要があること，などの理由から措置単価の改善がはかられた。

　民間の養護施設「愛隣園」については，行政主席による児童福祉上の入所措置がとられながら，それにともなう費用の支弁は1959年6月まで行われなかった。1959年7月から始まる1960会計年度から，行政主席は，愛隣園運営委員長との契約により，児童を保護委託することとなり，これに要する経費についても政府が支弁することとした。ここに初めて公費負担制度が実施されたが，当時の養育費規準は確固たる根拠もなく，愛隣園の予算書にもとづいて算出され，事務費と事業費に分けて児童1人当たりの月額単価が設定された。しかし，このような経費について，支弁額の単価，使途，算式等を明確にし，かつ告示すべきだとして，政府は1965年1月，従来の方式を廃して，新たに「養護施設及び肢体不自由児施設へ入所措置をとった場合における政府支弁額を定める規定」を制定した。

　1958年10月，行政主席は，それまで入所の措置基準が明らかでなく，費用の負担基準も設定されていなかった保育費の公費負担の適正を期して，保育行政の円滑な運営を行うために，中央児童福祉審議会の答申を受けて告示293号（保育所入所措置にともなう保育費負担基準）を制定した。この告示は1965年1月に改正・廃止となり，新たに「児童福祉法により保育所及び幼児園入所措置をとったと場合の政府支弁額」が制定された。この政府支弁額を定める規定

は，1967年に，措置権の市町村移管との関わりもあり，大幅な改正がなされ，「児童福祉法による保育所措置政府負担金交付基準」となって，その年の7月から施行された。この交付基準の制定に際しては，対琉技術援助の一環として，日本の厚生省から専門家の派遣を受け，沖縄における所得の状況，保育所に対する社会的ニード，市町村の事務処理能力等の社会的，経済的諸要因について大がかりな診断がなされ，慎重な作業が繰り返された。この交付規準は，変則的な沖縄の保育行政を正す意味でも大きな意義があった。

3．対沖縄援助の増額と児童福祉

米国統治下の沖縄に対する日本政府の援助は，1952年度の教育関係の援助から始まった。翌53年度には恩給関係が，そして1956年度には南方同胞援護会を通じた補助金や見舞金の支給，さらに1959年度には技術援助が，そして1961年からは社会福祉及び医療の関係についても経済援助が行われるようになった。

1961年の池田・ケネディー会談の合意に基づいて沖縄に対する「ケネディー新政策」が始まり，日米協調路線の下，日米両国の対沖縄援助が本格化し，補助金の額も年々増加していくことになった。しかし，それでもなお本土との格差は大きく，児童福祉の分野においても法の理念との乖離は大きく，制度や事業の立ち遅れが目立った。とりわけ保育行政と心身障害児の福祉対策は遅滞していた。

1963年当時，保育所の数は15カ所にとどまっており，政府の要保育児童に関する実態調査は未実施であったが，保育に欠ける児童の数は約1万7000人と推計されていた。その充足率は6.7％に過ぎなかった。保育所への入所措置は厳しい政府予算の制約を受けて，保育所への入所措置される児童は「保育に欠ける」要件の他に，家庭の経済的状況が重視され，生活保護世帯などの困窮世帯の児童が優先的に措置される傾向にあった。その結果，措置率は10％程度にとどまり，経済的に余裕のある家庭の児童は，すべて保護者と保育所長との私的契約に基づく施設利用となっていた。

保育所に対する住民のニーズは，1955年頃から顕在化し始め，1960年代に入

り女性の職場進出や都市化，核家族化の進行により，一段と高まりを見せた。労組婦人部が中心となった街頭署名や要請行動，社会福祉大会や保育関係者の大会における要請決議などがあいつぎ，琉球政府も世論の支持を背景に，日米両政府及び関係機関に対して保育所建設のための財政援助を求めた。

　池田・ケネディー会談において，日米協調による琉球諸島に対する経済援助の必要性が確認されていたが，さらに1964年には，「琉球諸島に対する経済援助に関する協議委員会及び技術委員会の設置に関する日本国政府とアメリカ合衆国政府との間の交換公文」に基づいて，琉球諸島の経済開発と住民の福祉及び安寧の増進を目的とした「日米協議委員会」が設置され，目的達成のための諸問題を検討する「日米琉技術委員会」が発足した。このような動きの中で，福祉の問題が重要課題として論議され，1964年度から児童福祉の分野で，保育所建設について日本政府の援助が実現し，8万3000ドル余りの援助が予算措置された。この援助は沖縄の児童福祉の充実，向上に大きな役割を果たしたが，一方で，設置主体となる市町村にとっては，超過負担が大きく，用地確保の困難や，優先すべき行政課題の多さから，保育所建設はなかなか進捗せず，年度内の予算執行ができず，計画の次年度への繰り越しが多く発生した。

　保育所建設につづき，1968年度から新たに児童保護措置費と心臓疾患児の育成医療が援助対象に加わった。このうち児童保護措置費は児童福祉施設の運営費に該当するものである。日本政府の援助の実現は，政府の福祉予算を支援するだけでなく，低い保護単価で厳しい運営を強いられてきた，民間児童福祉施設にも恩恵をもたらした。1970年度から，新規立法の施行にともない，児童扶養手当及び特別児童扶養手当に対する援助金が追加され，翌71年度からは母子福祉資金貸付金に対する国庫の貸付けが実現した。施設整備の面では，精神薄弱児通園施設や重症心身障害児施設，児童福祉センターなどの建設費に対する助成が行われた。

4．日本政府援助による研修事業

　沖縄の児童福祉予算は，1966年度から1971年度までの間に10倍以上の伸びを

示している。また，厚生局一般会計予算に占める児童福祉費の割合も年々上昇して1971年度には7.04%に達している。児童福祉関係の日本政府の援助は，1964年に保育所建設のための援助から始まった。児童福祉事業における米国政府の援助は，終戦直後から1969年まで，児童福祉施設の運営や，児童の指導など，これに従事する職員の技術面の援助が行われてきた。

日本政府の琉球政府に対する技術援助としての研修は，研修生の受入れや助言指導だけでなく，1965年からは専門家による講師派遣も実施された。立法の制定や制度，事業の導入にあたっては日本政府の関係省庁から専門家の派遣を受け指導がなされた。例えば，法律の制定，運用の面では，1965年11月に「児童福祉行政に関する法制及び措置費等の現状分析及び指導」をテーマとして日本政府厚生省児童家庭局の事務官を招いた。また1967年には，「特別児童扶養手当法の運用」と「児童扶養手当法案の策定」でそれぞれ担当官が来沖している。児童扶養手当法が制定された後，1968年にはその運用について，またその年の12月には制定されたばかりの「母子福祉法」の運用上の問題について招聘指導が行われている。また，児童処遇の技術面においても保育技術をはじめ，心身障害児の処遇，児童相談所の運営など各種のテーマにそった多くの研修が実施された。さらに，特別児童扶養手当法の運用に関連して，対象児童の医学的判定や，心臓疾患児の本土医療機関への送り出しにともなう医療専門家チームによる選考なども日本政府技術援助の一環として行われた。

5．児童の健全育成と児童厚生施設

児童を心身ともに健全に育成するためには，児童の生活の場である家庭及び地域社会において，積極的に健全な環境を作り出していくことが必要である。とりわけ，優良な児童文化を用意することが大切である。児童をとりまく環境のなかでも，とくに家庭は児童の基本的な人格形成の場として重要な役割を果たすものであり，家庭における児童対策の強化が期待された。

児童厚生施設とは，児童福祉法によってはじめて用いられた名称であり，児童に健全な遊びを与えて，その健康を増進し，かつ情操を豊にすることを目的

とする施設である。これは他の児童福祉施設が，消極的な保護施策的施設であるのに対して，唯一の積極的な施設と考えられている。子どもの健全な遊び場に恵まれない沖縄においては，その設置の意義は大きい。児童厚生施設には，屋内を主とする「児童館」と，屋外を主とする「児童遊園」等がある。いずれの施設も周辺地域の児童に健全な遊びを提供し，かつその地域のレクリェーションセンターとしての役割を持っている。政府は，この種の施設の設置を奨励して，1958年から市町村や個人，団体に対して補助金を交付しており，またブランコ，砂場，滑り台，などの遊具の提供も行い，地域児童の健康増進と情操涵養に努めた。

4節　児童福祉の諸相

1．児童相談

　非行や養護の問題は，児童本人自身というより，家庭の問題がほとんどであった。親が身勝手な態度で子どもを放置すると，幼い子どもであれば養護問題，大きい子は非行となる。その根本は養育の問題に起因する。生活の基盤も不十分なまま結婚し，または子どもをつくり，あとは「どうにかなるさ」という安易な発想が，結局は「どうにもならない」という現実に帰結することがあまりにも多い。最も重要な側面は，家庭の経済的な基盤の弱さである。父親の仕事は，建設労務や臨時乗務員などが多く，不安定就労，不定期収入によって家庭経済が支えられていた。家計費の不足を補充するために，母親は夜間の就労を余儀なくされ，家庭の不和という悪循環が生じる。それが引き金となって，母親の家出，離婚，借金という崩壊の構図ができあがる。安定した一家団欒の生活にはほど遠く，三度の食事を与えるのが精一杯で，親子のふれ合いどころではない，という親の態度が存在感の薄い情緒不安定な子どもをつくっていった。このような家庭環境で育った子どもたちの荒んだ心を開き，けじめと耐性を教えることは大変に困難であった。

(1) 児童相談所の設置

　児童相談所は，児童福祉法（1953年立法61号）14条を根拠としているが，その設置を具体化する法制は遅延し，社会局組織規則（1954年規則第6号）によって，管轄区域を琉球列島一円，所在地を那覇市とする中央児童相談所が規定された。児童相談所の業務，所長の権限については，児童福祉法に規定されている。

　米国民政府は，訓戒や誓約によって非行が更生しうるものではなく，きめ細かなフォロー（指導，ケースワーク）が必要であるとした。養護施設は満員で，里親委託も容易でないことなどにより，措置先の決まらないままに，数カ月も一時保護される児童が多いことから，1959年の改正児童福祉法26条の但し書き規定により，児童相談所では要保護児童の処遇を推進した。

　戦後，沖縄の児童をとりまく環境は非常に厳しいものがあり，それは児童相談所の相談内容の変化にも反映している。1960年頃までは，相談の大半は養護と教護に関する相談であった。養護相談では，医療事情の悪さから派生した孤児の問題が多かった。また教護のケースでは盗み，忍び込み，浮浪児の問題が多く，相談件数の大半を占めていた。1961年頃からは，心身障害児の相談件数が増え始めているが，依然として非行の相談が多かった。

　児童相談所で取り扱うケースは複雑多岐にわたっており，法令は社会の公正を期す最大公約数ではあっても，個々のケースの具体的な処遇をすべてカバーすることはできない。子どもの処遇には迅速性が要求され，ケース担当者は，法令上の制約と実際的な処遇との狭間で苦労することも少なくはなかった。来談者の意図を的確に把握し，最善の処遇を決断し，迅速な対応をとることが大切であり，職員を支えるスーパーバイザーとしての上司の役割は大きかった。

(2) 児童福祉司

　沖縄においては，児童福祉司は法制定当初から，「児童相談所に置く」こととされている。また，概ね人口5万人をその配置の標準としている。これは，沖縄に児童委員制度がなかったこと，福祉事務所による福祉活動が余り期待できなかったこと，児童福祉施設の不足からくる，在宅指導の需要が多かったこ

と，管轄区域が多くの島々に分かれていることが，勘案されたことによるものである。また，児童福祉司の資格要件も日本本土より厳しくされている。

　行政分離の下におかれた沖縄では，アメリカの施政権下にあっても，歴史的な現実は，アメリカの制度になじまないものが多く，戦後も早い時期から日本の制度をとり入れようとする動きは強かった。米軍筋においても，これらの事情は了解しており，日本における職員研修が，1949年から，米軍の費用負担の下で行われてきた。社会福祉事業の職員の養成は，本土の専門の大学等による研修と，沖縄現地でのそれとがあった。

　1966年立法33号では，児童福祉司の資格が厳格化されている。これには，児童福祉司の専門性を強く求める米国民政府の意向が働いている。そのため児童福祉司は，本土の資格水準を上回ることになった。児童福祉士の資格はほとんど専門の大学卒で，学歴の高い点では当時の本土の状況を上回っていたが，その実際の機能は，担当地区のケースワークをする体制としては弱かった。所内兼務が多く，業務運営の要であるカンファレンスにしても，事務的・形式的で，個々の児童の指導指針を打ち立てる態勢が必ずしも十分ではなかった。児童福祉法により，児童福祉司の定数が，人口5万人につき1名と規定されたが，実際には本土の10〜13万人につき1名という水準に引かれて，その定数は実際には生かされなかった。（下平・55頁）

　(3)　一時保護所

　1956年には，中央児童相談所に隣接して，鉄筋コンクリート2階建ての一時保護所も建設された。この一時保護所は，1966年3月に首里石嶺町に移転するが，その際に米国民政府から，「米国政府援助」の意向があり，陸軍琉球列島管理資金から6万5,000ドルが支出された。米国政府の寄贈による一時保護所は，敷地の広さと施設の機能からみて，当時の日本の水準を超えていた。一時保護所は，中庭も広く，グラウンドもあり，児童の生活の場としては申し分のない環境であった。建物には広い庭と居間があり，浴室も広々としていた。教室も2教室が整えられ，学力遅進児，学校不適応児の基礎学力の向上に，大きな効果をあげることができた。当時としては，規模，構造の面からも全国に誇

りうる施設であった。米国民政府担当官の山崎亮一は，その高度な知識，技術を駆使して職員に懇切丁寧な指導を施した。その成果は，短期治療の目的で入所してきた児童の処遇に関して，担当ワーカー，臨床心理判定員との連携において遺憾なく発揮された。

2．養護と保育
(1) 養護に欠ける児童の福祉

養護に欠ける児童の保護対策としては，養護施設や乳児院への入所，里親や，その他，適当な者に委託する措置がある。

① 乳児院における養育

乳児院は，1歳に満たない児童（乳児）を入院させて養育する施設である。必要がある時は2歳まで継続して養育することができる。入所の対象は，棄児，母の死亡や疾病その他の事情で家庭において監護できない乳児等である。乳児院に入所する乳児の数は減少をたどったが，1965年頃から再び漸増したため，児童相談所では民間の助産婦に一時保護を委託するなどの措置をとって急場をしのいだ。

② 養護施設における保護

養護施設は，乳児を除いて保護者のいない児童，虐待されている児童，その他，環境上から養護を必要とする児童を入所させて，これを養護することを目的とする施設である。沖縄においても，養護施設は，児童福祉法が制定され，児童相談所が開設される以前は，収容児童は，戦災孤児がほとんどであった。しかし，年月の経過とともに収容される児童の背景も変化して，保護者の疾病や家庭の崩壊などによる児童の収容が多くを占めるようになった。そのため，入所してくる児童の多くがその社会性に何らかの問題をもっており，入所後も，不適応行動が容易に解消されない場合も多かった。

1953年9月には，沖縄で初めての民間児童福祉施設として，養護施設「愛隣園」が開園した。この施設は1952年，米国基督教福祉会（会長クラーク博士）が設立に乗りだし，用地の取得と施設の建設をはじめた。与那原町に6000坪の

土地を購入し，翌年6月には本館も落成した。初代園長にオーティス・W・ベル宣教師を迎え，47人の児童を収容して9月に開園した。11月には児童福祉法による養護施設として認可された。

　　③　里親による保護

「里親」とは，保護者のいない児童または保護者に監護させることが不適当な児童を自己の家庭に預かり，養護することを目的として行政主席によって認定された家庭のことである。これは，家庭的な雰囲気の中で養育することによって，児童の福祉を保障する制度であって，要保護児童の福祉をはかる面で「養護施設」とならぶ二大主柱の一つで，重要な役割を担っている。児童福祉法制定以前においても，政府の委託により民間の篤志家が戦災孤児等を自己の家庭に預かり養育しており，それに要する費用を政府が支給することも行われていた。1953年の児童福祉法の制定により，里親も制度化され，1958年には「里親家庭運営要綱」が制定され，この制度が確立された。養護に欠ける児童の人格発達にとって，里親制度は優れた長所を持っている。しかし，里親登録をしながらも児童を受託しない例が1963年度で7割に及んでいた。これは養子縁組を前提としたり，血統や知能などの希望条件が難しいことによるものである。

　(2)　保育に欠ける児童の福祉

「託児所」と呼ばれる保育施設は1950年ごろには，個人または自治体によって経営され，その性格は救貧的なものであった。保育所が行政機関による認可制となったのは，1953年の児童福祉法の制定により，「保育制度」が法制化されてからのことである。児童福祉法42条において，「保育所は日々保護者の委託を受けて，保育に欠ける乳児または幼児を保育することを目的とする。」と定め，さらに同法38条においては，「市町村その他の者は，規則の定めるところにより，行政主席の認可を得て，児童福祉施設を設置することができる」としている。これにより保育所の性格を明確にして，幼稚園との混淆を来さないようにしている。それにも関わらず，保育に欠ける児童を保育所に入所させる「措置権」と，それにともなう公費負担制が規定されていなかった。このため，

当時の保育行政は，法律に基づく認可事務と，随意的な補助，運営等に関する指導監督の業務のみにとどまっていた。

　① 児童福祉施設最低基準と幼児園

　1949年頃から各地の集落に，幼稚園とも保育所とも異なる幼児の施設の設置が流行り，入所の措置まで行われた。ここでは，簡易な施設に資格のない職員が少数おり保育所と名乗って運営されており，保育上の問題があった。琉球政府はこの状態を放置できず，「児童福祉施設最低規準」を定め指導と監督を行うことになった。しかし，最低規準を制定した場合，ほとんどの施設はこれに合致しないことになるため，その規準を緩和して適用される施設が定められた。これが「幼児園」と命名され，児童厚生施設に含まれることになった。（1953年改正児童福祉法43条）しかし，現実には，この規準にも達しない施設が圧倒的に多く，認可施設は，少数にとどまった。これらの施設のなかには，後に，日本政府厚生省調査団の勧告を受け入れ，施設の統廃合や設備の整備をすすめた上で，「へき地保育所」や「季節保育所」として切り換えられたものもある。（幸地）

　② 保育所への入所措置と公費負担制度

　1954年の児童福祉法の第3次改正において，保育所への入所措置と公費負担制度が明確に規定された。しかし，通告または送致のあった極めて要保護性の高い児童のみが，措置の対象になっていたに過ぎない。この状態は，1966年の同法の第9次改正により措置権が市町村長に移管されるまで続いた。政府は1962年に保育所への「入所措置規準」を制定し，保育に欠ける児童の概念を明確にしながらも，実際には財政的な制約から，保育に欠ける児童であって，かつ生活保護世帯またはこれに準じる世帯の児童のみが，この福祉措置の恩恵に浴していた。そのため保育に欠ける児童ではあっても，経済的に比較的余裕のある家庭の児童は，すべて保育所長と保護者の私的契約に基づいて施設の利用がなされていた。

　③ 保育所の絶対数の不足

　保育所に対する住民のニードは1955年ごろから漸次高まり，各種の大会にお

いて，保育所増設の決議がなされている。その解決は急を要したが，財政上の隘路から容易に進捗しなかった。1962年，沖縄教職員会婦人部が中心となって保育所設置促進協議会が結成され，運動が進められたが，保育所に対する一般の認識が低かったこと，市町村の超過負担や用地確保の困難などから保育所の増設は進まなかった。1964年から日本政府の援助による公立保育所の建設がようやく始まり，毎年度10〜15カ所の増設がはかられたが，保育所不足は一向に解消されなかった。それは，主婦の職場進出の増加，核家族化の進行などによるものとみられていた。1971年の推計によると要保育児童に対する保育所の充足率は30％弱にとどまっている。また同じ時期に，那覇市における保育所に入所できない待機児童は1800人に及んでいた。

④　無認可保育所の激増

保育所の絶対的な不足がもたらす問題として，無認可保育所の激増がある。1971年当時，沖縄には約100カ所の無認可保育所があると推定されており，その規模は30人前後の小規模のものが殆どであるが，中には150人の規模になるものもあった。またその歴史も古いもの新しいものと様々であった。この無認可保育所のうち37カ所が参加して，1970年7月，「沖縄県私立保育所協議会」を結成し，未認可保育所を認可させる具体策をたてる要請決議をおこなっている。しかし，1966年の「保育所設置認可方針」の定める認可要件を抜きにして，無認可保育所を認可することは不可能であった。無認可保育所が果たした役割は大きかったが，反面，その設備等は一般に劣悪であり，時により児童の福祉を阻害する危険性を有することも否めない事実があった。乳幼児期という最も重要な時期にある児童の健やかな成長をはかるために，無認可保育所の問題の解決は急を要した。

⑤　保育所の適正配置

行政主席の「保育所設置認可方針」において，保育所の設置位置は，既設の保育所との距離を十分にとることと規定されている。那覇市内においては，私立の保育園が3施設も隣り合って設置された。近郊の団地では，同じ敷地内に公立の保育所がわずかに2〜3メートルの距離で併設され，独立した運営の形

態を持っていた。その理由としては，用地の確保の困難さが指摘されていたが，実際問題として，経営主体の異なる保育所，あるいはまったく独立した保育所が，お互いに軒を重ねていることは，保育の面からもまた施設の運営管理上からも好ましいことではなかった。

⑥ 保育所における5歳児の取り扱い

保育所の絶対数の不足と密接な関わりをもつものに，保育所における5歳児の取り扱いの問題があった。市町村においては，保育所利用の機会均等の観点から，入所児童が満5歳に達すると，措置を解除し，幼稚園へ送り出すような行政がおこなわれていたところがあった。保護者においても，幼稚園は将来，小学校，中学校，高校と進学して行く過程の中で，当然に通過すべきコースと心得違いをして，ごく自然に児童を退所させ，幼稚園に就園させる者が少なくなかった。このことは，戦後におけるアメリカの占領政策の影響が大きかったとされているが，結果としては，児童の二重保育を強要し，あるいは「鍵っ子」を生み出すことになり，憂慮される状態となった。措置権の市町村移管の前から政府は，通知（1959年厚児126号）を発して是正を促してきたが，解決を見ないままに推移してきた。

⑦ 保母の養成

1954年9月，沖縄において初の保母試験が行われた。そのための講習会が那覇市の壺屋小学校で開催された。その後，本格的な保母養成が必要となり，1960年に沖縄の各短期大学に保母養成講座と施設の設置を要請した。沖縄キリスト教学院短期大学の理事会がこれを受け入れることになり，1962年4月，同短期大学に付設保母養成科が設置された。さらに1963年には，行政主席の保母養成施設の指定を受け，児童福祉科となった。1967年には保母及び幼稚園教諭の養成のための保育科に改変された。保育所に勤務する保母は児童福祉法施行規則の定める資格を有する必要があるが，保母を希望するものが少ない状況から，その附則により1962年6月30日までは，無資格者でも従事できる制度となっていた。しかし1963年末の段階でも現場においては，無資格者が全体の3分の2を占めていた。

⑧　特別保育対策

　山間地，開拓地，農漁村等のように常設の保育所を利用することのできない地域の児童や，農繁期など地方産業の季節的な繁忙期における児童に対して，特別の保育対策が講じられた。この対策には「へき地保育所」と「季節保育所」の制度があった。

　沖縄における季節保育所の歴史は児童福祉事業の中では比較的古い。昭和10年代はじめに，那覇市や南風原村において季節保育所が設置されており，太平洋戦争間際になると「国力増強」の一環として生産にたずさわる母親のために，季節保育所が設置された。終戦後は，1958年に「季節保育所補助金交付規定」が制定され，政府の補助事業として市町村に対し，人件費等の補助がなされた。この規定の補助要件によると，季節保育所は農繁期において開設し，その期間は2カ月を越えないものであること，原則として1日につき8時間以上の保育をおこなうことなどの設置基準が示されている。また，へき地保育所は，交通条件，自然的及び文化的諸条件に恵まれない地域において，保育を要する児童に対して必要な保護を行い，児童の福祉の増進をはかることを目的としている。

3．母子家庭の福祉

　児童はどのような環境におかれようとも，心身ともに健やかに育成されるための諸条件が維持されなければならない。そのために必要な保護，指導及び助成と同時に，母親がみずから健康で文化的な生活を営みつつ，その育児責任を果たしうるよう必要な援助がなされなければならない。母子福祉の基本理念は，母と子の福祉が一体となって保障されなければならない。

　児童福祉行政の推進にあたっては児童，母子家庭等の実体の把握が先決であるとして，1967年5月に本格的な母子家庭世帯の実態調査がはじめて実施された。これは技術援助で来沖した日本政府厚生省担当官の助言によるものである。その結果，全琉球の母子世帯は約1万800世帯あり，全世帯の5.2％と高率であり，死別でない母子家庭が過半数を占めていることが判明した。また現金

実収入月額も80ドル未満の世帯が63％に及び，当時の一般世帯との格差は大きく，母子世帯の約7.3％は生活保護による扶助を受けており，経済的に苦しい状況にあることが明らかになった。政府は母子家庭の厳しい状況をうけて，母子福祉対策の整備充実を急ぐことになった。

沖縄における母子家庭の福祉対策は，生活保護法による母子加算（1954年）と，沖縄社会福祉協議会の実施してきた母子福祉資金の貸付け（1958年）などが行われてきた。母子福祉資金の貸付け制度は，母子家庭の経済的自立の助成と生活意欲の助長をはかり，あわせて児童福祉の増進をはかることを目的としている。その内訳は，事業開始資金，就学資金，事業継続資金などが貸付け状況の上位を占めている。しかし，これらの施策だけでは母子家庭に内在する社会的，経済的な特殊事情をふまえたとき，その抱える問題の解決には即応しない面も多かった。

⑴　母子福祉法の制定

母子福祉施策の強化をもとめる世論の高まりに応えて，1968年8月，母子福祉法（立法145号）が制定された。この母子福祉法は，母子福祉に関する原理を立法の上で明らかにし，行政の施策の方向を示し，その具体策として，母子家庭に対し，生活の安定と向上のために必要な資金の貸付け，母子相談，売店等の設置の許可，公営住宅の供給に関する特別の配慮，雇用に関する協力等の施策を実施し，必要な措置を講じ，その福祉を図ることを目的とする，母子福祉の基本法である。

1968年6月に立法勧告された母子福祉法案は，法の目的，理念そして政府及び市町村の責務を明確にするとともに，母子相談員の設置，資金の貸付け，母子福祉施設の設置などをうたっていた。

この立法の柱の一つである母子福祉資金の貸付け事業については，1960年7月の「福祉資金貸付けに関する立法」（1960年立法69号）の制定により，それまで沖縄社会福祉協議会が実施していた福祉資金貸付け事業のうち「世帯更生資金」の事業が政府所管となったが，「母子福祉資金」は1961年度から同運営要綱に基づいて，沖縄社会福祉協議会が引き続きこれを実施していた。この事

業は琉球政府と「南方同胞援護会」の助成をうけて，かなりの実績をあげていたが，母子福祉法の施行にともない1970年度からは，琉球政府が実施主体となった。

(2) 児童扶養手当法

児童扶養手当法（1968年立法146号）は，1968年8月に制定され，翌69年1月1日から施行されている。立法の目的は政府が，父と生計を一にしていない児童に対し，手当を支給することにより，児童の福祉の増進を図るものである。

1968年9月，沖縄において国民年金法が制定され，母子福祉年金等も同年7月に遡及して支給されることになったが，母子福祉年金等の制度は死別が支給要件とされており，離婚による生別母子世帯，あるいは未婚の母などによる母子世帯は，この対象とはならなかった。このため離婚母子家庭等については，年金による所得保障の途が閉ざされてしまうが，そこでの児童のおかれている状況に実態的な差異はない。そこで，この年金制度の補完的な役割を果たす「児童扶養手当法」が立法されることになり，母子福祉年金等の支給に半年遅れて1969年1月から施行された。

母子年金及び母子福祉年金は，拠出制を前提とする制度であり，将来における夫との生別を年金保険事故として制度を構築することは不適切である。そのため夫と生別した母子家庭は，年金制度による所得保障の途を欠くことになるが，それでは死別の母子家庭との均衡を失することは避けがたい。このような点を考慮して「児童扶養手当制度」は，経済的支柱である父と生計を同じくしていない生別の母子世帯，あるいは父母のいない児童を祖父母，叔父，叔母その他の者が養育している場合に手当を支給し，もって児童の福祉の増進をはかることを目的として，1969年1月から施行されている。

(3) 特別児童扶養手当法

特別児童扶養手当法（1967年立法111号）は，精神または身体に重度の障害を有する児童に対し政府が手当を支給することにより，その児童の福祉の増進を図ることを目的とするものである。この立法も日本法を参照して立案された

が，併給制限における「公的年金」の種類や範囲，所得制限の際に援用する税制などに関して，立案作業の上で多くの困難があった。当時，沖縄において重度の障害児を収容保護する施設が設置されていなかったことから，この制度は在宅の対象児童及びその家族の大きな支えとなった。

　(4)　寡婦福祉資金貸付制度

　児童が20歳をこえることにより，母子福祉法の対象とならなくなる世帯に対しても福祉施策が及ぶように，寡婦に対して資金の貸付けと必要な援助を行うことにより，経済的自立の助成と，生活意欲の助長をはかることを目的として，1971年5月に「寡婦福祉資金貸付けに関する立法」が制定され，同年7月から施行された。

　(5)　母子保健法

　1952年に保健所法が制定され，母性及び乳幼児の保健指導が，保健所の業務として取り上げられた。これが戦後の公的な母子保健事業の始まりであった。保健所における母子保健指導は，ほとんどの場合，各市町村に駐在している公衆衛生看護婦が中心となり，保健所の医師や開業医，助産婦の協力の下に実施された。母子保健法（1969年立法168号）は1969年10月に制定され，翌年7月1日から施行された。母子保健に関する施策は，従来「児童福祉法」に規定され，同法によって措置が講じられてきた。しかし，妊産婦や乳幼児はもとより母性全般の保健，医療に関する諸問題に対処するには，児童福祉法では制約があるとの見地から，新たな理念により，独立した立法として母子保健法が制定された。同法の主な内容は立法の目的の他に，母性の尊重，乳幼児の健康の保持増進，母性及び保護者の努力などの定めのほか，母子保健の向上に関する措置の中に，知識の普及，新生児の訪問指導，健康審査，低体重児の届出，療育医療などが規定されている。（安里・39頁）

　(6)　その他の母子福祉対策

　母子世帯は，一般に所得が低く，その上に児童の養育もしなければならないため，経済的にも，また精神的に著しい苦境に立たされている。そこで，各種の援護措置がとられている。母子家庭の身の上相談に応じ，その自立に必要な

指導助言を行う母子相談員が，各福祉事務所に配置されている。相談の種類は，母子福祉のみならず生活全般にわたるが，生活費，医療費などの経済上の問題，児童の養育，就学，就職などの問題など広範にわたる。担当の区域が広いため，市町村や母子福祉団体の協力を得て，母子家庭の発見，指導助言など母子福祉の増進に寄与している。1971年の調査では，相談件数の4分の3は経済上の問題に関わる事項となっていた。また，母子世帯の所得保障をはかる制度として，1968年7月に施行された国民年金法にもとづく母子年金，母子福祉年金等，その他各種の公的年金の制度がある。国民年金の被保険者である妻が夫と死別した場合に18歳未満の子を持っており，かつ法定の被保険者期間，保険料納付済み期間を満たしていれば，母子世帯である期間中，「母子年金」が支給される。国民年金の被保険者となることができなかった妻や，被保険者であっても法定の要件を満たさないために，母子年金の給付を受けられない妻が，夫と死別して，義務教育終了前の子を抱えている場合に，「母子福祉年金」が支給される。

4．国際児の福祉

占領下の沖縄には，アメリカ軍人，軍属とその家族，フィリピンからの軍雇用者等の相当数の外国人が滞在していた。これらの外国人のほとんどは，独身者または妻子を本国に残してきた者であって，沖縄の女性と外国人の間の国際結婚が盛んに行われていた。法的な手続によらない口先だけの約束で結婚した事例も少なくなく，このような状況の中で，「国際児の問題」が現れ始めた。正式な婚姻によって生まれ，愛情に恵まれている者もいたが，一方で，その子どもの出生が周囲から喜ばれず，親類縁者の家を転々としている者もいた。国際児の状況は，この両極端の間に散らばっていた。10代の混血児の多くは，「自分が他者と違っている」という悩みと「帰国してしまった父親に一目でも会いたい」という強い希望を抱いていた。

国際児は敗戦直後から生まれ，徐々に増加したが，一般に世間からは冷遇され，とくに黒人系の場合には厳しいものがあった。アメリカ軍人の家庭に預け

たり，養子縁組をしたり，あるいは母方の祖父母の戸籍に実子として入籍するなどの対応が個々に行われていた。1949年から1953年までには，沖縄厚生園，那覇及びコザの児童保護所，コザ女子ホーム，民間養護施設である愛隣園などに，放任あるは遺棄された国際児が入所していた。これらの施設ではアメリカ人との養子縁組の世話などもしていた。（大城・124頁）

(1) ハーフウェー育児院と ISS 沖縄

このような状況の下で，国際児とアメリカ人家庭との養子縁組を主たる目的として「ハーフウェー育児院」（Halfway Home）が1955年に開設された。この施設は，嘉手納町に設置され，基地の将校婦人クラブの資金援助を受けた海外退役軍人会（VWF）が運営しており，軍人家庭との養子縁組の仲介を行っていた。この育児院が資金難などで1958年に閉鎖された後，その業務は，将校婦人クラブを中心とするアメリカ側と沖縄の福祉関係者とにより新たに設置された「国際社会事業団沖縄代表部」（International Social Service Okinawa）に引き継がれた。国際社会事業団（ISS）は，スイスのジュネーブに本部があり，世界各地に支部，代表部，通信員を配置してネットワークを形成し，国際養子縁組を中心に，家族の再会，結婚，離婚，遺棄等に関する社会的，法律的な援助と国籍取得，国際児の特別援助などを専門的知識と経験をふまえたサービスを行っていた。（沖縄タイムス）

国際社会事業団沖縄代表部（略称 ISS 沖縄）は，1958年11月沖縄市山里地区に設立された。この設置の意義は，沖縄とアメリカの双方が，米軍基地の存在に起因する国際児とその家族の問題，及びそれに対する社会的な援助の必要性を認めたことにある。沖縄とアメリカの双方の代表者によって運営の主体となる理事会が構成され，国際間にまたがる養子縁組を中心とする児童福祉，及び個人や家族の問題の相談援助の専門家を，ニューヨークや東京から招聘した。アメリカでは，養子縁組は社会福祉の専門家の援助や調査を介して行われるのが一般的であることから，このような配慮がなされた。この専門家の配置は，人身売買まがいの養子縁組を排して，国際児を含む沖縄の児童福祉の増進に大きな貢献をした。国際社会事業団のネットワークを直接活用することによ

り，相談件数の急増にも適切に対応することができた。この組織は，財政面では全面的に基地の将校婦人クラブの寄付金に依存しており，会員が基地内売店でボランティアをしたり，ダンスパーティーなどで資金を集めていた。1958年から1971年までの間に延べ4900件に及ぶ国際児の問題を取り扱うことになった。（大城・124頁）

　⑵　健全育成と国際青少年クラブ

　中部地区社会福祉協議会は，国連の児童権利宣言（1959年）をうけて，国際児の実態やニーズを把握する目的で初めての「混血児実態調査」を1961年に実施した。管轄の14市町村を対象として各地域の婦人会の協力を得て行われた。琉球政府文教局が実施していた学校基本調査には，混血児に関する統計があったが，その資料は必ずしも国際児のために学校現場では活用されていなかった。1970年には，沖縄国際社会事業団による「混血児調査報告」が文教局の後援により実施されている。国際児とその家族の抱える様々な不安は大きく，無国籍，国民健康保険，児童扶養手当など問題の内容も次第に明らかになり，これとともに関係機関や社会の関心も高まっていった。

　国際児の家出，非行，家庭内暴力の問題や，学校における「いじめ」の問題も深刻化する傾向にあったため，国際児を囲んでの懇談会が開催された。そこでの話合いの中から，奨学金制度の設置と社会適応の援助を行う集団活動の必要性が認識され，沖縄とアメリカのボランティアの協力を得て，「国際青少年クラブ」（IYC）が結成された。その目的は，青少年が地域社会及び国際社会において良き市民として育つよう，集団活動を通じてお互いに学び，助け合う機会を提供することにあった。その活動は，英会話を中心に，社会見学，ピクニックなどの屋外活動，海外の青少年との文通などであった。混血児であることを条件とせずに，すべての青少年を対象としていた。その活動資金を国際事業団沖縄が負担していた。この国際青少年クラブは登録会員300人，活動会員100人にまで成長し，各地に支部が結成され，スタッフと英会話のボランティアを中心に健全育成のための活動が展開された。その活動を可能にしたのは宜野湾に，軍将校婦人クラブの援助で集団活動のための施設を確保できたことに

よる。後に，この会員の中から教員，医師，実業家など多くの人材が輩出している。

沖縄における国際児の問題は，米軍基地の存在と基地経済に依存する社会のなかから派生した人権問題であり，関係国政府の協議によって解決する必要があった。すべての児童は平等な扱いを受ける権利があるにも関わらず，国際児の社会保障や福祉はなお取り残されたままになっており，これに対する整備改善が求められていた。（大城・124頁）

5．障害児の福祉

身体障害児対策としては，基本的に，予防，早期発見治療，福祉措置の三つの分野がある。障害を起こす疾患の早期発見と療育指導，さらに，身体障害児の社会復帰のために，適切な処置を講じて必要な知識技能を与えることになる。予防については，母子衛生，あるいは公衆衛生に負うところが大きい。早期発見治療については，児童福祉法による育成医療の制度や身体障害児の療育の指導による方法がある。福祉の措置については，肢体不自由児施設への入所の措置などがとられる。1959年と1960年の児童福祉法の一部改正により，身体に障害のある児童に対する福祉の措置が規定され，療育指導と育成医療の給付が実施された。

⑴　療育指導と育成医療

児童福祉法の改正により規定された療育の指導は，身体に障害のある児童または障害を招来するおそれのある児童を早期に発見し，適切な治療上の指導を行い，その障害の治療の軽減をはかることを目的とし，保健所を中心にして行われた。しかし，保健所に専門の医師が配置されず，容易に軌道にのらない状況にあった。

育成医療は，身体に障害のある児童に対して，比較的短期間に治療ができ，その効果が期待できるものを対象とする制度であり，行政主席の指定する医療機関に委託して行われ，その費用は家庭の経済状態に応じて公費により支給される。

児童福祉法の第5次及び第6次の改正により，実施されることになった育成医療は，機能訓練を必要としない比較的短期間の整形外科における入院により，療育の目的が達成される場合がその対象となる。熟練した専門医と整った施設の医療機関で実施される必要があることから，行政主席の指定する医療機関に委託して行われた。

　(2)　施設による保護療育

　児童福祉法にもとづく身体に障害のある児童のための肢体不自由児施設として，「沖縄整肢療護園」が1960年に開園した。この施設は，南方同胞援護会がお年玉つき年賀はがきの配分金を受けて建設したもので，沖縄社会福祉協議会が運営することになった。1961年には，社会福祉法人として認可を受けた沖縄肢体不自由児協会に経営が移管された。この施設は医療法にもとづく病院であると同時に，児童福祉施設であるが，さらに学校教育法にもとづく義務教育の場として政府立那覇養護学校が施設に隣接しており，入所児童に対しては，医療，福祉，教育の3機能が果たせる仕組みになっている。肢体不自由児施設は，療育の達成のために整形外科医療の機能と小中学校の教育の機能と，さらに職業につくための基本的な能力をあたえる職業指導の機能とを併せ持つ施設である。

　(3)　在宅児童対策

　肢体不自由児のうち，施設への入所，通園ともにできない在宅児童に対して，在宅訪問等により相談，指導，訓練を行い，その福祉をはかるために，「肢体不自由児療育センター」が設置された。同センターは1967年，本島中部（美里村）に通園施設として開設されたが，対象地域が広範囲であることと，学校の併設がなかったことから通園施設としての機能を充分に果たすことが困難となり，1968年から在宅児童対策としてのセンターとして組織変更が行われた。

　(4)　盲聾唖児施設

　沖縄群島政府の文教行政の実情では，とても特殊教育の分野までは行き届かない状態があった。そのため厚生行政の分野で，これを取り上げざるを得ないこととなり，教育と保護の二つの機能を併せ持った収容施設の設置を見ること

になった。1951年5月に「沖縄盲聾唖学校」が開校した。学校としての教育施設的色彩を濃く持ちながらも，社会福祉行政の分野でこれが開拓されてきたことが，沖縄の社会福祉事業の一つの特色である。

盲聾唖児施設は，盲聾唖児を収容して，日常生活を通じてその生活指導を行うとともに，職業指導を行ってその自立更生をはかろうとする施設である。1954年に文教行政の面から，盲学校及び聾学校が設立されたことから，収容の対象を盲聾唖児で養護に欠ける者に限定された。1955年5月，「奇跡の人」で知られるヘレン・ケラー女史が，沖縄に立ち寄り，この学園の園児らの出迎えを受けた。このとき，三重障害の園児が女史に花束を贈呈した。

1971年1月，「沖縄聴覚障害児福祉センター」が設置された。これは1964年の末ごろから1965年にかけて，大流行した風疹の罹患児童の療育相談活動の拠点として設置されたものである。この風疹の罹患児童の実態が明らかにされたのは1969年1月，日本の総理府から派遣された専門家による集団検診の結果によるものである。それによる罹患児童のうち聴覚障害を生じている者が300人程度あり，その早期療育対策の必要性が提起された。とくに専門家の行う療育，訓練が受けられる施設の整備の必要性が指摘され，この施設の設置となった。

(5) 精神薄弱児の福祉

非行児のなかで，精神薄弱児の占める率がことのほか高く，適正な保護と指導の不足が指摘されていた。精神薄弱児の権利は，児童自らが主張し訴えることができない以上，誰かがこれを代行しなければならない。1960年12月，沖縄精神衛生協会の提唱によって，「手をつなぐ親の会」が結成されたが，精神薄弱児に対する一般社会はもとより，保護者の意識も低く，結成された親の会も，役員の選出も困難な状況にあった。それでも，陳情や講演などの活動が行われ，保護者の要望の掘り起こしも行われ，その関心も高まってきた。1962年には「沖縄精神薄弱児育成会」が誕生し，翌1963年には行政主席から社会福祉法人の認可を受けている。同会は巡回相談の実施や大会の開催等によって世論の喚起をはかり，また南方同胞援護会による，お年玉つき年賀はがきの配分金

を受けて，沖縄ではじめての精神薄弱児通園施設である「沖縄中央育成園」を建設した。同園はこのような経緯から，設置を南方同胞援護会，運営を沖縄精神薄弱児育成会としている。同園における指導は，入所児童を生活指導と職業指導のグループに大別して，生活年齢，精神年齢及び社会成熟度等を勘案して10人を限度としたクラス編成を行い，その中で生活指導，学習指導及び職業指導等の内容を盛り込んで進められていた。同園の分園として，1968年7月，「八重山育成園」が琉球政府の補助事業により設立され，開園している。また1971年4月には，日本政府の援助金と琉球政府の補助金により，本島中部に「具志川育成園」が設立された。

(6) 重症心身障害児の福祉

重度の精神薄弱と重度の肢体不自由を併せ持つ児童のための施設については，早くからその必要性が指摘されながら，最も対策の遅れたもののひとつであった。それまでの施策は，特別児童扶養手当法にもとづく手当の支給以外に見るべきものがなかった。1971年4月，重症心身障害児の施設が浦添市に設置されることになり，着工された。この施設は，設備，構造の面で，この種施設に不可欠な医療的処置が機能的に行われるよう配慮された。

6．非行児の教護

米国軍政府布令22号「群島政府組織法」により奄美，沖縄，宮古，八重山の4群島に群島政府が1950年8月に設置された。この政府は，1952年4月の琉球政府設立までのわずか2年弱の短期間であったが，この期間に児童福祉行政の面では，大きな業績を残している。その一つが非行児の対策である。1950年代の始めごろは，荒廃した世相を反映して児童の非行が多発し，社会問題化しつつあった。非行の増大にもかかわらず，その処遇は刑事政策的なものにとどまることが多かった。軍施設立ち入り，軍物資窃盗などの非行が多くを占め，軍事裁判に付され，少年刑務所に収監されることが多かった。そこでは少年の心身の発達や社会的環境が省みられることはあまりなかった。

(1) 教護院の設置と厚生員の活動

　軍事法廷はしばしば犯罪少年の処遇について，非行に走った社会的背景の調査や刑務所出所後の保護指導について群島政府に通報してきた。そこで1951年10月，米軍法務部と沖縄群島政府は協議を行い，その結果，軍事裁判に送られる児童について，成人とは異なった処遇を行うため，那覇裁判所とコザ裁判所に各1人の軍裁判係の厚生員を配置することになった。2人の厚生員は，家庭，学校等の調査を行い，軍裁判所においても種々の弁護を行い，さらに刑務所釈放後の児童についても居宅指導を行った。

　沖縄群島政府厚生部社会事業課は，少年には社会的な処遇も必要であるとして，関係者を説得して1951年4月，沖縄群島政府立教護院（沖縄職業学校）を設立した。この施設は1952年，琉球政府の創立により厚生局沖縄職業学校となり，また翌年7月には本島中部に「コザ女子ホーム」が新設された。1953年10月に児童福祉法が施行されると，同法にもとづく児童福祉施設となった。1954年には「沖縄実務学園」と改称された。

　女子児童の保護施設として開所した「コザ女子ホーム」は，特飲街をかかえ，問題の多発するコザで，非行少女の処遇に行きづまりを生じた中で，設置が待望された少女の更生施設であった。中央病院跡のコンセットの払い下げを受けて，厚生員の島マスや米国民政府の山崎亮一らの尽力によって，このコザ女子ホームが設置された。

(2) 少年法の施行と非行児の処遇

　1960年12月，少年法及び少年院法の施行にともない，非行児の処遇に変化がみられた。すなわち，この領域の制度が二つに分けられることになった。一つは，児童福祉法を根拠とするもので，児童相談所を中心とした一連の制度である。もう一つは少年法の対象となるもので，家庭裁判所を中心とする制度である。14歳以上18歳未満の犯罪少年の全部とぐ犯少年の一部については家庭裁判所で処置することになった。このうち児童福祉法では，触法少年とぐ犯少年の一部，及び犯罪少年のうち家庭裁判所から送致される児童を取り扱うことになった。

非行少年とは，犯罪，触法，ぐ犯少年を総称したもので，1961年から70年までの期間についてみると，犯罪少年は逐年増加の傾向にあったが1967年以降は横ばいとなっている。触法少年はこの間1963年をピークに減少の一途を辿っている。しかし，少年の不良行為はこの間，著しく増加し1961年の24倍という憂慮すべき状態になっていた。当時の少年非行，犯罪の特徴は，質的に凶悪化，集団化の傾向に加え，犯罪の機動化という新しい傾向がみられた。少年非行の原因は，少年個々の人格要因と，環境要因の相関関係にあるとされており，深く複雑である。1971年に琉球警察が取り扱った少年非行の原因別調査によると，非行化の原因として，単純な小遣い銭欲しさ，物欲しさ等に起因する利欲と，家庭における放任が多く，全体の半数以上を占めている。

(3) 施設における教護

　教護院は，児童福祉法のなかに規定されている児童福祉施設の一種別であり，児童の福祉を保障するという児童福祉の根本精神に則り，不良行為をなし，又はするおそれのある児童に対し，教護という特殊な指導，治療を行うものである。その主要な任務は，家庭，学校，社会に適応し得ず，反抗感，又は拒否感をもつ児童に適正な指導及び治療等を与えて，社会に適応するよう援助することにある。その目的の達成のためには，児童に適当な人的，物的環境を与えられるよう，施設の機構，設備サービス等あらゆる機能が調和統一される必要がある。

　1951年に開校した沖縄職業学校を前身とする「沖縄実務学園」は，琉球政府立で沖縄唯一の教護院である。家庭環境の不遇，怠学，性格上の問題などをかかえた児童が，警察，福祉事務所，学校，保護者などを経て，中央児童相談所または家庭裁判所で綿密な調査やテスト，指導を終え，教護院に保護されることが適当であると判断されたときに送致される。

　児童福祉法の趣旨に添って児童を社会の誘惑，不良の環境から遠ざけて，情緒の安定をはかり，整然とした学園生活の日常訓練を通して，性格を改善し，よい生活の習慣の養成を主眼にし，社会適応性を付与し，情操の陶冶，責任観念の確立，勤労精神の涵養，知能体力の向上を図るとともに，無意識のなかに

隠れて病根となっている反社会的な欲求不満を意識と結びつけ，そのエネルギーを放出させ，病原を除去し治癒を図ることを，教護方針としていた。

(4) 教護の内容

教護の内容は，生活指導，学科指導，保健指導，社会指導，職業指導の五本の柱から構成されている。生活指導は，寮舎における家族的雰囲気の中で規律ある自治生活により，積極的な感情の転移と同一化，家庭教育の再出発に重点をおいて，担当教官との人間的な結び付きを通じて行われる。学科指導は，学校教育法に準拠し，小学校，中学校の普通教育を施すが，それも非行改善を主とした教護目的に添って行われる。そこでは知能，学力，興味，関心など個々の児童の状況にあった再教育を行い，個人的かつ実践的な方法で指導が行われる。義務教育を終了した児童には出身校からの卒業証書が授与された。社会指導においては，園内の集団的共同生活を通じて，児童の社会性の発達を促し，社会への適応性の増大を図るとともに，一般社会の児童との交流をはかり，行事には高尚な趣味や娯楽をとり入れ，日常生活における正常な興味と楽しさ及び潤いをもたせ，心の浄化をはかり，社会人としての信念を養成することとしている。保健指導では，心身の疾患に対し，医師の指導のもとに医学的，心理学的治療を加え，不摂生な生活態度をあらため，適度の運動と休養及び睡眠をとらせ，洗面，入浴，排泄，洗濯などの正しい生活訓練を通じて，衛生的で健全な生活習慣へと導く。職業指導は，労作教育を通じて性格を陶冶し，あわせて児童が退園後，実社会において自立する際の一助としてなされている。これは，義務教育終了児や高学年の児童では，園内における農業，土木等の教育訓練，園外の職場での住み込みによる実際的な職業技能の教育訓練（職業指導委託）などの形で行われている。

教護の結果，児童の不良癖が除去され，性格も陶冶されて，心身ともに健やかになり，かつ家庭の環境も調整されて，再び不良行動を繰り返すおそれがなくなれば，家庭に帰り，また職業委託や，就職の斡旋を通じて，社会に復帰することとなる。

まとめ

　占領下沖縄の児童福祉は，沖縄戦による全面的な破壊という，ゼロの状態から再出発するが，米軍による緊急的な救護から，住民による自治的な取組みへと推移する中で，様々な困難の克服がもとめられた。米軍当局は，その占領行政において，児童の保護について特別の関心を持ち，アメリカの近代的な児童福祉の理念と技法を沖縄に持ち込んだ。占領下の沖縄の児童福祉は，様々な外的環境の影響をうけて，厳しい制度の設計を余儀なくされたが，部分的には日本の水準を越えたものもあった。また，行政的な区分を越えた総合的ともいえる運用がなされた施策も存在した。戦災孤児や国際児，少年非行と教護など，多くの問題に占領下の沖縄の社会が取り組んできた児童福祉の歩みがここには存在する。

参考文献・資料

沖縄県生活福祉部『戦後沖縄児童福祉史』（平成10年3月）
当山全一「琉球政府設立前の児童福祉」『戦後沖縄児童福祉史』第1章
渡真利源吉「児童福祉法の制定」『戦後沖縄児童福祉史』第2章
幸地　努「児童福祉法の改正経過」『戦後沖縄児童福祉史』第2章3
安里和子「本土復帰対策」『戦後沖縄児童福祉史』第3章
大城安隆「国際児の福祉」『戦後沖縄児童福祉史』第5章
琉球政府厚生局民生課『社会福祉事業10年の歩み』（1964年10月）
沖縄県民生委員協議会連合会『沖縄県民協15年の歩み―民生委員児童委員活動事例集（第3集）』（昭和62年3月）
沖縄県中央児童相談所『児童相談所30年の歩み』（1985年3月）
下平幸男「はるかに事実をかえりみる」『児童相談所30年の歩み』
大城純亀「今後の児童相談所に期待する」『児童相談所30年の歩み』
辺土名朝秀「一時保護所首里石嶺に移る」『児童相談所30年の歩み』
沖縄県社会福祉協議会『沖縄の社会福祉25年』（1971年）
琉球政府厚生局『沖縄社会福祉15年の歩み』（1969年）
沖縄社会福祉協議会『沖縄の社会福祉40年の歩み』（1986年）
琉球政府立法院文教社会委員会会議録（1953年）

沖縄タイムス1958年12月1日付朝刊
我喜屋良一「社会事業の沖縄的現実と課題」琉球大学文理学部紀要社会編8号（昭和39年）
川添雅由「厚生員の研究－その制定理由と組織的特徴に焦点をあてて」琉球大学法文学部紀要（人間科学）8号（2001年）
幸地　努『沖縄の児童福祉の歩み』広研印刷（1975年）
我喜屋良一『沖縄における社会福祉の形成と展開』沖縄社会福祉協議会（平成6年）

Summation of United States Army Military Government Activities in the Ryukyu Islands No.12 July-August 1948, Commander-in-Chief Far East, Papers of James Watkins, p.62.

Civil Affairs Activities in the Ryukyu Islands, for the period ending 31 march 1957, vol Ⅴ, no. 1, United States Civil Administration of the Ryukyu Islands, p.110.

Civil Affairs Activities in the Ryukyu Islands, for the period ending 31 march 1957, vol Ⅴ, no. 2, United States Civil Administration of the Ryukyu Islands, p.120.

Civil Affairs Activities in the Ryukyu Islands, 1 october 1958-31 march 1959, vol Ⅶ, no. 1, United States Civil Administration of the Ryukyu Islands, p.120.

Civil Affairs Activities in the Ryukyu Islands, 1 october 1960-31 march 1961, vol Ⅸ, no. 1, United States Civil Administration of the Ryukyu Islands, p.192.

第4章 公衆衛生の推進

　戦後，沖縄の公衆衛生行政は，1945年8月の石川市における諮問委員会の設置に始まる。沖縄戦ですべてが破壊され，その後の住民の集団移動，過労，栄養状態の悪化，環境衛生の低下により，住民の間にマラリア，日本脳炎，赤痢などの感染症が蔓延した。翌1946年4月，琉球民政府が設立され，公衆衛生部が発足した。米海軍布令に基づいて米軍の主導の下で，地区衛生課が環境衛生に重点を置いた感染症の防遏に努めていた。

　沖縄戦での破壊が激しく，医療・公衆衛生の再建もその第一歩から始めなければならなかった。当初，米軍の要望でマラリア，結核などの伝染病の防遏，鼠族害虫駆除などの環境衛生対策などに重点を置き，保健衛生の水準は急速に向上した。このような中で看護婦，保健婦，助産婦の果たした役割は大きい。特に極端な医師不足の中で，離島僻地の住民の健康保持に努めた駐在保健婦の活躍は高く評価されている。

1節　保健所と公衆衛生行政

1．保健所の設置

　戦後，1945年8月に設置された沖縄諮問委員会に公衆衛生部が設けられた。沖縄諮問委員会は1946年4月に沖縄民政府と改められた。米国海軍軍政府布令「沖縄における公衆衛生機構」にもとづいて，公衆衛生部の下に9つの地区衛生課が置かれた。この地区衛生課は，市町村の衛生課を監督指導するとともに，米軍から支給されるDDTの散布などの業務を行っていた。1949年12月，

軍司令部公衆衛生福祉局長サムズ准将が来沖し，各地の病院や学校の衛生状況を視察したあと，保健所の設置と性病対策を強調した。早期に沖縄の医療制度を拡充強化し，僻地においても性病の治療が受けられるシステムを作ることを勧告した。この後，近代的な医薬品の入手が可能になった。

翌1950年，沖縄群島保健所条例が公布され，米軍施設を多くかかえるコザ地域に最も性病が多かったことから，1950年1月18日に軍民合同の第1回コザ保健所設置協議会が中央病院（具志川）で開かれた。このような経緯からコザの中部保健所は，対人保健業務の中でも特に性病対策を中心にして設立されている。1950年6月にはアメリカの保健所活動を視察するため，職員が国民指導員として3カ月間現地に派遣されている。米軍も公衆衛生にはかなり意を配っていた。1951年には，南部保健所と北部保健所が相次いで設置された。保健所の業務の開始にあたり，各保健所の業務方針が所長会議で検討され，北部にあっては寄生虫，中部では性病，南部は結核対策をそれぞれ重点課題として取り組むことが決定された。

1952年8月保健所法が立法公布された。保健所の設置にあわせて，地区衛生課は保健所に統合され，保健所の環境衛生課として再発足した。地区衛生課の監督の下にあった市町村の衛生課は，各々の市町村長の指揮下に戻ることになった。こうして那覇，コザ，名護，宮古，八重山の5つの保健所は，琉球全域における疾病対策をはじめ，食品衛生，環境衛生監視業務に従事することになった。また，市町村に公衆衛生看護婦が配置され，地域住民の健康管理にあたった。1963年には石川保健所が設置され，中部，北部の住民の健康管理体制が強化された。

米軍医や専門家のアドバイスを受けて，軍当局が研修を熱心にすすめたことは，占領下沖縄の公衆衛生の推進に大きく貢献した。保健所職員の教育にも，米軍は力を注ぎ，アメリカや日本での研修を受けさせ，公衆衛生事情の視察もさせている。1960年代中頃になると世界保健機構（WHO）の援助があり，日本政府の援助も増えてくるが，沖縄の公衆衛生の基礎づくりの部分ではアメリカ軍の熱心な関与が存在した。

米国民政府は，沖縄の復興はアメリカ政府の責任であると考えていたが，戦前の水準まで回復したあとは，アメリカによる復興援助は，しない方針であった。それ以降は琉球住民の自助努力とされた。しかし，公衆衛生に関しては戦前以上の水準に達しても，さらにその水準を上げるための予算措置が可能な態勢を米国民政府の側は用意していた。

2．食品衛生行政とＡサイン制度

食品衛生法（1952年立法第33号）の施行以前は，「不潔または有害な飲食物の製造，販売取締規定」2条を根拠として，定期的または臨時的な食品に対する細菌検査，化学検査を行い結果が不良の場合，直ちに営業停止などの措置がとられた。水質の検査も実施し，井戸水については飲用適であっても煮沸して使用することとしていた。事業の従事者の健康診断も義務づけていた。検査は料亭，小料理店，カフェー，バー等の場合，警察官と共に実施し，合格すれば警察本部，厚生部，企業免許事務所から免許証が交付された。

1952年1月の厚生局設置法にもとづいて，厚生局が設置され，併せて9月には食品衛生法が，10月には同施行規則が公布されている。保健所は，食品衛生法にもとづいて食品営業者の申請の受付，施設設備の検査を行うことになった。1953年には軍人及び軍属を対象にした飲食店経営者に対して衛生上必要な条件が定められ，米軍検査官の直接の検査を受けることになった。米軍の厳しい検査基準を経て，第1級の施設に与えられる営業ライセンスであるＡサイン制度は，営業施設の衛生設備の水準を著しく向上させた。この制度は，感染症や性病などからアメリカ軍人を守るためのもので，軍人軍属はＡサイン店以外での飲食が禁じられた。このＡサインの許可を受けるためには，保健所から食品衛生法にもとづく許可を得て，さらに米軍の検査を受け，諸条件に適合することが必要である。コザをはじめ本島中部地区の業者は競ってＡサインを取得した。Ａサイン店で食中毒の発生，性病の多発などがあると米軍はこの店舗をオフリミットとする措置をとった。業者はこの措置があると営業が立ち行かなくなる。業者はオフリミットを大変におそれたため，米軍はＡサイ

ン店をその管理下に置くことができた。

　軍人軍属が立ち入りできるレストランは「赤A」，バー，キャバレー等は「青A」の表示がなされた。それまで，軍人軍属は沖縄人の飲食店での飲食ができなかったが，この制度にもとづいて琉球軍司令部APO 331号（1955年）により利用できるようになった。検査と許可は軍医部がおこない，その事前検査を保健所が実施した。この制度にもとづく飲食店で使用される原材料も同様に軍医部の許可を受けた製造所，販売店のものでなければならないとされている。これに対応して事業者の間にAサイン組合が作られ，その連合会も組織された。その後，この連合会は憲兵隊の手入れがあり解散した。

　改正食品衛生法施行規則（1958年規則102号）の施行により，これまで軍の行ってきた検査や許可の業務を，琉球政府が行うことになった。この業務の遂行のために13名の食品衛生監視員が配属された。規則の改正により施設には等級が付されることになった。洗浄設備も，改正により三槽式の流し台とし，三槽めには摂氏82度の熱湯で消毒した後，自然乾燥させることなど厳格な基準が定められた。この検査は，1958年に政府に移管された。1959年に，食品衛生法施行規則は全面的に改正され1〜3級の等級制となった。1級は行政主席が，他は所轄保健所が主管した。さらに1961年には施行規則の一部改正があり，食品営業施設に対する監視指導はすべて保健所が担当することになった。

　戦後，沖縄民政府経済部の畜産課が主管していた食肉衛生行政は，1952年に家畜生産から防疫，食肉流通まで一貫した行政として，政府経済局の業務とされた。食品衛生法（1952年）20条の規定による営業施設の基準において，食肉や魚介の販売については冷蔵庫を備えることとされていたが，冷蔵陳列する店は少なかった。1956年米国民政府公衆衛生部は，食品衛生法の施設基準の遵守とくに冷蔵設備のないことについて指摘した。民政府，厚生局，保健所による会議が開催され，検討の結果，期限を定めてこれを実施することとなった。市町村による公設市場の改善，個人営業店舗の保健所による改善指導等が強力に実施された。この業務は1969年に厚生局衛生課に移管され，食肉処理施設と食肉検査は保健所が担当することになった。畜産振興と食肉需要の増大という社

会的にニードに加えて，食肉検査の科学性等，食肉衛生検査の体制の強化が図られた。

3．環境衛生行政

ニミッツ布告4条により，施政権分離の後も日本法は存続することとされていたが，その後発令された布令，布告，指令が優先されることから旧関係法規は漸次廃止されていった。環境衛生については衛生規則指令第33号（1948年）により業務が始まった。この指令により，衛生地区，組織，報告，労務者，衛生作業，罰則等が定められ，業務遂行のためのトラック，消毒器具，薬品，燃料等が支給された。人口1万人に対して衛生監督官1名，班長1名，作業員4名が配置された。主な業務は区域内の鼠族昆虫の駆除，清掃の改善等が主なものであった。清掃は地区単位，村単位で実施し，その代表者による検査を行い，合格または再検査の札を各戸ごとに渡す方法がとられた。蚊の媒介する日本脳炎，マラリアなどの発生もあり，住民地区の蚊の発生源をなくすことが，基地内の軍人軍属にとっても自衛手段となることから，軍係官が積極的に関与することも多く，薬品等も多く供給された。年間の行事として，年2回「本島一斉清掃」が実施され，蚊の発生源の除去，消毒が徹底して行われた。蚊の発生場所をなくし，日本脳炎等の発生を防止するためのものであった。中部地区では経済の基地に対する依存度が高く，衛生状態の悪さは，直ちに軍によるオフリミットにつながるため死活問題となる。オフリミットを受けないように，清掃の徹底促進をアピールする一大キャンペーンを村長や商工会議所が先頭に立って展開した。

1950年代はまだ日本脳炎も蔓延しており，鼠族昆虫駆除は保健所の重要な業務であった。地区衛生課がその出張所になっていたが，命令系統が米軍と保健所の2系統になっており，混乱を来すことも少なくなかった。1963年頃から寄生虫ゼロ作戦が始まった。公衆衛生の専門家，民間団体，行政が一体となって寄生虫対策に立ち向かった。

水の問題についても，米国民政府は相当の支援を行っている。水資源の少な

い沖縄であるが，高等弁務官は選挙が近くなると，その対策として簡易水道を作らせた。上水道ではないので料金が要らず住民は喜んだが，その後始末の付けは保健所に回ってきた。簡易水道が赤痢の感染源になることが多かった。赤痢患者は伝染病予防法が適用になっても，在宅で治療する者が多く，入院するものはよほど重篤な者に限られていた。しかし，本土復帰の時点までには，上水道の整備がすすみ，消化器系伝染病が激減し，結核も顕著に減っている。一方で，平均寿命は著しく伸び長寿社会となった。これは感染症の防遏が貢献している。

環境衛生行政は住民生活に深い関わりをもち，重要な位置を占めている。衛生措置の基準の遵守と指導の強化を図ることによって，食中毒を予防し，経営の近代化と合理化を促し，業界と消費者の理解を深めるための環境衛生同業組合の育成がすすめられた。

4．対人保健サービス

公衆衛生行政における対人保健業務は，当初から地域特性が十分に考慮され，名護地域においては寄生虫，コザ地域においては性病，那覇においては結核対策に重点を置いた運営がなされた。住民の衛生思想の向上，環境衛生の改善，生活水準の向上等により，1960年代前半には多くの急性伝染病の防遏に成功し，それはもはや住民の脅威ではなくなった。

1960年代以降は，対人保健業務として結核，ハンセン氏病対策を中心として，寄生虫，精神衛生対策の面で民間団体との協力もあり，着実な成果を上げている。また，宮古地域に蔓延していたフィラリアの防遏に取り組み，その防遏にも成功している。しかし，この時期は，結核を中心とした感染症対策のウエイトが高く，いまだ母子保健，成人保健の面で地域のニーズに見合った十分な活動が出来なかった。行政組織の面では，1963年に石川市に保健所が設置され，また1972年には那覇市を管轄する中央保健所が設置されている。

1953年に琉球児童福祉法が制定され，保健所における妊婦の健康相談，乳幼児の健康相談，3歳児検診などが実施されることになった。また1969年には母

子保険法の施行により一体的な健康管理が行われるようになった。

1946年，宜野座に民家を改造した精神科の病棟が設置され，1949年には金武にコンセントづくりの精神病院が開院している。また，1958年からは民間の精神病院の設置も見られるようになった。1956年以降，実態調査も行われるようになり，この結果をふまえた琉球精神衛生法が1960年に制定された，関係の医療は政府負担で行われるようになった。1966年の日本政府の援助による実態調査では有病率が全国平均の2倍の高率であることが明らかになり，在宅患者を医療に結びつけるための通院制度が設けられることになった。

2節　感染症・風土病との闘い

1951年6月，「伝染性疾患の取り締まりについて」の布令46号がでている。保健所の開所直後から予防接種は積極的に行われていた。これにもアメリカ公衆衛生部は熱心であった。予防接種は種痘などが中心であったが，1952年頃から「3種混合」を実施ししており，部分的には沖縄の方が本土よりも早く実施している。ハンセン氏病関係でも，スキンクリニックが認められており，在宅治療が行われていた。日本ではまだ隔離の時代であった。そのため復帰の際にこれを継続させることに大きな労力を要した。

日本の保健所では治療業務は行っていなかったが，沖縄の保健所では，治療業務が中心になっていた。それは，感染症について医療施設が少ないこともあり，保健所の対応が必要であったことによる。1964年に予防接種法が制定されたが，これより前にワクチンの接種の実施により患者の発生が急激に減少していた。1967年琉球伝染病予防法が立法化され，上水道の普及，生活環境の整備とともに赤痢を中心とする消化器系伝染病は減少し，集団発生もあまり見られなくなった。

1．結核対策

各群島政府が発足したのは1950年である。米軍のサムズ准将は公衆衛生部長

として性病対策を最優先施策としたが，ヒューマニズムにも動かされて民間のその他の疾病についても，取組みをすすめた。保健所を作ってみると沖縄で当面，最も問題となっているのは結核であることが明らかになった。米軍が性病対策を行うのは当然だが，軍のなかで統計上発生の見られなかった結核やハンセン氏病対策にまで，多額の資金を投入したのは，米軍の医官や専門家が将兵への罹患の危険を指摘し，米軍にその施策を講じさせたからに他ならない。

1951年12月，米国太平洋学術調査団の一員として，ペスケラー博士が来沖し，沖縄の結核調査を行っている。博士は，那覇保健所長であった当山堅一に協力を求め，本島，八重山，宮古，奄美の各地域の巡回検診を実施した。調査の任務が終わったあとも博士は沖縄にとどまり，結核対策のプランや患者のローテーション，治療，結核予防会の設置に至るまで，沖縄における結核対策業務の基礎を作り上げた。また隔離施設の少ないことを知って，入院できない患者にはアイナーを使用し，家庭内隔離治療を保健所に始めさせ，相当な効果を上げた。

沖縄の結核は，沖縄戦及び戦後の混乱などにより患者は急激に減っていたが，1953年頃から再び増加に転じた。1953年に米軍の主催による日本，韓国，沖縄の関係者が出席した「極東の結核に関する会議」が開かれた。米軍も沖縄の結核の現実に無関心ではいられなかった。1953年にテンプル大佐が結核調査のために来沖した。これ以降，米軍は結核対策に積極的に取り組むようになった。1953年当時，結核患者の実総数は6000人から1万人とも推定され，結核対策の制度の確立が急務とされた。そこで結核予防とその適正医療の普及を目的として「結核予防対策暫定要綱」が1954年に9月に制定され，結核の健康診断，在宅患者の治療および療養指導が実施された。その費用はすべて琉球政府の負担とされた。

当時，病床が少なく患者を収容しきれないため，入院の出来ない患者が多数存在した。その打開策として在宅治療が始まり，保健所に対するニーズは非常に高まった。保健婦の訪問事業のかなりの部分を結核関連が占めるようになった。在宅療養患者を決定する場合，結核予防対策暫定要綱に「保健婦が十分に

管理できるもの」という要件があった。在宅療養者に決定されると薬剤が無償で提供され，保健所の医師と地区保健婦により決定の可否について審議が行われた。保健婦の指導に従わない患者は在宅療養者としての取扱が中止されることも，この要綱に定められていた。

その後，1956年には琉球結核予防法が制定された。この間，日本政府の援助による医療技術指導のための医師の派遣も行われた。また結核実態調査も1963年以降，5年おきに実施されサーベイランスの体制が整備された。その結果，沖縄の結核の状況は全般的に改善の傾向が見られ，患者の発生も減少の一途をたどった。

2．マラリア対策とウィラープラン

八重山のマラリアは戦前1922年から防遏対策が始まり，流行地域の住民の定期採血，原虫保有者の治療，蚊の駆除などが行われていた。治療剤としてキニーネが用いられていた。太平洋戦争末期，旧日本軍による住民のマラリア有病地への強制移転の命令が出されたため，空襲での死亡者よりもマラリアによる者の方が多いという悲惨な事態が発生した。1945年の統計では，1万6000人の患者が存在し，3600人の死亡者があった。当時の人口3万2000人の1割がマラリアで死んでいたことになる。八重山における「戦争マラリア」の問題である。終戦後，米軍はマラリアの防遏に着手する。薬剤のアテブリンを使用し，患者数は著しく減少した。この業務は八重山群島政府の設立により政府衛生部に移管され，「八重山群島におけるマラリア条例」ができた。懸命なマラリア防遏をすすめ，1949年には患者発生を年間17人にまで押さえ込んだ。

しかし翌1950年に，米軍基地の拡張に伴う土地問題なども関係した本島，宮古から八重山への開拓，入植が始まると，入植者たちには免疫性がなかったこととともに栄養，労働などの面で悪条件が重なり，再びマラリア患者が増え始め，再流行の兆しが見えてきた。1956年に患者が1000人を超したため，その年の10月には八重山保健所に「マラリア防遏課」が設置された。1957年6月と8月の2回にわたって，台湾でのマラリア対策の経験をもつウィラー博士を招聘

し，実態調査を行った結果,「ウィラープラン」が出来上がった。その計画では，DDTの屋内残留噴霧方式により3年以内にマラリアを撲滅することを目標にしていた。

　ウィラープランの実施により八重山のマラリアは顕著に減少し，1959年の患者数は57名となっており，その後も減り続け，1961年3月の竹富町大原での5人の患者の発生を最後にマラリア患者は出ていない。このマラリア対策の事業経費はすべて「移住資金特別会計」で賄われていたが，防遏効果が見えてきたところで打ち切られてしまったこともあり，運用面での苦労もあった。DDTの散布は，家屋はもとより，畜舎，畑小屋にいたるまで人間の出入りするところ全ての壁面にくまなく根気強く噴霧するため，大勢の作業員を必要とし，その労賃を間に合わせられないこともあり，保健所が銀行から借り入れて支払ったこともある。マラリアは，DDTの散布をやめてその発生しやすい状況をつくり，この状態を3年間継続して，患者の発生を見なければ，それが撲滅されたとされる。しかし，その作業をする資金にもことを欠く状況があったが，政府折衝を繰り返し予算を確保して，マラリア撲滅の実績を上げることができた。八重山の公衆衛生看護婦（保健婦）駐在所もマラリア患者に対する投薬，指導などマラリア防遏の第一線で活動した。この功績に対して八重山保健所，石垣市，竹富町は復帰前ではあるが日本の厚生大臣表彰を受けている。

　マラリアは1961年を最後に宮古，八重山で患者の発生を見なくなったので，WHOに対して1966年には撲滅計画に沿った「終息宣言」をすることになっていた。しかし，外国からの旅行者などの原虫の持ち帰りによる「輸入マラリア」があとを絶たないことから，第2次感染の恐れがあるとして「終息宣言」が出せないままになっていた。WHOは沖縄を一つのテリトリーとして見ており，八重山だけが終息を証明できても沖縄全体の証明にはならない。撲滅計画のなかった宮古で自然的に消滅していることから，WHOは計画的な証明を求めていた。特に宮古は南洋漁業が盛んで，輸入マラリアに対するサーベイランス体制が確立していない場合には，第2次感染の危険性が残っていた。

3．フィラリア対策と宮古方式

　沖縄におけるフィラリアの罹患率は，戦前の1938年の調査では14％という記録がある。しかし，1961年の長崎大学が行った宮古の中学生を対象とした調査では25％をこえていた。また1963年の平良市でのサンプル調査では30％をこえていた。USCARもフィラリアには関心を示し，政府厚生局との協議をへて，日米の援助を受けて1965年からフィラリア防遏対策事業を実施することになった。この防遏計画は，東京大学の佐々教授と在日米軍第406科学研究所のキーガン博士の指導の下に1965年1月宮古で開始された。その後，1967年には八重山，1969年本島北部でも防遏事業が行われた。

　1965年，宮古地方を皮切りに始まったフィラリア防遏の取組みは，地域の組織化を図り，検診，治療，蚊の駆除を集中的に行いその撲滅を促進した。その後，八重山，名護，石川の各地域でも逐次，防遏対策が実施され，フィラリアの撲滅に成功している。この防遏の取組みは「宮古（沖縄）方式」として広く知られ，東南アジアでもこの方式による防遏作戦が展開された。

　1965年から始まるこの事業に先立って，前年11月から担当者45名が採血班，昆虫班，散布班の3班に編成配置され，必要な技術訓練が始まった。この訓練は集中的にかつ徹底的に行われた。各市町村，集落に対しては説明会を開催し，疾病に対する正しい知識と採血についての周知徹底を行った。採血，検査，蚊の駆除，衛生教育についての訓練を年末までに終了し，防遏事業にむけての準備体制を整えた。

　防遏事業として採血は，1965年の第1回から1970年の第4回まで実施され，いずれも100％近い高率の検血が実施された。採血の作業は，フィラリア子虫が血管内に出てくる夜間の8時から12時頃まで実施され，職員にも住民にも厳しい作業となった。陽性者に対する治療は，スパトニンを使用し，副作用に対しては保健所の看護課職員が対応した。第1回目の陽性率19.2％から5年後の第4回目には0.5％まで低下し，宮古のフィラリアは完全に撲滅された。

3節　医療・保健行政

1．占領下の医療行政

⑴　ニミッツ布告と官営医療

　1945年4月，アメリカ海軍軍政府は，南西諸島住民に対する特別布告第1号（ニミッツ布告）を出した。その第9号は，医療，公衆衛生に関する詳細な規定を罰則付きで行っており，沖縄上陸を想定して，沖縄での保健衛生施策を示している。ここでは，占領地域において免許状を有する医師，歯科医師，看護婦，薬剤師，助産婦その他，病人を治療し，予防治療をなし，または薬剤を配給する者は，追って軍政府より命令があるまで，各自その業務を継続すべしとしている。また，軍政府は占領地域において病気の治療及び予防または公衆衛生に関する業務に従事する人々に免許状を下付し，またそれを停止あるいは廃止，またはそれらの人々の行為を取り締まる権能を有するとしている。そのため，医療従事者に対してはその業務を継続させることとし，沖縄では官営医療の制度が敷かれることになった。

　沖縄本島では，沖縄戦による徹底した破壊があったため，医療も配給にもとづく統制医療であったが，他の群島では医師の営業が継続しており，不足する薬剤は沖縄から供給されていた。ニミッツ布告の趣旨は，日本の法規を停止させるが，軍の占領政策の支障とならない限りは，日本法を継続して適用する，というものであった。沖縄戦終了時に，生存していた医師は64人だけで，医療施設はすべて灰塵に帰していた。終戦当時，住民は一定の地区に収容され，集団生活をしていた。医療機関は米軍の病院と地区に設けられた病院や診療所であった。ここでは米軍の管理下に沖縄の医師が診療に従事していた。

　軍政府の諮問に対する民意の進達機関として沖縄諮詢会が1945年8月に設置されるが，翌1946年4月にはこれに代わって沖縄中央政府が設置され，さらに沖縄民政府となり，1950年には沖縄群島政府が発足している。医療行政を担当する組織として，沖縄民政府には公衆衛生部医療課が設置された。その時までに米軍の管理下にあった病院，診療所は相次いで民間に運営が移行された。

沖縄民政府の運営していた医療機関は1948年まで，無料診療を行っていた。また医師，歯科医師，薬剤師その他の医療従事者は公務員として病院，診療所で勤務させるなど「官営医療」が実施されていた。1950年の沖縄群島政府の発足に伴って，医療行政の担当機関は厚生部医療課となった。1951年に医師の自由開業が認められるようになり，1953年からは国費による医科・歯科系学生の留学制度が作られ，医師，歯科医師の計画的な養成が始まった。

(2) 医療従事者の不足と医師の養成

沖縄独特の介輔，歯科介輔の制度は，1951年の沖縄群島政府布令7号，沖縄群島介輔及び歯科介輔営業布令，並びに1958年規則108号により介輔および歯科介輔規則が施行され，その制度が定着した。介輔及び歯科介輔は離島，僻地の医療に従事することになり医師の不足を補う上で重要な役割を果たした。

沖縄の医療は，終戦直後から1951年まで，公営とされていたことから，病院や診療所が計画的に適正配置されたため，比較的小さな島々にも診療所が設置されている。これらの病院及び診療所が各地の公立病院であり，その附属診療所と各地の市町村立診療所となっている。これらの公立の医療機関は，沖縄の医療の確保に大きな役割を果たしている。

医師の自由開業は制限され，1953年まで沖縄では医師の配置委員会が存在した。しかし，宮古，八重山，奄美の各群島では最初から医師は自由開業となっており，配置委員会はなかった。医師の配置委員会は沖縄本島だけの制度であった。1952年，琉球政府の発足にともない，医療行政の担当機関は厚生局医政課となった。その後，1961年には医務課となり，さらに医事課と病院管理課とに分かれた。

沖縄の医療においては医療従事者の量的，質的不足が一貫して続いたため，1960年の日本政府の医療技術援助計画による無医地区派遣医師の受入れが開始された。この制度は，医師不足の解消と医療確保に大きな貢献を果たした。1967年には，医師の絶対数の不足と沖縄出身医学生の帰還が少ないことの対策として，中部病院における医学臨床研修事業が始まった。この研修教育の実施

主体はハワイ大学であり，米陸軍省とハワイ大学との間の協定にもとづいてスタートした。ここで臨床研修を終えた医師の4分の3は沖縄各地の保健医療に従事した。

　沖縄における医療従事者の養成施設は，看護婦養成施設と准看護婦の養成施設にとどまっていたことから，日本の総理大臣であった佐藤栄作は1965年の来沖の際に，琉球大学に医学部を設置する旨の発言を行っている。これに端を発して，日本から日本医師会会長の武見太郎を団長とする琉球大学医学部設置調査団が1966年に派遣された。

2．占領下沖縄の看護

　ニミッツ布告は，軍の占領政策の支障とならない限りは，日本法を継続して適用させた。看護婦の制度についても，軍の布令が出たもの以外は旧法（日本法）の適用があった。1947年に米軍政府から助産婦営業規定が出て，助産婦の自由開業が始まった。戦後，開業が，最初に認められたのは助産婦であった。1947年4月の軍政府による「助産婦個人営業規定」が布令され，初診5円，分娩50円という「公定料金」が定められた。

　アメリカの施政権の下で沖縄の看護は独特の歩みをしてきた。沖縄の看護に大きな貢献をしたのは，米軍政府看護官であったワニタ・ワタワース女史であった。女史は，当時の国際水準であった国際看護協会の基準に添った最新の看護の枠組みを提示してリーダー研修，再教育，派遣研修などを積極的に実施した。このため，最も進んでいたアメリカの看護が沖縄に導入された。

　1952年7月極東軍総司令部（GHQ）から琉球軍司令官あての文書により，琉球駐留米軍要員の保健上必要な限り，その基準向上のためにガリオア資金による必要資材の輸入が許可されたことも，看護教育と看護婦の資質の向上の背景となっている。沖縄の衛生基準の向上は駐留米軍の兵員の保護にもなる。軍政府の医師，看護婦などの医療関係者はGHQの文書にそって組織の整備や病院の改善に努めた。米軍の戦災復興の任務は罹災前の水準を回復することまでであって，それ以上には関わらないことが軍の基本姿勢であった。しかし，沖

縄の公衆衛生に関しては駐留米軍の影響が大きく，この領域では，復旧にとどまらず向上改善までを例外的に認めることになった。

戦後の沖縄では，米軍が医療，公衆衛生に力を入れ看護婦の資質向上，看護教育の水準の向上を目指して強力な支援を行った。米軍の高官には，妻が看護婦であるという例が多く，それを誇りにしていた。沖縄の公衆衛生担当者は，米軍高官の家庭に招かれて看護についての意見交換などをすることもあり，アメリカの看護の状況や考え方などに触れることができた。このことも沖縄の看護のレベルアップに大きく役立つことになった。

3．看護教育

1946年に看護学校が設置され，看護婦の養成が始まった。1951年には米国民政府布令35号により，看護婦養成学校法が公布され，本格的に看護婦，保健婦，助産婦の養成が行われることになった。同じく布令36号により看護婦資格審査委員会が設置され，看護婦，保健婦，助産婦の免状が交付されるようになった。その後，1968年の立法第14号により，公衆衛生看護婦，助産婦，看護婦法が制定され，それぞれの身分の確立が図られた。

(1) 看護教育と厚生行政

政府厚生局は，看護学校の教育に対して適切な指導助言を行い，看護教育の体制づくりを進めた。行政としての法的な指導監督にとどまらず，看護学校の充実向上に必要と思われる具体的な施策を考案し，積極的に助言指導を行い，その実践の妨げとなる事柄を排除した。また現場からの要望も進んで受け止めて，速やかに行政に反映されていた。同様な結びつきは，医療関係者との間にもあった。看護教育のために，病院，保健所の医師も，医師不足の中で厳しい医療業務の合間をぬって，講師を引き受けていた。毎日の診療で手一杯のところに，さらに看護学校での講義準備のために長時間を費やしていた。

(2) 看護教育の向上と看護教員の養成

1954年には，琉球大学への看護婦委託制度が始まり，教育学部に2名が委託学生として入学している。この制度の実施にもワタワース女史の貢献が大き

く，看護教育はその内容も制度も大学水準を維持すべきだとする強い意向が働いている。アメリカでは当時すでに看護教育を大学と連携させ，卒業の際に学士の資格がとれるようになっていた。この委託生の制度は本土復帰までつづき，121名の卒業生が出ている。琉球大学の創設に関与したミシガン大学からの派遣教授団は，専任の教員を1人配置して看護学校と大学の連携に努めていた。米国民政府は看護教育に格別の指導と協力を行っているが，それは占領政策遂行上，治安の次に公衆衛生に重点をおいていたことによるものである。

　ミシガン大学とUSCARの連携で，看護教育にウェイトを置いて琉球大学との関係を密にして単位取得をするという制度は，沖縄独特のものであり，ユニークなシステムであった。看護学校受験生の資格水準を高校卒とし，大学水準のカリキュラムを設定し，幅広い知識を得ることができるように努めていた。ここに沖縄における看護教育の先進性を見ることができる。

　米国民政府布令162号は，看護学校教員の資格基準が示されている。これは厳格なもので，当時，日本では3年の看護婦経験があれば，教員資格が認められたが，沖縄ではその他に1年間の大学での課程を必要としていた。看護学校教員に琉球大学での委託教育を修めた優秀な人材をあて，看護教育の水準の向上を通じた看護婦の資質向上を意図したものである。この制度は沖縄の看護の向上に大きな役割を果たした。琉球大学と連携して，看護学校卒業時に学士の称号を取得するための試みもなされたが，実現には至らなかった。看護学校の卒業式には必ず行政主席が出席し，琉球大学の学長が単位証を手渡していた。また米国民政府からも民政官など高官数人が出席しており，沖縄の看護婦の育成に相当の力を入れていた。

　(3)　看護実習

　アメリカの看護教育の制度は，実習を通じて徹底的に鍛えるところに特色がある。沖縄の看護学校でも2年生の後半から実習が急に増えた。3年間で5000時間程度の実習が課されていた。3年生後半からは看護婦と同様に3交替制で現場に立ち，実習生の総リーダーとなった場合には，婦長の補佐のような役も果たした。当時の医療現場は，患者が多すぎて，診療室の周りも患者が順番待

ちであふれ，野戦病院の延長のような観を呈していた。医師，看護婦の絶対数が足りず，手が回らない。カルテを書く暇もないほど忙しかった。このため看護学校の卒業後は，実戦経験をふまえて即戦力として活躍することが可能であった。

　地域の医療は，保健婦が相当にカバーしていた。これが可能だったのも，高卒の質のよい看護婦を養成し，十分な実習を行ってきたことが与かって大きかった。医学，看護学のように人間を相手にする学問は実習を大切にしなければならず，見学のみの実習ではあまり意味がなかった。復帰2年前の1970年から，日本の看護婦国家試験が沖縄でも実施されるようになった。沖縄の看護学生は，国家試験の合格率が高い上に，全国的にもその集団が上位に位置していることから，その教育方法が注目を集めることになった。しかし，復帰後は本土の基準が適用され実習も3分の1に減ってしまった。

4．助産婦の再教育

　戦前の助産婦資格は，戦後の沖縄の制度では認められないことになった。そこで再教育による資格取得が，新規養成よりも優先されることになった。ワタワース女史の指導の下に再教育のための講習会が沖縄の全域で行われた。東京で開催された助産婦学校教員養成講習を受講した講師が，妊産婦や新生児の保健指導，取扱法などについて補習教育を行った。

4節　駐在保健婦制度

1．公衆衛生看護婦
(1)　公衆衛生看護婦駐在制度の開始

　1950年1月，GHQから看護顧問としてワニタ・ワタワース女史，10月にはジョセフィン・ケーザー女史がそれぞれ沖縄の米軍公衆衛生部に赴任し，公衆衛生及び看護に関する指導を開始する。1951年5月，関係者の協議のもとで公衆衛生看護婦の業務基準案が作成される。翌1952年7月，業務基準が作成さ

れ，地域活動における処置基準が示された。1951年7月に保健所業務が開始され，40名の公衆衛生看護婦が採用され，各地保健所に所属して管内の各市町村に駐在勤務し，地域における公衆衛生看護事業を開始した。1952年8月に保健所法が公布され，この3条5と7条6に根拠規定が置かれた。

1955年に八重山保健所の管内に5カ所の公衆衛生看護婦駐在所が設置され，次第に離島僻地においても同様に公衆衛生看護婦駐在所が整備されていった。1957年の政府社会局規則34号により，公衆衛生看護婦駐在所の名称，位置，管轄区域等が定められ，その活動が強化された。保健所開設当時40人であった公衆衛生看護婦は，1955年に95人，1960年には135人と増員されていった。

1957年3月，保健所に看護課が設けられ，10月には政府社会局公衆衛生課に公衆衛生看護係が設置され，公衆衛生看護婦の養成，配置，待遇及び業務の監督指導等の基盤となる体制が整えられた。1960年までに離島僻地を含む全ての市町村（68カ所）に公衆衛生看護婦の配置を完了した。公衆衛生看護婦の活動の拠点となる公衆衛生看護婦事務所（後に公衆衛生看護婦駐在所と呼ばれるようになる）は，ほとんどの場合，市町村役場に設置され，そこを拠点に業務を遂行した。

(2) 住民の健康を支えた公衆衛生看護婦

戦後，離島，僻地を多く抱える沖縄の地理的条件に加えて，医療機関や医療従事者が不足し，住民の多くが経済的にも困窮していた沖縄では，保健婦の駐在制をとることが最も効率的且つ効果的な活動方法と考えられた。そこで，地域住民の身近な市町村に公衆衛生看護婦を駐在させ，どこにおいても均一的な保健サービスを受けられるようにした。その後漸次，公衆衛生看護婦も増員され，1村に1人あるいは人口の多い市町村の場合は，複数が配置されるようになった。

公衆衛生看護婦は疾病の予防が本来の仕事だが，沖縄の場合は，治療の部門も公衆衛生看護婦が関与せざるを得ない常態が続いていた。医師が少ない中で，目の前の患者を放置することはできず，予防接種や投薬など法規を超えた医療にも従事した。1951年に，公衆衛生看護婦が地域で緊急処置や伝染病等の

医療的処置を可能にするための体制として，軍政府関係者，保健所長等が協議してスタンディングオーダー（処置基準）が設定された。公衆衛生看護婦は，離島，僻地など医療の行き届かない地域をカバーするために強い責任感と使命感を持っていた。

保健婦（公衆衛生看護婦）の駐在制度は，ワタワース女史が四国で軍勤務をしていた時に始め，沖縄でも同様に実施した。都市部では保健婦が難しい場面で，近隣の保健婦や医師の協力を期待できるのに対して，離島僻地ではすべて1人で判断しなければならない。そのため駐在保健婦の配置にあたっては，優秀な者から離島，僻地に赴任させることにした。

離島僻地への公衆衛生看護婦の配置については，係長が事前に面接を行い了解の上で配置されたが，その後に業務に支障を来すような事態が生じた場合には，係長が駐在所まで出向き，事情を聴取した上で，必要な場合には配置換えも考慮するなど，公衆衛生看護婦自身に対するケアーも行われた。当初は新卒の公衆衛生看護婦が多く，安心して生活のできる駐在先の住居の確保も課題であった。保健所課長や本庁係長がともに町村の担当者に依頼し，その推薦をえた家を借りることになった。また赴任の際にも管理者が同伴し，関係者等への協力を依頼した。

2．公衆衛生看護婦の養成

沖縄の駐在保健婦制度が，地域の医療や公衆衛生に大きな貢献を果たすことができたのは，行政と教育現場の関係者が一体となって試行錯誤を繰り返しながら，養成に取り組んできた成果である。

ワニタ・ワタワース女史，ジョセフィン・ケーザー女史は沖縄の公衆衛生看護婦養成講習を企画し，その教育に大きく貢献した。公衆衛生看護婦の養成講習は，1950年から1954年まで5回実施され，120人がその講習を修了している。

1951年の統計では，公衆衛生看護婦（復帰前までの保健婦の呼称）は40人であった。保健所設立の前準備として，USCARは医師，看護婦，栄養士などの多くの環境衛生に関わるスタッフを国立公衆衛生院に派遣した。この派遣は期

間4ヵ月であり，1949年から始まっている。保健所設立の指導者を養成することを目的としていた。これと並行して，中央病院（現県立中部病院）では，モデル病棟をつくり，保健所に駐在することになる公衆衛生看護婦の希望者を集め，実習指導が行われた。希望者は各病院の院長，婦長を通じて呼びかけて募集した。中央病院では，アメリカ式の新しい看護業務について教育が行われ，当初はワタワース女史が，続いてケイザー女史が中心となって推進された。

1951年に，布令35号及び36号が出され，公衆衛生看護婦の名称，資格及び業務がはじめて規定された。1955年には沖縄公衆衛生看護学校が設立され，国立公衆衛生院の看護学科課程を修了した者が専任の教諭に就任した。公衆衛生看護学校の学生は公費により生活費が支給されていたが，後に奨学金にかわった。1957年に布令162号が公布され，同35号と36号は廃止となった。布令162号に定められた基準を充足するために，再教育が実施されることになった。受講者には「公衆衛生看護事業12の原則」の徹底が求められた。1959年沖縄公衆衛生看護学校は政府立公衆衛生看護学校に改称し，1965年には那覇看護学校公衆衛生看護学科となった。公衆衛生看護婦の卒業後研修については，指導者の育成と地域のニーズに対応できるように，随時，研修が実施され，海外派遣研修も多く行われた。

公衆衛生関係者の本土研修や公費医学生派遣の費用は，米軍がB円軍票を発行した時に，住民の持っていた日本円を全部引き上げ，その日本円を本土に持って行き，調達した。それを資金に各種の研修への派遣，医師の養成などの人材養成を行い，住民の生活向上に役立てられた。病院や保健所に配置されたオート三輪車や，知念の山の上にあった補給部の資金もここから出ていた。その後，B円からドルに切り換えられたときは，この軍票は役に立たないため，米軍はこれをセメントで固めて海に沈めた。

1958年に学校教育法が公布され，学校に養護教諭をおくことになった。養護教諭の養成機関がないことと，保健所での採用枠が限られていることから，1961年2月中央教育委員会告示4号により養護教諭養成機関としての指定も受けた。そのため公衆衛生看護学科の教育課程は，その根拠法規はもとより琉球

大学の単位などの他に，教育職員免許法による養護教諭免許を取得するために必要な科目の勘案も必要になり，盛り沢山の内容となった。

　1965年，琉球大学設置法及び管理法が公布され，1968年から保健学部が新設された。この学部には保健コースと看護コースがあり，看護コース修了者は看護婦，公衆衛生看護婦，助産婦の各免許の受験資格が取得できることになった。これはそれぞれの養成機関が一つ増えたことになる。

まとめ

　占領下沖縄の公衆衛生行政は，当初，米軍の要請により急性伝染病の防遏，鼠族昆虫駆除の環境衛生を中心にすすめられてきた。困難な社会情勢の下，医療基盤の脆弱な沖縄で，結核及びハンセン氏病の在宅療養制度を設け，有病率を激減させた。先島地方におけるマラリアの撲滅，環境衛生の改善指導，さらに風土病であるフィラリアの撲滅など幾多の成果を上げ，沖縄の保健衛生の水準は急速に向上した。医師をはじめ医療スタッフの極端な不足のなかで，離島僻地を含む地域住民の健康は駐在保健婦の活躍によって維持されてきた。占領下沖縄の公衆衛生行政は，日本のそれと異なり，琉球政府のもとに一元化され，保健所の医師及び保健婦の身分が政府公務員として保障されており，統一した施策で集中的に疾病対策が全域的に実施されてきたことが，その特色である。

参考文献・資料
琉球結核予防会『琉球結核対策小史』（1962年）
太田良博『沖縄県史5-4医療・衛生』沖縄県（1975年）
沖縄県精神衛生協会『沖縄における精神衛生の歩み』（1979年）
沖縄県環境保健部『沖縄戦後の保健所のあゆみ』若夏社（1981年）
日本看護協会沖縄県支部『沖縄の看護協会30年』若夏社（1984年）
沖縄県衛生監視員協会『衛生監視業務のあゆみ』沖縄県（1986年）
琉球政府文教局『琉球史料・第4集社会編1』那覇出版（1988年）復刻版

砂川恵徹『フィラリア防遏・沖縄方式』防遏記念事業期成会（1988年）
沖縄県企業局『沖縄県水道用水供給事業20年史・ガロンの時代から』沖縄県（1993年）
稲福盛照『沖縄疾病史』第一書房（1995年）
沖縄県福祉保健部『人びとの暮らしと共に45年』沖縄県（1999年）
沖縄県医師会『沖縄県医師会史』若夏社（2000年）
保坂廣志「沖縄占領研究－米軍の対沖縄公衆衛生・医療救助活動に関する一考察」琉球大学法文学部紀要社会編34号（1992年）
Summation of United States Army Military Government Activities in the Ryukyu Islands No 1 July–November 1946, Commander-in-Chief United States Army Forces Pacific, Papers of James Watkins, p.7.
Summation of United States Army Military Government Activities in the Ryukyu Islands No 1 July–November 1946, Commander-in-Chief United States Army Forces Pacific, Papers of James Watkins, p.47.
Civil Affairs Activities in the Ryukyu Islands, for the period ending 30 september 1956, vol Ⅳ, no.1, United States Civil Administration of the Ryukyu Islands, p.133.
Civil Affairs Activities in the Ryukyu Islands, for the period ending 31 march 1957, vol Ⅴ, no.2, United States Civil Administration of the Ryukyu Islands, p.120.
Civil Affairs Activities in the Ryukyu Islands, 1 october 1958–31 march 1959, vol Ⅶ, no.1, United States Civil Administration of the Ryukyu Islands, p.120.
Civil Affairs Activities in the Ryukyu Islands, for the period ending 30 september 1959, vol Ⅶ, no.2, United States Civil Administration of the Ryukyu Islands, p.123.
Civil Affairs Activities in the Ryukyu Islands, 1 october 1960–31 march 1961, vol Ⅸ, no.1, United States Civil Administration of the Ryukyu Islands, p.192.

第5章

住民福祉の制度

　ここでは，占領下の沖縄における社会福祉を考察の対象として，「島ぐるみ救済」と呼ばれた沖縄戦後の状況から，「近代的社会福祉」が確立するに至る経緯を明らかにするなかで，占領下の沖縄の社会福祉の特質を検討することを目的としている。沖縄が米国による統治の下に置かれた30年弱の歳月は，沖縄が独自の諸条件に対応して社会福祉のあり方を追求した日々でもあった。沖縄が本土復帰してから30年余を経た今日，占領下沖縄の社会福祉について究明することは，我が国の社会福祉の現実と将来を考える上で多くの重要な示唆を提供するものと思われる。

1節　占領下の福祉行政

1．占領下社会事業の端緒

　沖縄の社会事業の民間組織は戦後，消滅状態にあった。1947年12月連合国軍総司令部と琉球軍政府の要請により，アメリカ赤十字社代表 H.I.ジェンウェインとマルティマー・クックが沖縄の保健，厚生，教育の各領域の調査のために来島した。アメリカ赤十字の支援をうけて沖縄住民の生活環境の改善を進めるとともに，軍政府が公衆衛生，社会事業及び教育の分野での計画を達成するための住民の組織化の可能性について調査を行った。この調査の結果，住民組織の必要性は大きく，また結成の可能性もあるとの結論が得られた。この報告を受けたアメリカ赤十字社は総司令部と軍政府の承諾を得て，1948年3月，同赤十字ミックローツ代表が来沖し，沖縄臨時厚生協会の設立に着手した。この

年の7月,同協会は正式に誕生した。

　また,身体障害者福祉に関する公的措置が事実上,皆無の状態の中で,1947年10月,戦前の盲唖学校の卒業生とその父兄が,同校の再建を軍民の政府へ陳情した。さらに翌48年3月には盲人有志の動きを端緒として発足した「沖縄盲人協会」が,重ねてその再建運動に乗り出した。これは戦後沖縄における身体障害者福祉の領域におけるソーシャルアクションの先駆けとされている。この結果,1949年の沖縄民政府の官制改革では主幹部の所掌業務のなかに「盲唖学校」に関する事項が盛り込まれた。(我喜屋・37頁)

　1948年12月から,各市町村に配置された厚生員は,正式には「軍公衆衛生社会事業委員」として任命された。厚生員の身分は軍政府の職員であり,軍政府公衆衛生社会事業課の直属となっていた。その権限も大きく,沖縄民政府の政策手続の実施状況の監督をはじめ広範な業務に従事した。1950年2月,民政府の職員として配置換えされ,後に社会福祉主事となった。(沖縄の社会福祉40年の歩み・52頁)

2. 群島政府の福祉行政

　群島政府の施政は,1950年の11月から1952年の3月までの約1年半であるが,この時期の沖縄では,設立の翌月に戦後初の国政調査が実施され,総人口は70万人弱であることが判明した。また1951年2月には琉球大学が米国民政府の肝入りにより開校し,沖縄初の最高学府となった。また,この年には,貿易庁を通じた民間貿易が始まり,空前の経済活況がもたらされた。また1951年4月には「琉球臨時中央政府」が発足し,行政主席,立法院議長,及び上訴裁判所主席判事が,米国民政府によって任命されている。

　1951年10月,沖縄群島政府において「全琉社会事業課長会議」が開催された。社会福祉行政の一元化,関係法制の整備等の議題がとりあげられ,これらが関係方面への要望事項として決議された。新設の沖縄群島政府厚生部社会事業課は社会福祉行政計画の一環として,児童福祉事業の実施とその強化を意図した。長年の懸案であった,不良児,浮浪児の更生をめざして,1951年4月,

沖縄厚生園の構内に教護施設「沖縄職業学校」を設立した。（我喜屋・39頁）
　沖縄群島政府の発足により，それまで救済のみに追われていた沖縄の社会事業は，次第に児童福祉や障害者福祉の領域にも拡大されるようになった。このことは従事職員の強化の面にも現れている。事業の拡大にともなって1年ほどの間に67名ものスタッフが増員されている。また，「良き行政は良き人事にあり」とする考え方から，職員の養成にはとくに力を入れるようになり，日本本土での研修のために次々と職員を派遣した。群島政府独自の計画で1952年11月までに，派遣した職員の数は30名にも及んだ。さらに現任訓練にも力が入れられ，厚生員の研究会も地区別に毎月実施され，施設のケースワーカーの研究会は毎週開催され，その資質の向上がはかられた。

3．沖縄群島社会福祉協議会の設立

　本土派遣の研修生らは，日本における社会福祉協議会の設立の動きをみて，沖縄における社会福祉協議会の設立の提案を行い，群島政府関係者，軍の関係者とも積極的にこれを支持した。米軍政府は，群島政府をバックアップする社会福祉協議会組織の必要性を認めて，その設立を群島政府に勧告した。群島政府はこの意向を受けて，1951年11月に「沖縄群島社会福祉協議会」を設立させた。1951年11月1日，那覇市の国際劇場で設立総会が1000人の参加者を集めて開催された。ビートラー民政副長官の代理のルイス民政官からも祝辞が述べられた。この日の会場には盲唖学校や厚生園，職業学校の児童の制作した作品が展示されたほか，余興としてこれらの児童による唱歌，舞踏，ハーモニカ演奏などが披露された。この他，壺屋初等学校や那覇高校の児童生徒による祝賀の遊戯やダンスも行われた。
　翌1952年4月，群島政府を統合した琉球政府が発足するが，群島社会福祉協議会は，その名称と組織をそのまま維持し，1953年には宮古，八重山にも各群島社会福祉協議会が発足した。その年の11月，「社会福祉事業法」が制定，施行されたことにより，これらの社会福祉協議会は「群島の区域を単位」とする団体として法的な資格が付与された。これらの群島社会福祉協議会は1958年5

月に統合され，「沖縄社会福祉協議会」となった。この年に日本本土の全国社会福祉協議会と中央共同募金会へ正式に加入している。沖縄では社会福祉事業法の規定により共同募金は独立の機関によってではなく，社会福祉協議会の事業の一環として行われていた。

　華々しく発足した沖縄群島社会福祉協議会であるが，下部組織もなく基本的な財源もない状態であった。財源の確保と趣旨の徹底を図るために，会員の募集を始め，約500人の会員を集めた。また1952年1月には，職業学校，盲あ学校，厚生園の児童の演芸を中心とした「福祉の夕べ」を開催し資金を集めた。また同年2月から5月にかけて市町村社会福祉協議会の結成に乗りだし，8割近くの結成をみた。これを基盤として，6月から7月にかけて第1回目の共同募金運動を実施した。（沖縄の社会福祉40年の歩み・59頁）

4．日本法の適用と南方連絡事務所

　講和条約3条に基づいて，アメリカは沖縄に対する行政，立法及び司法上の権力を行使する施政権を掌握した。その下で「琉球における法秩序」が成立した。しかし，その沖縄においても施政権者であるアメリカ側と日本側が合意すれば，日本法の適用も可能であった。日本における昭和27年法律127号（戦傷病者戦没者遺族等援護法）の制定を控えて，創立間もない琉球政府立法院は，1952年5月，日本の総理大臣，厚生大臣，引揚援護庁長官，衆参両院議長にあてた，同法の琉球における適用をもとめる陳情を決議している。同時に，琉球政府立法院は，同様の趣旨で，米国民政府の民政長官にあてて，同法の琉球への適用について，日本政府に対する交渉を依頼する旨の陳情も決議しており，この件に関する日米の合意を促している。このような働きかけにより，米国民政府と日本政府との間で，同法の琉球への適用にともなう事務委託と，その承認にともなう調整が行われ，1953年4月から実際に適用されることとなった。この委託事務を取り扱うために琉球政府社会局に援護課が新設された。また同年8月には「日本政府南方連絡事務所」が那覇市に設置され，その所掌事務の一つとして，同法の適用に関する事務面の処理も含まれていた。

日本政府南方連絡事務所は、日本政府に対する1952年4月の連合国最高司令部覚書「琉球諸島における日本政府連絡事務所（Japanese Government Liaison Office）の設置に関する覚書」に基づいて設けられ、「南連」と略称された。琉球と日本の間の渡航、貿易に関する情報、遭難日本船員に対する援助、政府恩給の支払い、戦没者の遺骨収拾、財政的処分及び通貨兌換に関する事項、その他の必要事項等の「準領事業務」の遂行に関連する諸問題の取扱を目的としていた。

5．社会福祉の実施体制

社会福祉事業法（1953年立法82号）により、沖縄の社会福祉事業は、はじめて実践上の法的根拠を確立することになる。この立法にもとづいて、社会福祉主事の資格を有するものはその資格により、また無資格者は社会福祉主事補として任命されることになった。しかし、現実には有資格者がいなかったので、全員が「社会福祉主事補」に格付けされた。その後、現任訓練、認定講習、試験などによって正式に「社会福祉主事」として任命されることになった。

1954年4月、琉球政府事務部局組織法が改正され、社会福祉事業法に基づいて宮古、八重山の民生事務所は「福祉事務所」と改称されるとともに、沖縄本島には「南部」、「中部」、「北部」の3福祉事務所が設置された。社会福祉主事及び社会福祉主事補は、これらの福祉事務所の職員として勤務するようになった。1956年10月には、本島の3福祉事務所は、それぞれ「那覇」、「コザ」、「名護」と改称された。

1957年10月、「福祉委員」が設置された。民生委員制度がなかった沖縄では、それに代わる市町村段階の第一線の活動家として、社会福祉協議会々長の委嘱によって福祉委員が全町村に設置された。この福祉委員は当初、沖縄本島を中心に50人の定員でスタートしたが、宮古、八重山の群島社会福祉協議会の統合と、福祉貸付け事業の発足にともなって、増員がはかられ、各市町村社会福祉協議会の中核となって活躍することになった。福祉資金等の貸付け事業の相談、その手続から更生指導にいたるまで親身に世話をしてきた。地域の福祉向

上に大きな貢献をした。その後，1968年には世帯更生資金の運営に備えて300人に増員されたが，民生委員制度への移行を前に1971年6月その活動を終えた。

1971年5月，立法20号（民生委員法）が制定され，7月から施行された。民生委員は，市町村に設置された民生委員推薦委員会が推薦した者について，政府に設置された民生委員審査会の意見を聴いて行政主席が委嘱するもので，各市町村に500人を配置するための作業が進められた。沖縄では，これまで沖縄社会福祉協議会の委嘱した「福祉委員」が，この民生委員の役割を担ってきており，1970年度において総数292人となっていた。この立法の制定にともなって，児童福祉法の一部が改正され，民生委員法による民生委員は児童福祉法にいう「児童委員」にあてられることになった。（我喜屋「社会福祉」・59頁）

6．南方同胞援護会の活動

南方同胞援護会は，1957年に設立された日本の特殊法人で総理府の管轄下におかれた。通常，「南援」と略称され，昭和32年法律160号（南方同胞援護会法）を根拠法としている。この法律は，当初は米国施政権の下におかれた沖縄，小笠原，硫黄島等の南方地域だけに適用されたが，その後の法改正で北方領土も対象に含まれることになった。しかし，1969年5月の最終改正では，沖縄だけに対象が絞られることになった。外国の施政権の下におかれた地域に関する諸問題の解決を促すために，必要な調査研究と啓蒙宣伝を行うとともに，地域に居住する住民に対する援護を行い，その福祉の増進をはかることを目的としている。日本政府や日本の社会福祉法人は，アメリカ施政権下の沖縄において直接に福祉措置を講ずることが出来ないため，代わって南方同胞援護会が沖縄の民間団体や施設等を対象とする援助の役割を努めることになった。沖縄の社会福祉の領域において施設の設置をはじめ，各種の援助が行われた。その財源は，同援護会に対する日本政府の補助金，貸付金，財産の貸与等の助成によって賄われた。

1953年に傷痍軍人の自発的組織として生まれた沖縄傷痍軍人会は，1955年に

は財団法人となり，後に一般の障害者をも対象とする事業経営の基盤を築いている。1958年3月，同会は「南方同胞援護会」のルートを通じて，「沖縄身体障害者更生指導所」を開設した。この施設は，運営費の一部を政府補助によりながら，一般の身障者を含めた唯一の肢体不自由者更生施設としての機能を果たした。1961年からは，琉球政府の委託による肢体不自由者の指導，訓練も同施設において行われることになった。

　南方同胞援護会の費用負担により，1959年5月，沖縄傷痍軍人会が「身体障害者無料巡回診療」をはじめて実施した。これにより辺地在住の関係者に対して大きな便益が供与された。この事業に対しては，琉球政府，沖縄肢体不自由児協会，沖縄社会福祉協議会の三者が後援した。

2節　占領政策の転換と住民福祉

1．プライス法と福祉の拡充

　1957年6月，アイゼンハワー米大統領は行政命令10713号（琉球列島の管理に関する行政命令）を公布し，沖縄統治の最高責任者を従来の民政副長官から「高等弁務官」（High　Commissioner）に変更した。1957年の「岸・アイク共同声明」を具現したアメリカの1960年の「琉球列島における経済的・社会的発展の促進に関する法律」（プライス法）1条が「大統領が対日平和条約3条によって米国に与えられた琉球列島に関する権限を行使するにあたっては，米国が琉球列島に関する権限を保有する期間中，琉球列島住民の福祉安寧を増進し，その経済的，文化的発展を促進するため，あらゆる努力をしなければならない」とその目的を規定した。

　1961年6月に発表された池田・ケネディー共同声明においては「大統領と総理大臣は，米国の施政権下にあるが，同時に日本が潜在主権を保有する琉球及び小笠原諸島に関連する事項に関し意見を交換した。大統領は米国が琉球人民の安寧と福祉を増進するため一層の努力を払う旨発言し，さらにこの努力に対する日本の協力を歓迎する旨を述べた。総理大臣は，日本がこの目的のため米

国と引き続き協力する旨，確信した。」と述べられている。これは，日米協調路線を確認したもである。この日米協調路線は，1962年3月，ケネディー大統領が打ち出した「琉球新政策」によって明確に設定され，米国の沖縄に対する援助が，社会福祉や社会保障に実質的に転換する契機となり，その拡充の端緒となった。（我喜屋「社会福祉」・51頁）

1962年3月，ケネディー米大統領は沖縄新政策を発表，大統領行政命令を一部改正し，弁務官のもとに文民の民政官を置き，行政主席は立法院の指名により任命することを原則とするなどのほか，「琉球は日本の一部」であると声明，大幅の経済援助を約束した。また，1月には大平・ライシャワー駐日米国大使会談において沖縄援助問題について協議を行い，日本の沖縄援助費について合意をみた。（沖縄の社会福祉40年の歩み・75頁）

2．JFKの琉球新政策

1962年3月，ジョン・F・ケネディー米国大統領は，「琉球諸島が日本々土の一部であること」を公式に認め，「自由世界の安全保障上の利益が，琉球諸島を完全な日本国の主権の下へ復帰することを許す日を待望している。それまでの間は，すべての関係者が寛容と相互理解の精神で対処しなければならない事態にある。」と述べ，「私は，米国がこの精神を表明し，琉球住民に対する米国の責任を今までよりも効果的に果たし，さらに琉球諸島が日本の施政権下に復帰することになる場合の困難を最も少なくするため，いくつかの特定の措置をとることを指令した。」ことを明らかにした。

この琉球新政策と呼ばれる「いくつかの特定の措置」のなかで，「琉球住民の安寧と福祉及び琉球の経済開発を増進するための援助供与について，米国と日本との協力関係実施に関する明確な取決めを作成するため日本政府と討議を開始する」ことをあげ，米国議会に対し，プライス法の名で知られる「琉球列島における経済的，社会的発展の促進に関する法律」（1960年7月公法86-629号）を改正して，琉球列島への援助を増大することを要請し，「琉球住民に対する給与の水準ならびに公衆衛生，教育及び福祉の水準を，数年後には日本々

土の相当する地域での水準に達するよう引き上げるために，琉球諸島における新しい計画を支持する案」を提出する準備を行うとともに，沖縄に適用されている最高法規である大統領行政命令を改正して，琉球政府立法院が琉球政府の行政主席を指名して，米国民政府の民政官を文官とすることなどを発表した。

　この政策は，同年ただちに始動し，対沖縄経済援助費の増額とともに，琉球政府一般会計に占める米国の援助額も，1960年当時の約2倍に相当する482万ドルに増やされる一方，わずかながら，はじめて5万ドル余りの日本政府援助も行われるという形で展開した。琉球政府は，このような財政上の裏付けを得て，政府創立以来はじめて，社会保障の構造的課題を取り上げ，1963会計年度における行政主席の施政方針においても社会福祉関係諸法制の拡充整備をすすめる意向が示された。（沖縄の社会福祉25年・51頁）

3．日米協議委員会と技術委員会

　1964年4月，「琉球諸島に対する経済援助に関する協議委員会及び技術委員会の設置に関する日本国政府とアメリカ合衆国政府との間の交換公文」に基づいて，琉球諸島の経済開発ならびに琉球諸島の住民の福祉及び安寧を増進するするための，経済及び技術の援助を増進することについての協力に関して，両政府の政策を調整する目的で，日本側の外務大臣及び総理府総務長官とアメリカ側の駐日大使によって構成される「日米協議委員会」が設置された。それと同時に，その目的達成のために具体策の運営実施にともなって生じる問題を検討する目的で，琉球列島高等弁務官の指名する代表者1人及び，日本政府総理府総務長官が指名する代表者1人及び，琉球政府行政主席またはその代表者1人によって構成される「日米技術委員会」が発足した。その施策を反映するものの一つとして，日本政府の援助による公立保育所の設置が始まった。（沖縄の社会福祉25年・53頁）

4．日米首脳会談と社会福祉の増進

　1965年1月，佐藤・ジョンソン日米首脳会談がもたれ，これによって，沖縄

住民の安寧と福祉の向上のために，日米両国が引きつづき相当規模の経済援助を続けることで合意した。この共同声明によって，同年8月，総理大臣佐藤栄作の沖縄訪問が実現される段取りとなった。沖縄に第一歩を踏み入れた佐藤栄作は，那覇空港でのステートメントにおいて，沖縄においては，未だ社会福祉制度の整備が立ち遅れていることを指摘し，沖縄住民の福祉面の向上について，援助の飛躍的拡大をはかりたいという意図を明らかにした。さらに記者会見においても，「沖縄の社会保障制度はよほど遅れているので，どうしても進めなくてはいけない。」と所信を披瀝した。この佐藤首相の沖縄入りを契機として，沖縄での本格的な社会保障への取組みが開始された。

　1967年11月，第2次佐藤・ジョンソン日米首脳会談が行われ，「日米共同声明」が発表された。このなかで，佐藤首相は，「両国政府がここ両3年内に双方の満足しうる返還の時期について合意すべきであることを強調」し，首相，大統領とも「施政権が日本に回復されることとなる時に起こるであろう摩擦を最小限にするために，沖縄の住民とその制度の日本本土との一体化を進め，沖縄住民の経済的及び社会的福祉を増進する措置がとられるべきであることに意見が一致し」，「この目的のために那覇に，琉球列島高等弁務官に対する諮問委員会を設置することに合意した」と述べている。翌1968年には，これを受けて福祉関係諸法が集中的に制定された。（沖縄の社会福祉25年・56頁）

5．沖縄長期開発計画の策定

　1969年10月，琉球政府は民間専門家や学識経験者を委員に含む経済開発審議会を設置し「沖縄長期開発計画」の策定に着手し，翌70年7月にこれをまとめた。この計画の軸となる主要課題の一つに「社会開発」が取り上げられ，その重点として，①住宅と生活環境，②保健医療，③社会保険の3点が示されている。ここでは，戦後沖縄において社会開発のテンポは常に経済開発に遅れがちであり，その遅れが今後，経済開発の抑制要因として作用することを認識する必要があることを指摘している。経済開発は，幸せな県民生活を築くための手段にほかならないという認識を再確認し，調和のとれた社会開発に意を用い，

とくに住宅と生活環境，保健衛生，社会保障に重点が置かれなければならないとしている。

これを受けて，この計画の細目で策定された社会福祉の領域における施策としては，児童福祉，老人福祉，身障者福祉，精神薄弱者福祉対策，母子及び寡婦ならびに低所得者対策，生活保護，社会保険，婦人保護施設及び福祉会館の拡充，建設等があげられている。

経済開発計画の策定と前後して，琉球政府厚生局は施政権返還に向けて，1970年6月に「厚生行政概要1969年」をまとめた。この中で，当面する厚生行政の課題として，辺地医療の抜本対策，医療従事者とりわけ医師の確保，疾病対策の強化，保育所の増設，公的扶助の改善，老人対策，国民健康保険制度の実施，公害対策，保健施設の拡充など，長期的視野に立った施策が山積していることを指摘している。（厚生行政概要1969年・61頁）

6．福祉予算と日米の援助

琉球政府創立当時の1953年における総予算の中での米国政府援助比率は約30％であり，その後10年間に多少の起伏はあるが漸減を続け，はじめて0.1％の日本政府の援助がついた1962年度には，15％弱に低下している。一方，日本政府の援助比率は次第に高まり，1967年度には，米国の9.5％に対して15.9％となり，逆転している。そして，1969年度には24％と米国政府援助の2倍近くになり，1971年度予算額においては米国政府援助の6％に対して日本政府援助は34％と6倍に上昇し，琉球政府総予算の3分の1以上を占めることになった。このような動きの中で，社会福祉領域の予算の推移をみると，1961年度と69年度の対比では，公的扶助，社会保険，社会福祉，医療及び公衆衛生に関わる社会保障費の伸び率が約5.5倍となっている。ところが，この間の予算総額に占める社会保障関係費の比率は各年度ともおしなべて16〜14％程度で横ばい傾向を示している。一方，厚生局予算でみると1961年度から69年度までに5倍弱の伸びを見せているが，経済関係部局の6倍，総務企画関係部局の8倍に比較すると，厚生局予算は相対的には減少傾向をたどったことが指摘される。政

府総予算に占める厚生局予算は1961年の16.7％から69年度には14.8％と低下していることからも明らかである。(沖縄の社会福祉25年・64頁)

3節　住民福祉の展開

1．障害者福祉
(1)　占領下沖縄の身障者の実態

　占領下沖縄における身障者の実態調査は，身障者福祉法制定前に2回，制定後に5回の計7回実施された。第1回目は1950年に実施されたが，不十分なため翌年に調査要領などを作成し，第2回目の調査が行われた。第3回目は，1955年に実施され，その結果，肢体不自由者が身障者全体の66％を占めていることが判明した。1958年に実施された第4回目の調査では，福祉事務所が主体となって，福祉主事を動員して一斉調査が行われた。この調査では，障害の原因別では疾病によるものが52％と最も多く，次いで戦災によるものが11％となっていた。1960年に実施された第5回目の調査からは，政府の予算措置がなされ，調査員を雇って，身障者手帳の有無に関わらず，沖縄の全身障者を対象に行われた大がかりな調査となった。この調査では，身障者のうちの58％が就労しているが，そのほとんどは家事従事者で，雇用労働者はわずか4.6％にとどまっていることが明らかになり，身障者の労働市場への進出が如何に困難であるかを示していた。身障者手帳の所持状況も全身障者の19％にとどまっていた。これも身障者福祉法の趣旨が不徹底であることと，福祉事業の貧弱さが主な理由とみられていた。第6回目は1964年に実施された。この調査で，障害者の世帯を所得階級別にみると，大体1カ月20ドルから60ドル程度の収入の世帯が多かった。全琉球の世帯あたりの1カ月の収入が143ドル，支出が133ドルとなっており，身障者世帯の苦しい経済実態が示されていた。また，身障者のうち公的扶助を受給している者は29％で，被扶助者全体のうち48％を身障者が占めている。第7回目の調査は1967年に実施された。この調査では，義務教育以上の学校を修了しているべき年齢の者で，何らかの形で学校を修了した者は

71.5％で，不就学が28.5％と大きなウエイトを占めていた。介護を必要とする者は全体の33％あり，そのうち現に何らかの介護をうけている者は89.9％で，1割強の者が介護者がいないという状況にあった。（身体障害者福祉事業・216頁）

(2) 身体障害者福祉の沿革

沖縄群島政府は，在宅の身障者の処遇面についても，従来の一般的救済措置の他に，更生援護を目的とする補装具給付の計画をたてるが，予算の裏付けに窮した。そこで1950年の10月から年末にかけて，米軍関係者や民間映画劇場協会などの協賛を得て募金活動を行い，その寄付金と興行収入からの援助により，資金を確保した上で翌1951年7月に「身体障害者福祉委員会」を設置し，給付が開始された。これを契機として，次年度以降は，正式に群島政府予算に必要額が計上され業務が推進されるようになった。（我喜屋・40頁）

身障者福祉法は，このような一連の動きを背景として，生活保護法，児童福祉法などとともに，1953年11月に立法公布された。身障者の福祉を目的として制定されたが，当時の地域事情や専門的分野から，かなりの条文が削除され，その内容の実質的な水準は，低位なものにとどまっていた。

この法的な裏付けを得て，身障者福祉行政の整備が促進され，既設の「沖縄盲唖学校」は児童福祉法，身障者福祉法のそれぞれの立場から，「盲聾唖児施設」と「身障者更生援護施設」とに二分された。さらに1954年9月には，これらを教育と社会福祉の行政的見地にもとづいて，文教局主管の「沖縄盲聾学校」と社会局主管の「沖縄盲聾学園」に分割して機能の専門化をはかった。また，同年6月に制定された「身障者福祉法施行規則」にもとづいて補装具の給付と，身障者手帳の交付が行われた。9月には「身障者福祉審議会規則」の施行により，同審議会が発足した。法外援助としての，旅行船賃の割引措置もこの頃に実現した。

その他の政府施策として，1957年7月以降，更生医療が実施されたが，当初の立法にはその法的根拠が欠如しており，これらの規定が整備されるのは1960年の法改正によってであった。1960年10月には「身障者更生援護施設の整備及

び運営に関する基準」が制定され，1961年には「更生医療指定医療機関医療担当規定」が制定された。また，この年の8月には厚生局民生課に身障者福祉行政を所掌する「更生係」が新設された。

　身障者福祉関係の専門家が少ない沖縄では，同法に対する理解の薄さも手伝って身障者福祉における公的措置は，生活保護，児童福祉の場合に比較して立ち遅れた。これが本格化するのは1964年のパラリンピック大会選手団派遣以降のことである。これを契機に住民の同法に対する理解も深まり，身障者福祉予算も漸次増大の傾向に向かった。1965年には「肢体不自由者更生施設」が新設され，身障者の援護育成に実施の道を開くに至った。1966年には身障者の科学的な更生援護を進めるために「沖縄身障者更生相談所」が新設された。

　1967年には，身障者福祉法施行規則が一部改正され，各種判定業務を身障者更生相談所に，更生援護措置を福祉事務所に，それぞれ委任することになった。また，この年には，同法の円滑で適正な運用をはかり，身障者福祉行政の重要な指標となる「全琉身障者実態調査」も実施された。

　沖縄における身障者福祉行政の画期的な進展をもたらした契機は，身障者に対する更生援護の徹底を図るために，日本政府の援助により，琉球政府が1968年から1970年にかけて3カ年計画で沖縄全域で行った身障者巡回相談である。社会経済情勢の変化と医学，リハビリテーション技術の進歩等を考慮するとその内容において相当の立ち遅れがみられており，身障者のハンディキャップを出来るだけ軽減するための障害の種別，程度等に応じた福祉施策が求められていた。これら施策の目的は，社会復帰の促進にあるが，必要な時期に，必要なリハビリテーションを受けられるようなシステムの確立が課題とされた。身障者のうち，18歳以上の者を対象とする福祉施策は，身障者福祉法を中心にして行われており，1968年から3カ年計画で行われた日本政府と琉球政府による身障者巡回相談，及び1969年の身障者福祉法の大幅改正にともなう，福祉行政における総合的方策の樹立により，大幅な改善充実がはかられた。沖縄においても福祉対策の充実強化を図るため，1969年9月，身障者福祉法の大幅な改正が行われ，心臓，呼吸器機能の障害等を含める身障者の範囲の拡大，身障者相談

員，及び身障者家庭奉仕員制度の創設，更生援護施設入所者に対する更生訓練費の支給制度，通所制度の新設等にともなう予算措置も講じられた。（身体障害者福祉事業・211頁）

　(3)　身障者福祉施策
　　①　身障者手帳の交付
　身障者手帳の交付は，身障者福祉施策の出発点であり，各種の福祉措置は，この手帳の交付を受けた者について行われる。この手帳の交付を受けようとする者は，行政主席の指定する医師の診断が必要とされる。
　　②　相談指導
　福祉事務所は，身障者福祉行政の第一線機関であり，更生援護に関するあらゆる問題について相談指導を行い，必要に応じて更生援護施設への入所，更生医療の給付，その他，福祉措置を直接行い，あるいは公共職業安定所への紹介を行っている。更生相談所は，医学的，心理学的及び職能的判定の機関である。更生援護の措置は医学的更生と職業的更生の，それぞれの方策が一体となってはじめて効果をあげることができる。更生相談所においては科学的な判定と技術的な指導の中心機関として，福祉事務所と連携をとりながら更生援護にあたっている。身障者に対する更生援護の措置の徹底を図るために，1968年から3カ年計画で日本政府と琉球政府が一体となって巡回相談が実施されている。

　身障者の更生援護の相談に応じ，必要な指導を行うとともに，関係機関の業務に対する協力や，地域活動の中核となって援護思想の普及に努めるなど，きめの細かい活動をすることになっている。

　沖縄の身障者福祉法は，1953年11月に立法，施行されたが，法10条に規定された相談所の設置はなく，事務機関の分野だけで援護の実践がなされてきた。ところが，援護の科学性と実質性が強く求められるようになったことから，1966年8月の厚生局組織規則（規則130号）の一部改正により，相談所の設置が実現した。さらに1969年3月の身障者福祉法の改正により，相談所の設置が義務化された。相談所は，身障者の更生を援護するための科学的基礎となる医

学的，心理学的，社会学的，及び職業能力等の判定専門機関であり，さらに判定結果にもとづいた技術的指導を行う，身障者福祉行政及び援護の中枢現業機関である。一方，精神薄弱者福祉法が1969年9月に立法され，1970年1月に施行されたことから，法8条に基づく精神薄弱者更生相談所の業務も，あわせて行うことになったため，機構改革が行われ（厚生局組織規則175条），身障者福祉法と精神薄弱者福祉法の二法の中枢機関として援護の実践にあたっている。（障害者福祉事業・235頁）

　　③　更生医療の給付

　身障者の職業能力を増進させ，または日常生活を容易ならしめるために身体の機能障害部位に対して行われるのが更生医療である。その意味で，疾病に対して行われる治療的医療とは区別される。高度の医学的技術を駆使して行われ，行政首席の指定を受けた専門的医療機関がこれにあたる。

　　④　身障者家庭奉仕員

　独自で生活を営むことが困難な在宅の身障者を訪問し，洗濯，清掃，買い物，炊事などの日常生活の介護サービスを供与することにより，身障者の生活安定に寄与するために家庭奉仕員を派遣し，福祉の充実を図っている。事業の実施主体は市町村であり，政府の補助事業となっている。

　　⑤　身障者のスポーツ及び地域活動

　日頃，運動の機会に恵まれない身障者は，どうしても体力が弱くなりがちである。身障者のスポーツを振興することは，その健康の増進を図るうえで極めて重要である。さらに社会適応性の付与や更生意欲の増進に効果があり，一般の身障者福祉に関する理解を深めることも期待される。また身障者の地域活動は，各種訓練，研究会等を具体的内容とする。とかく家庭に引きこもりがちな身障者が，積極的に社会のあらゆる活動に参加するようになるとともに，更生援護の機関とも接触しやすくなるなどの効果が期待される。

　　⑥　身障者更生援護施設

　身障者更生援護施設において，集中的に訓練等を行うことは，身障者の社会復帰を促進する上で，きわめて有効な方法である。比較的短期間に直接社会復

帰を図ることを目的として機能訓練，職能訓練を集中的に行う身障者更生指導所がある。ほかに，重度の肢体不自由者を収容して，日常生活能力の回復向上のために基礎的訓練を行う施設である，重度身障者更生援護施設がある。また，ある程度の作業能力がありながら特別の設備等を準備しなければ，就業できない重度の身障者を対象として重度身障者授産施設がある。

これらの施設は，社会的自立更生をはかろうとする熱意ある者を収容し，医学的な管理のもとに残存能力の回復訓練とあわせて必要な職業訓練を実施し，社会復帰のための実績をあげている。次第に入所者の障害程度が重度化していく傾向にあり，これに応じた施設の整備改善を行うとともに，指導体制の充実，訓練科目や，収容期間の延長が検討されている。（障害者福祉事業・234頁）

(4) 他の制度による福祉措置

身障者の福祉施策は，身障者福祉法によるものの他にも，種々の制度によって行われている。各種公的年金制度による障害年金の支給，所得税，物品税，地方税その他における税制上の優遇措置，世帯更生資金貸付制度における身障者更生資金貸付け，運賃・船賃の割引，放送受信料の減免，自動車税の免除，点字郵便物の郵便料金の免除等がある。また身障者の雇用促進については，労働行政の一環として，職業訓練，職場適応訓練，訓練手当の支給，その他種々の施策が進められた。

① 沖縄身障者更生指導所

身障者福祉法に基づいて設置されたもので，失明者，聾唖者，肢体不自由者，重度身障者を収容し，その更生に必要な知識，技能，機能回復訓練を与え，社会経済活動に参加させることを目的とする施設である。職業的更生による経済的独立を訓練目標として，社会人としての教養を高めるほか，能力の開発と，職業の開拓をはかり，社会復帰を容易にするために，肢体不自由者の自動車操作訓練の事業も行っている。退所後の職業開拓，斡旋等も配慮がもとめられており，身障者雇用促進法の効果的実施が望まれていた。1969年6月，立法45号（身体障害者雇用促進法）が制定され，翌1970年7月から施行された。これは雇用対策の一環として，とくに身体障害者の職業の安定をはかることを目

的として実施されたものである。

　　②　沖縄身障者職業指導所

　沖縄身障者職業指導所は、社会福祉事業法58条5項にもとづく身障者収容授産施設である。身障者を単に社会的同情と生活保護法の消極的援助にのみ依存せしめないで、残された能力を十分に開発して、適切な職場に就職し、社会的経済活動に参加することは、社会一般にとって大きな課題である。この指導所では、身障者福祉法18条2項にもとづいて、雇用されることが困難なものや生活困窮者を収容して、生活指導と職業教育を施し、生活能力に対する自信と積極的な更生意欲を高め、あわせて情操の涵養と、社会環境に即応できる人格の啓発に努めている。修了生の社会復帰の比率は高く、そのほとんどが、何らかの職について働いていた。(障害者福祉事業・245頁)

　　③　身障者団体連合会

　1953年11月に身障者福祉法が制定公布されたが、その後10年ほどは、ほとんど見るべき施策もなく、法の理念がまったく生かされない状態にあった。このことは政府財政の貧困に大きく起因するものではあるが、一面で、身障者の側での意欲と努力の欠如もまたその一因として挙げられている。その中で、身障者相互の意思統一をはかり、推進の中心母体となるべき強力な組織の結成が必要であるとして、1963年2月、那覇市において沖縄身障者団体連合会の結成大会が開かれた。その年の10月に第2種社会福祉事業の届出を行い、身障者の育成指導と相談事業にあたった。当初、一般の認識と協力は多くはなかった。1964年のパラリンピック大会選手団派遣と多数のメダル獲得以降、身障者福祉に対する関心も高まり、1965年度からは政府補助金も交付され、政府の補助事業団体として認められた。1968年5月には視覚障害、聴覚障害、肢体不自由の全障害者を対象とする沖縄身障者福祉協会として発足することになった。(沖縄の社会福祉40年の歩み・77頁)

２．高齢者福祉

　国連統計（Demographic Yearbook 1969, U.N.）によると、1963年における

第5章　住民福祉の制度

沖縄の平均寿命は，男が68.9歳，女が75.6歳となっており，北欧諸国に次いで女が4位，男も5位となっていた。沖縄の老人も欧米諸国なみの長生きになっていた。この平均寿命の伸びは老人人口の増加を招き，出生率の低下と相まって人口の老齢化の大きな要因となっていた。老人人口が急激に増え，人口構造の上で大きな社会層を形成しつつあるが，一方で，老人が安心して余生をすごすには，沖縄の社会は余りにも複雑な様相を呈していた。（老人福祉事業・259頁）

(1)　占領下沖縄の高齢者の状況

戦後の老人にとって最も大きな打撃は，家族制度の廃止であった。精神面でも，また経済面でも老人問題の大きな要因となった。戦前においては民法により家族制度が確立しており，その中で老人は生活の保障から仕事まできちんと与えられていた。戦後，民主化の波の中で家族制度は，前時代的な制度として廃棄された。「家」を廃止した新民法が施行されたのは1957年1月1日であった。新民法の趣旨が徹底され，家族のあり方も変わっていくと，次第に老人が取り残される傾向がでてきた。

産業構造の変化にともなう人口の都市集中，とりわけ若年層の都市への流出は経済的にも，また精神的にも，老人を孤立させる大きな原因となっている。老人人口の割合は北部において，全琉平均を大きく上回って高率となっている。人口の都市集中は，家族制度の廃止とともに私的扶養の減退の最も大きな原因となっている。都市に流出していく若年中年層の場合，単身のうちはともかく，いったん家族を構えると，その生活を賄うだけで精一杯で，親元への仕送りの余裕はとてもないという現状がある。郷里に残された老人はわずかばかりの畑を耕し糊口を凌ぐ，生活保護を受けて生活するしかない状態に置かれている。

(2)　占領下の老人福祉事業

沖縄において，老人福祉問題が積極的に取り上げられるようになったのは，1959年9月，沖縄社会福祉協議会の提唱によって，はじめて「年寄りの日」が設定されてからのことである。それまでは，生活保護法によって，身寄りのな

い老人を収容，保護することが唯一の福祉事業であった。終戦直後から生活保護法が制定された1953年までの時期は，米軍と民政府の戦災による孤老の収容保護が中心であった。生活保護法の制定から1959年の「年寄りの日」の制定までは，生活保護法による収容保護がなされていた。生活保護法による養老施設では，老衰のため独立して日常生活を営むことのできない要保護者に対して，生活扶助を行っていた。住民の祝日として「年寄りの日」が制定されて以降，老人クラブの結成や，市町村における老齢見舞金制度の実施など，老人福祉に対する住民の関心が活発に盛り上がり，1966年の老人福祉法の制定へとつながる。老人福祉法の制定以降は，老人福祉が政府の施策のなかに積極的に取り上げられることになる。

　1964年の第8回全沖縄社会福祉大会の決議にもとづいて行政府及び立法院に対する老人福祉法の早期立法化の要請が行われた。行政府も調査研究と並行して，立法勧告の準備に着手し，1965年に勧告を行う体制を整えた。同年の総選挙において各党の公約としてこれが取り上げられたこともあり，老人福祉法案は1966年の立法院第31回定例議会で全会一致で可決され，9月の「年寄りの日」を期して施行されることになった。（老人福祉事業・267頁）

　⑶　老人福祉法

　老人福祉法は，総則，福祉の措置，老人福祉施設，費用，及び雑則の5章28条からなり，附則に，経過規定及び関連法の一部改正等が定められている。

　　①　目的及び原理

　法1条において，老人の福祉に関する原理を明らかにするとともに，老人に対し，その心身の健康保持及び生活の安定に必要な措置を講じ，もって老人福祉を図ることを，法の目的としてうたっている。法2条及び3条ではその原理が示されており，4条において政府及び市町村の老人福祉を増進する責務が規定されている。

　　②　老人福祉の措置

　老人福祉の措置としては，健康審査，老人ホームへの収容，老人家庭奉仕員による世話，老人福祉増進のための事業の4つが規定されている。健康審査に

ついては市町村長にその実施の責任が負わされ，その結果について必要な指導を行わなければならないことになった。費用は政府と市町村で分担され，全額公費負担となっている。老人ホームへの収容等については，社会福祉主事の指導とともに，養護老人ホーム，特別養護老人ホームへの収容等が規定されている。老人家庭奉仕員による世話については，老人ホームへの収容措置に代わる役割を担うもので，老人の家庭に家庭奉仕員を派遣して身辺の世話を見ようというものである。公費負担により社会福祉法人等の団体へ委託することができる。老人福祉増進のための事業については，市町村が，老人の心身の保持に資するために，老人が自主的かつ積極的に参加できる事業を実施するように努めることになっている。また，この目的の事業を実施するものに対して適当な援助も行われる。

③ 老人福祉施設

老人福祉法の定める老人福祉施設は，養護老人ホーム，特別養護老人ホーム，軽費老人ホーム，及び老人福祉センターの4種類がある。軽費老人ホームは，無料または低額な料金で老人を収容し，給食その他日常生活上必要な便宜を供与することを目的とした施設である。また老人福祉センターは，老人に対して各種の相談に応じるとともに，健康の増進，教養の向上及びレクリェーションのための便宜を総合的に供与することを目的とする。この他の施設として，雑則の中で有料老人ホームの設置が認められている。

1966年，老人福祉法の制定施行により，法的にその理念，目的が明らかにされ，それにもとづいて積極的な行政の取組みがみられた。とくに老人福祉センターや老人ホームは，急ピッチでその建設が進められた。1969年から70年にかけて，沖縄社会福祉協議会が政府の補助を受けて，コザ及び名護に老人福祉センターを開設し，また1970年度予算では老人ホーム名護厚生園が設置された。これまで生活保護法の中で扱われていた養老施設は，老人福祉法の施行により，すべてこのなかに移され，養護老人ホームないし特別養護老人ホームの名称で運営されることになった。（老人福祉事業・269頁）

3．女性福祉

第1回全沖縄教育研究大会における各地区環境調査班の調査研究（1953年）の報告は，売春婦の及ぼす影響と，これに対する対策とを示している。コザ地区の調査結果からは，売春婦に対して肯定的な評価を与える児童，生徒の比率がことのほか高く，身近な生活のなかの存在であることが明らかになった。対策としては，子どもを守る会の強化や，学校における職業指導及び生活指導の徹底，訪問教師の増員，軍民協力の下での社会浄化などがあげられている。これらの施策は，いずれも内容が消極的で，教育の領域にとどまったものであり，社会事業としての施策はみられなかった。

戦後，沖縄においては，売春に関する取締法令は多数あったが，取締が中心であったことに加え，一般住民の関心もうすく，警察も，その陣容の問題や，軍人軍属に対する捜査権，逮捕権など困難な問題をかかえていたこともあり，これらの法令をうまく活用することができなかった。（婦人保護事業・300頁）

(1) 占領下の婦人保護事業

1947年3月，軍政府特別布告14号「占領軍人への売淫禁止」，同15号「花柳病取締」，同16号「婦女子の性的奴隷制の禁止」，布令144号「米国軍人軍属の売春禁止」のほか，1953年に民立法として制定された「婦女に売淫させる者等の処罰に関する立法」などの関係立法があったが，これらは婦人保護の面は形ばかりで，米軍人への病気感染を防ぐための取締立法であった。売春の根を断つためには，これによって利得を得ようとする業者に対する取締と相まって，婦人の更生保護が売春防止の根幹となっている必要があった。

特別布告15号「花柳病取締」の内容は，「性病取締」であって性病予防法の原型をなすもので，民政府に対して花柳病診療所及び病院の設置を義務づけ，医師以外の者にも報告義務を課している。強制執行に関する規定や罰則も設けられている。特別布告16号「婦女子の性的奴隷制の禁止」は，その前文において，淫行ならびに娼業の目的をもって，寄る辺なき婦女子を搾取することを禁じている。これは管理売春や人身売買的な年季奉公の禁止，及び周旋屋を禁ずることが目的であり，婦女子の更生指導については省みられていなかった。

これらの布告の効果は期待されるほどのものではなく，米兵を相手とする売春婦も巧妙な手段を考え出し，不特定，多数を相手としないハーニーとかオンリーと称する者が増加した。このような状況に業を煮やした米軍政府当局は，きわめて非民主的な特別布告28号「琉球住民と占領軍軍人との結婚」を1948年4月に公布し，琉球住民と米国軍人の結婚は一切罷り成らぬとした。これは，婚約，結婚，婚姻届の受理，結婚式の参与のすべてを不法とした。この布告は，恋愛の自由を束縛するほか，人種差別等，人権面での問題も含み，悪評が高く，同年の8月には廃止となった。

　これらの布告のほとんどは，1949年6月の布告33号によって廃止となった。布告の廃止にともなって，これら布告の内容も含めた「集成刑法」と呼ばれる「刑法並びに訴訟手続法典」が1955年に米国民政府布令144号として公布された。

　1952年に琉球政府が発足すると，「風俗営業取締法」が制定され，翌1953年には「婦女に売淫させた者の処罰に関する立法」及び「旅館業法」が公布された。風俗営業取締法は，法4条の善良の風俗を害するおそれがあるときの営業許可の取消，営業の停止，などの規定が売春防止に役立った。また，旅館業法，児童福祉法36条，労働基準法（1953年立法44号）5条，職業安定法（1954年立法61号）55条，性病予防法（1962年立法37号）30条，31条なども，売春防止のために側面的に重要な役割を果たした。さらに，集成刑法の第2部4章は，道徳に反する罪を規定している。この道徳に反する罪とは売春を意味している。
（婦人保護事業・295頁）

　　(2)　沖縄における売春防止法の制定

　沖縄の売春防止運動は1950年の一時期，沖縄婦人連合会を中心に活発に行われた。戦後の混乱がつづき，基地周辺では民家の一室を借りての自由売春がはびこるという状況をふまえてのものであった。しかし，この運動の成果はなかなか上がらなかった。

　その後，この運動は下火となり，ふたたび運動が起こったのは1958年のことである。沖縄婦人連合会は，米国民政府バージャー民政官及び琉球政府の当間

重剛行政主席に対し，沖縄においても，青少年の非行防止の上からも売春防止法の制定について検討することを要請した。3年後の1961年5月にも同法の立法要請を行っている。これらの要請は，いずれも青少年の非行化防止を主な理由としていた。（外間・72頁）

1958年，沖縄婦人連合会の大会で，「売春防止法の立法について研究，対策を早急に講じること」を政府に要請した。これが戦後，最初の売春問題についての要請である。政府及び立法院とも，ドル獲得の大半は売春と飲食等によるものであること，売春がなくなると一般婦女子の不安が大きくなることなどの要因から，時期尚早であるという態度をとった。しかし，1961年，売春と暴力団の結び付きや，前借金にからんだ売春の強要事件が多発し，売春の実態が明らかになるとともに大きな社会問題となる。（婦人保護20年の歩み・5頁）

1961年6月，米国民政府の招聘で日本の国会議員が沖縄を訪問した。この中に市川房枝参議院議員がいた。市川は，沖縄婦人連合会での講演において，売春防止法が女性の人権を守るための法であり，女性の人権を擁護することの重要性を強調し，沖縄でも早期に法が制定されることを求めて運動を続けるよう訴えた。これ以降，沖縄の運動においても，女性の人権の確立という視点が強調されるようになった。

1962年5月，「全琉福祉大会」で，売春防止法の立法要請が決議され，この運動に福祉団体，教育団体も加わることになった。同年11月，来沖した市川は琉球政府行政主席松岡政保と会見し，売春防止法の立法化を要請した。翌1963年には，沖縄婦人団体連絡協議会が結成され，この運動の中核となっていった。

1963年2月，キャラウェイ高等弁務官は，立法院の定例議会にメッセージを送り，その中で売春防止法の立法化を要請した。翌1964年9月，立法院は売春対策に関する重要事項を審議するための「売春対策審議会」設置規則（1964年規則132号）を公布した。1965年1月，第1回の売春対策審議会が開催され，売春防止法案の審議，売春の実態把握のための調査の実施，などが検討された。同年2月には，行政主席から，立法施行後に予想される社会的混乱とその

対策，管理売春業者の転業，廃業及び特殊婦人の保護更生について考慮すべき点などについて諮問がなされた。1969年3月に，審議会はすべての審議を終了し，答申事項を決定した。同年6月に，第40回立法院定例議会に立法勧告がなされた。しかし会期の都合で継続審議となった。

1969年から70年にかけて，施政権返還の日程がのぼる中で，売春防止法制定の気運も高まり，婦人団体，福祉団体，教育団体そして人権協会なども，琉球政府や立法院に対し波状要請を繰り返し，また日本の国会においても市川議員らが沖縄の売春問題について，佐藤総理大臣に質問するなどの動きの中で，マスコミもこれを大きく取り上げ，世論も盛り上がり，1970年6月，立法院において成立を見ることになった。しかし，この法律の完全施行は1972年5月を待たなければならなかった。

売春防止法は，1970年6月の立法院本会議で可決成立したが，その施行は段階的になされた。総則に関する部分（第1章）は，同年7月から施行されたもの，婦人相談所，婦人相談員及び婦人保護施設の設置（第4章）は1972年1月の施行となった。さらに勧誘，周旋，困惑等による売春及び，場所の提供等に関する処分（第2章）及び，補導処分（第3章）は1972年7月の施行とされた。

1970年7月には，日本政府厚生省の係官が沖縄に派遣され，売春対策に関する調査と指導が行われた。同年8月には琉球政府厚生局民政課長が，婦人保護事業の研修受講のため日本政府厚生省に派遣された。また，日本政府は厚生，法務，労働の各省と総理府，警察庁の担当官からなる調査団を沖縄に派遣し，売春対策の指導を行っている。

沖縄の婦人団体，福祉団体が早期制定を訴え続けてきたこの立法は，基地沖縄の特殊な社会，経済事情と関連諸制度の不備により，その成立が遅滞してきた。琉球政府が1969年に行った調査によると，7000人を越える売春婦と判断される者が存在していた。政府は対策本部を設置して，法の趣旨の普及，徹底をはかることになった。（我喜屋「社会福祉」・59頁）

(3) 売春対策審議会の活動

1964年9月，政府は，学識経験者の意見を取り入れ，売春対策に関する重要

事項の調査審議を行うために,「売春対策審議会設置規則」(1964年規則132号)を公布した。翌65年1月の第1回の会議において,委員から沖縄における売春の実態を把握するための調査を実施すべき旨の意見があり,全委員がその必要性を認めたため,事務局に実態調査の実施を指示することとなった。これを受けて,事務局は4回にわたって調査を実施している。第1回(1965年)の調査は,地域確認のための業者と特殊婦人からの事情聴取が主なものであり,第2回(1966年)は場所提供者を中心に,第3回(1967年)は外人関係,第4回(1968年)は管理売春と自由売春の実態について調査を行っている。

　1965年2月,行政主席から,同審議会に対して諮問第1号として,立法施行後に予想される社会的混乱とその対策,及び管理売春業者の転業,廃業,特殊婦人の保護更生について考慮すべき点について諮問が行われた。その後,1969年3月に行政主席からの再諮問があり,その年の5月,同審議会は答申を行っている。このなかで,売春婦の保護,更生問題について,職業安定法,生活保護法等による婦人保護施設の活用とその強化,関係機関の緊密化,婦人補導員,婦人相談所,相談員の設置,要保護女子の早期発見,転落防止,並びに保護更生の対策を樹立することとしている。婦人相談所や婦人保護施設その他市町村の支弁する費用については,政府がその10分の8を負担するものとしている。

　政府は,以上の答申をうけて1969年6月に売春防止法の立法勧告を第40回立法院定例議会に立法勧告を行った。しかし,この年は継続審議となり,翌1970年7月の定例議会において可決成立した。(婦人保護事業・301頁)

　売春はその性格からして,実態を把握することは困難で,当時の実態を明らかにする調査は,1969年3月の法務局の依頼により警察局が行ったもの以外はない。売春婦の存在は,22市町村にわたり,風俗営業,飲食店,旅館を中心に7385人に達している。そのうちの38%は那覇市に,25%がコザ市に集中している。売春の形態については,単純売春といっても第三者が介在せず,個人で自由に取引するケースはきわめてまれで,管理売春でない場合でも「ひも」「媒介」等が存在しているのが普通である。一見,自由意思で売春を行っているよ

うに見えても，その実態は業者によって搾取され，前借金は雪だるまのように増えるように仕組まれている。稼ぎは搾取的な歩合制がとられ，人身の自由を拘束され，容易には抜け出せない前近代的な前借金制度がとられている。（婦人保護事業・304頁）

　⑷　法制定後の政府の施策

　1970年7月，法の公布後，その主管を法務局から厚生局に移し，この立法の主軸をなす保護更生対策と未然防止対策を強化することになった。そこでは行政主席を中心とする「売春防止対策本部」が設置され，副本部長を副主席として，総務，厚生，法務，警察，労働，文教，通産，企画の各局長と検事長を部員とする，行政府総出の売春防止活動が開始された。その主な任務は，法の趣旨の啓蒙と諸施策の推進を図ることにあり，関係機関の対策の実施にあたっての連絡を密にし，総合調整を行うことにある。1970年12月の対策本部会議において「売春防止法全面施行までの間における措置要綱」が決定され，行政各般のなかで売春対策を強力に推進することになった。この要綱において，未然防止措置に関して困窮家庭に対する生活相談や各種生活資金の貸付制度の強化が，また保護厚生に関して婦人保護施設の建設，婦人相談員の配置，婦人更生資金貸付制度の創設などの施策が定められた。

　1971年6月，民間の側から対策を推進するための非常勤の特別職として，7名の「売春対策推進委員」が任命された。その主な任務は，担当地区内の要保護女子の保護更生，及び関係業者の転業についての適切な相談，助言，及び指導を行うことにある。

　「婦人相談員」は売春防止法35条にもとづく制度であり，非常勤の公務員である。その職務の特殊性から，資格要件は厳しく，とくに社会的信望があり，熱意と識見を有する，30歳以上の心身健康で活動力に富んだ者のなかから選考することになっている。その職務の内容は，要保護女子の発見，面接，訪問調査，指導等の業務，並びに収容保護，就職の助成等について，関係機関や施設に連絡，斡旋を行うほか，前借金問題その他環境調整についても相談指導するものとされている。その他，地域の各種団体との連絡を密にし，積極的に啓蒙

活動を実施する第一線機関である。この相談員は，各地区の福祉事務所に配置された。

「婦人相談所」は，法34条に基づいて政府が設置するもので，売春を行うおそれのある女子の保護更生を目的としている。そこでは諸問題の相談に応じ，必要な調査，医学的，心理学的，職能的判定と，指導を行い，また一時保護も行うことになっている。

「婦人保護施設」は，要保護女子で身寄りのない者，すぐに居宅に帰れない者などを収容保護し，これに生活指導，職業指導等を行うことによって，自立更生を図ることを目的としている。そこでは簡単な授産や就職の支援なども行われ社会適応ができるよう訓練指導がなされる。

「婦人更生貸付金制度」は，自立更生の意欲が認められる者に対して，資金の貸付を行うことにより，経済的自立を促し，その転落の防止と保護更生を図ることを目的としている。貸付の申し込みは，各福祉事務所の相談員を通じて行い，貸付の決定などについては，沖縄社会福祉協議会に委託している。（婦人保護事業・307頁）

まとめ

考察の対象とした占領下沖縄の社会福祉は，終戦後の米軍による「島ぐるみ救済」を端緒としつつ，住民からの働きかけと，それを受けた民政府の対応，それに対する軍政府の支援などによって，動きだした。群島政府の成立は社会福祉の「近代化」を大きく推進し，さらに琉球政府の誕生以降は，関係法制の整備が進んだ。日本のシステムを参考にしながらも，沖縄独自の状況を踏まえた制度形成が進行した。沖縄をめぐる国際情勢の変化は占領政策にも大きな影響を与えたが，米国における新しいタイプの指導者の登場は，沖縄住民の福祉にも大きな変化をもたらすことになった。沖縄，アメリカ，日本の3者が相互に関与するなかで，新しい福祉社会の形成に向けた動きが始まることになった。社会福祉の実態面では，戦後初めて訪沖した日本首相佐藤栄作が「よほど

遅れている」と述べた通り，本土との格差があったが，各々の領域での関係者の地道な努力と取組みから学ぶべきものは少なくない。

参考文献・資料

我喜屋良一「社会福祉」沖縄社会福祉協議会『沖縄の社会福祉25年』第1部第3章
『沖縄の社会福祉40年の歩み』沖縄県社会福祉協議会（1986年）
『沖縄長期開発計画』琉球政府・経済開発審議会（1970年7月）
『厚生行政概要1969年』琉球政府厚生局（1970年6月）
「身体障害者福祉事業」沖縄社会福祉協議会『沖縄の社会福祉25年』第2部第4章
「老人福祉事業」沖縄社会福祉協議会『沖縄の社会福祉25年』第2部第5章
「婦人保護事業」沖縄社会福祉協議会『沖縄の社会福祉25年』第2部第7章
『婦人保護20年の歩み』沖縄県婦人相談所（平成5年4月）
外間米子「市川房枝さんと沖縄における売春防止法制定運動」沖縄県婦人相談所『婦人保護20年の歩み』（平成5年4月）
上原栄子『辻の華』時事通信社（昭和51年）
我喜屋良一「沖縄における社会福祉主事の実態と問題」琉球大学文理学部紀要社会編11号（昭和42年）
川添雅由「沖縄における福祉事務所現業職員（社会福祉主事）の動態について」琉球大学法文学部紀要社会編19号（1977年）
我喜屋良一『沖縄における社会福祉の形成と展開』沖縄社会福祉協議会（平成6年）
Summation of United States Army Military Government Activities in the Ryukyu Islands No 1 July–November 1946, Commander-in-Chief United States Army Forces Pacific, Papers of James Watkins, p.7.
Summation of United States Army Military Government Activities in the Ryukyu Islands No 1 July–November 1946, Commander-in-Chief United States Army Forces Pacific, Papers of James Watkins, p.47.
Summation of United States Army Military Government Activities in the Ryukyu Islands No.12 July–August 1948, Commander-in-Chief Far East, Papers of James Watkins, p.63.
Civil Affairs Activities in the Ryukyu Islands, 1 october 1960–31 march 1961, vol Ⅸ, no.1, United States Civil Administration of the Ryukyu Islands, p.192.

第6章

高齢者の所得保障

　戦後の沖縄における所得保障制度の整備は，日本本土に比べて相当に遅れた。米国民政府の統治下にあって，沖縄の年金システムは，米国民政府のアドバイスの下で公務員退職年金制度から，その整備が進められることになった。一方で，住民のレベルでも高齢者を中心とした草の根の活動の中から，高齢福祉年金の制度化への気運が高まり，これが「住民皆年金」への端緒となったことも見逃せない。ここでは占領下の沖縄における年金制度の整備の過程を検討する。

1節　老齢福祉年金

1．老齢福祉年金の端緒

(1)　老齢福祉年金獲得運動

　老齢福祉年金獲得運動は，沖縄の社会福祉協議会が中心となって推進した活動であるが，沖縄の所得保障制度の形成過程の中で大きな意義を持つものと思われる。

　沖縄の老人を対象に老齢福祉年金が支給されるようになったのは，1967年9月からで，日本本土に遅れること8年目のことである。老齢福祉年金の実現のために，社会福祉協議会と沖縄の老人クラブ連合会が果たした役割は大きい。

　1962年10月，東京で開催された全国社会福祉大会に，社会福祉協議会が4名の代表を派遣して，この問題を訴えたことがこの運動の端緒となっている。日本本土においては1959年11月から，無拠出の老齢福祉年金の支給が始まった

が，この年の9月，沖縄の社会福祉協議会は「年寄りの日，年寄りの福祉週間」を設定し老人福祉の運動を開始した。その後1961年に立法院は社会福祉協議会の働きかけをうけて，「住民の祝日に関する法律」の立法に際して「年寄りの日」を法定祝日にした。これは，本土よりも5年早い立法化であった。

　この年，社会福祉協議会のリーダーシップの下に，各地に老人クラブが誕生した。親睦団体としての老人の集いは早くから各地にあったが，老人福祉の目的と意識を持った団体は初めてのものである。敬老見舞金の設置を呼びかけるとともに，敬老思想の普及もめざしていた。敬老見舞金設置の運動は敬老思想の高揚にとどまらず，老齢福祉年金の促進と老齢年金制度実現の橋頭堡としての意味合いをもっていた。敬老見舞金は75歳または80歳以上の老齢者に対して，年間僅か3ドルから10ドル程度の金額であったが，1961年度中に読谷，東風平など4カ村で実施されるようになった。

　1962年には老人クラブの数も30を超えたので，社会福祉協議会は関係者に呼びかけて，この年の9月に老人クラブ連合会を結成した。連合会の結成を契機として老齢年金に関する運動の主体は，社会福祉協議会から老人クラブ連合会に移っていた。このような運動の盛り上がりに対して，政府や立法院は財源難を理由として明確な回答を与えようとしなかった。また立法院の議員の中には，もとより社会保障的な施策について関心を持ち合わせていないと思われる人もいた。

　当時，この福祉年金をめぐっては関係者の間でいろいろな思惑があった。そこで社会福祉協議会では，福祉年金の中でとくに老齢年金を優先する論拠，そして他の福祉年金との関連をどのように調整するかが問題になった。老齢福祉年金をまず推進する理由として次のような事柄があげられていた。

① 　すべての福祉年金を実施した場合，生活保護費を上回る200万ドル以上の資金を必要とすることになり，財源上の困難が大きいので，まず老齢福祉年金を一つの突破口として実現して，その後，他の福祉年金を続行させることが無理のない方法である。

② 　他の福祉年金，とくに障害年金や母子年金の場合，年金の査定のための

実態調査が行われておらず，これに歩調をあわせると，老齢福祉年金の実施が相当に遅れるおそれがある。
③　沖縄の老人は大戦末期，本土防衛の楯として働き，多くの財産を失い，終戦後の混乱期には，すでに老齢期を迎えており，働こうにも働けず，その上に国策に協力して購入した国債，証券，預貯金は封鎖され，経済的にも精神的にもきわめて不遇な状況におかれていた。老齢福祉年金の導入をこれ以上引き延ばすことは許されない。

以上のような考え方が根拠となって，まず老齢福祉年金の実現に万全を期そうということになった。

(2)　本土政府への陳情

老人クラブ連合会が結成されてから3年目の1965年9月に，13名のメンバーからなる陳情団が日本本土に向かった。那覇港から，ひめゆり丸で鹿児島に向かい翌日，急行霧島号で一昼夜以上を座席に着席したまま東京に到着した。老人達には過酷な旅であった。この陳情に対する日本政府の対応は以下の通りである。「日本政府の当然の責任において早急に実現したい。しかし，次年度の援助予算はすでに教育費を重点とすることに日米協議会で決定を見ている。その次の年度予算で是非要望に添うよう努力したい。」というのが大臣や与党首脳の一致した回答であった。また与党沖縄対策委員会では「予算の都合で出来なければ，お年玉年賀はがき配分のようなものからでも，すぐに要望に添うよう努力してもらいたい」という強い意見もあった。また厚生省年金局長は「本土政府では，早急に援助したい気運にあるので，琉球政府が，その援助を受け入れる制度をつくるのが急務である。」と忠告した。

このことについて参議院議員黒木利克（前厚生省家庭児童局長）は，「内容的には，本土の老齢年金と同じような敬老見舞金を制度化する。そして何年か後，国民年金ができた場合，それをそのまま吸収する」という方法を教示した。これならば当時の沖縄の諸条件を満たす適切な方法であり，年金局長の考え方にも対応できるものであると考えられた。当時，日本本土における福祉年金は，老齢，母子，障害，準母子の4種類からなっていたが，老齢福祉年金の

みは，他の福祉年金とその性格をいささか異にする点があった。老齢福祉年金は「過渡的制度」であって，拠出制の年金が軌道に乗れば自然になくなる性格のもので，国民年金法のできるまでの暫定措置であって，他の福祉年金と一緒に制度化しなくてはならないというものではない。

陳情団は，本土政府や与党の首脳だけでなく，報道各社や社会党沖縄対策委員会に対しても幅広い運動を行った。また，この間に東京で開催されていた全国社会福祉会議にも出席して，この問題を提起し，部会及び総会で重要議題として取り扱われ，全国の関係者がその実現に努力する旨の決議がなされた。陳情団は10日間の東京滞在を終えて，新幹線で大阪に向かい瀬戸内を経て，別府，鹿児島経由で海路，那覇に戻った。この陳情を通じて，日本政府首脳の考え方を確かめるとともに，全国の関係者の関心を高めることができた。また今後の運動の進め方がより具体化してきた。（沖社協三十年のあゆみ）

(3) 那覇市議会の要請決議

1965年10月12日，那覇市議会は，市議会副議長名で琉球政府行政主席に対し，同年9月30日開催の第76回那覇市定例議会において決議された「老齢年金制度早期制定に関する要請決議」を送付している。

この要請決議書によれば，平均寿命の著しい伸長に伴い，老齢人口は年々増加の一途をたどっているが，反面で，戦後の家族制度の変遷や私的扶養の後退，その他就労構造の変化と技術の発達による老齢者の就労の困難など，社会経済の変動は老人の生活を一層不安定なものにしている。現に老人の中には所得がないために最低限度の生活さえ自力で維持できない者も多い。希望がなく不安な老後を送っている。老人問題は大きな社会問題として「社会の連帯責任」による老後の生活保障と，その福祉対策の確立が最も強く要請されている。このような現状にかんがみ，琉球政府において社会保障制度の基本というべき老齢年金制度を早急に制定することを要請している。

(4) 受け皿としての暫定措置

沖縄で，国民年金法ができるまでの暫定措置として，老齢福祉年金に準じた何らかの制度，すなわち日本政府援助の受け皿を作らなければならない。そこ

で沖縄において再び運動をおこし，琉球政府や立法院で採り上げるように強力な働きかけが必要となった。しかし，琉球政府は1970年度に老齢や各種福祉年金を含めた国民年金法を制定するという方針に固執し，このような働きかけに応じようとはしなかった。また，立法院も翌年2月まで休会中であった。休会明けの立法院で新たに選出された議員による定例議会が開かれた。文教社会委員との懇談会がもたれ，日本政府援助の受け皿づくりを強く要請した。本土陳情の経過を細かく説明し，日本政府首脳の考え方も詳しく伝えた。この懇談会は予期した以上の成果をあげ，自民党議員総会はこの問題をとりあげ，今会期中に老齢福祉年金に関する特別立法を行う旨の声明を出した。この声明をうけて事態は急速に動き，琉球政府保険庁は直ちに法案の作成に着手し，わずか1ヵ月余りの短期間で法案をまとめ，米国民政府との調整も終え，5月には立法勧告の運びとなった。1967年7月の第31回立法院定例議会において，「老齢年金に関する暫定措置法」が成立し，7月13日に署名公布され，同年9月から沖縄の老人に対して老人福祉年金が支給されることになった。

2．老齢年金暫定措置法
(1) 老齢年金に関する暫定措置法の制定

社会保険庁が発足した1965年8月当時，公務員の退職年金制度があるのみで，他の住民に対する年金制度は皆無の状態であった。そこで社会保険庁は，その発足を機に年金制度に関する調査研究を開始した。時を同じくして，老人クラブ連合会の結成，行政における敬老会の予算化，社会福祉大会での年金制度実現要求，市町村議会での老齢福祉年金の早期実現の要請決議など年金制度に対する関心が高まりを見せた。また1966年の第31回立法院定例議会では，老人福祉法の審議と相まって老齢福祉年金制度についての議員立法の動きもあり，試案まで準備された。そこで政府は対策を協議した結果，急遽，老齢福祉年金を先行させることを確認し，同年4月政府及び与党との連絡会議をもち，正式に老齢福祉年金制度を制定することが決まった。

琉球政府社会保険庁が，政府決定以前にあらかじめ調査研究を行っていた老

齢福祉年金制度の構想の概要は以下のようなものであった。
① 日本本土の国民年金法に準じた，沖縄国民年金法を制定することを前提として，当分の間，老齢福祉年金のみを先行させる。障害福祉年金及び母子福祉年金については，資料収集の未整備と複雑な技術的処理を要求されることから，さらに調査研究を要する。
② 年金額及び所得制限に関する事項は，なお研究を重ねる必要があるので規則事項とする。また，年金額等については日本本土の現行額をドルに換算して設定する。
③ 立法名は「老齢福祉年金法」とする（後に「老齢年金に関する暫定措置法」とした）。

以上の3点を基本として，老齢福祉年金制度の粗案が出来上がっていたので，政府決定と同時に同年5月2日に関係機関と合議し，同月9日には主席決済を終えて23日には第31回立法院定例議会に立法勧告を行うという迅速な対応が可能であった。

立法院定例議会の文教社会委員会での審議においては，年金額と所得制限に関する事項を規則に委ねることについて論議が集中した。これらについては，なお継続して調査研究することとして政府原案通り決定することになった。また，障害福祉年金及び母子福祉年金制度についても，早急に制定するよう要望があった。

(2) 老齢年金に関する暫定法案の立法勧告と趣旨説明

1966年6月9日の第31回立法院（定例）議会の文教社会委員会では，老齢年金に関する暫定法の立法勧告にあたって，「老人をとりまく社会的機構の複雑化等によって生活は不安定なものになっている。拠出制を基本とした国民年金制度が立法されるまでの当分の間，老齢者を対象とした福祉年金制度を実施し，老後の生活の安定及び福祉の向上を図るため，この立法の制度を必要とする。」という趣旨説明が行われた。

なお，国民年金制度については，拠出制を前提として，無拠出制の年金は経過的，補完的に認めるという基本的理念に基づいて，1968年2月に「国民年金

法」を立法勧告する予定になっていた。国民年金をつくるにあたっての理念として，第1に，老齢という事故は予測しうるものであり，各人が共同してそれに備えるには最もふさわしいものである。第2に，障害や寡婦といった事態はあらかじめ所得能力のあるうちに自らの力で備える生活態度が必要である。第3に，何でも政府からしてもらうということではなく，給付を拠出に絡ましめるという考え方を住民が持つことが必要である。第4に，社会経済生活は自己責任の原則をもとにして成り立っている。第5に，資本主義の経済体制をとるかぎり拠出制が基本となる。第6に，無拠出制とするとそのときの政府の財政需要の枠に押し込められるおそれがある。第7に，拠出制にして積立金を持てば利子がついて給付を高くすることができる。同時に「資本蓄積」という効果も持つことができる。第8に，無拠出制をとると財源は税という形をとり，一般の納税思想に関わって住民の間に心理的な抵抗がある。以上の8項目をあげている。

　一方で，補完的な行き方として，貧困のために拠出期間が不十分であった者に対しても，給付を行うという理念も基礎に置かれている。70歳以上の老齢福祉年金の該当者としては，1965年の10月の国政調査によると3万5645人と見ている。また，本土の受給権者の比率が2.92%であることから，沖縄の当時の人口96万人から推定すると2万8032人となる。これに予定されている給付金をかけると，おおよそ123万ドル程度になる。これに事務経費が6万9000ドルかかるとして，130万2000ドルが所要されることになる。また，支給世帯に対する収支認定の調査についても準備費がかかる。〔第31回議会(定例)立法院文教社会委員会議録第76号〕

　(3)　老齢年金に関する暫定措置法の要点

　老齢年金に関する暫定措置法案は，立法院本会議において全会一致で可決され，1966年7月13日立法第58号として署名公布された。同法において注目すべき条項を以下にあげる。

　　1条　社会保障の理念に基づき，国民年金制度が立法される当分の間，老齢によって生活の安定が損なわれることを防止し，住民生活の維持及び向

上に寄与することを目的とする。
　3条　老齢福祉年金の事業は，政府が管掌する。
　　2　老齢福祉年金事業の事務の一部は，規則の定めるところにより，市町村長に行わせることができる。
　5条　年金は，琉球内に住所を有する琉球住民が70歳に達したときに，そのものに支給する。
　7条　給付を受ける権利は，その権利を有するものの請求に基づいて保険庁長が裁定する。
　18条　政府は毎会計年度，給付に要する費用及び事務の執行に要する費用の全部を負担する。
　27条　偽りその他不正な手段により給付を受けたものは，3年以下の懲役または170ドル以下の罰金に処する。

3．老齢福祉年金制度の施行
　(1)　担当要員の確保
　この立法は，立案から公布までわずか3カ月で制定されたため，制度を執行するための定員確保が全く考慮されていなかった。その定員の確保について要請することになったのは，立法院の定例議会の会期も押し迫った1966年6月の下旬であった。事務的な処理が難しいことから，立法院の文教社会委員長から行政法務委員長に対し，老齢福祉年金制度の運営に必要な定員の確保の申し入れが行われた。その結果，現業要員として那覇及びコザの社会保険事務所にそれぞれ3名，名護，宮古及び八重山の社会保険事務所にそれぞれ2名の計12名の確保ができた。
　この制度の制定には5人の企画調査官があたったが，年金制度に精通している者がなく，暗中模索の中での作業であった。制度上の不備はあったが，沖縄における国民年金及び厚生年金制度の創設の第一歩であり，短期間で仕上げたとはいえ，年金制度の理解に大いに役立った。

(2) 関連諸規則・要領等の作成

「老齢年金に関する暫定措置法」は公布から約1年後の1967年7月1日から施行されることになったが、それまでに、なお検討を重ねることになっていた年金額及び所得制限等を含めた施行規則の制定、事務処理要領の作成をすすめ、1966年12月にはその試案を得た。日本政府との調整をすすめ、その協力の下に成案を得た。本土から招聘した専門家の指導を受け、施行規則、事務取扱準則、事務処理要領、諸様式等についてまとめた。施行規則はやや遅れ1967年9月22日に規則第12号として公布されたが、事務処理要領、諸様式については、同年4月中に印刷を完了し、年金支給までの事業計画書を作成し、同年5月中に各社会保険事務所及び市町村の担当職員の事務指導を終え、諸様式についても発送を完了している。

(3) としよりの日の制定と年金証書の交付

この年の6月からは、各市町村で一斉に裁定請求書の受け付けが始まった。また、社会保険事務所でも受け付けをはじめ、9月15日の「としよりの日」を証書交付日として定め、その当日には3万余の年金証書の交付を行った。その間、本庁の担当職員は、市町村の担当職員を指導し、各市町村の収入役を分任資金前渡官吏に任命するなどして、支払事務が円滑に行われるよう万全を期して、10月の支払日に臨んだ。年金証書の交付日を9月15日の「としよりの日」と設定し、全県一斉に交付したことは象徴的な企画であり、多くのお年寄りに喜ばれた。市町村の窓口では余りの嬉しさに踊りだす者までいたということである。

老齢福祉年金の制度は、老人クラブ連合会の運動と世論の形成を受けて、立法院と行政府が一体となって制定にあたった。しかし、この制度も、1968年8月24日に公布された「国民年金法」に吸収されることになり、これにあわせて「老齢年金に関する暫定措置法」は廃止された。（沖縄国民年金の歩み・25頁）

2節　国民年金保険

1．国民年金保険法の制定
(1) 法制定の端緒

社会保障制度，とりわけ社会保険制度の立ち遅れていた沖縄では，各種制度の整備は緊急を要する課題であった。琉球政府は，社会保険長期計画を策定し，その中で国民年金制度の創設の時期を1968年とした。政府内においては1966年から7人の企画調査官を中心にして，国民年金に関する調査研究や資料収集等が始まった。翌1967年には，国民年金法の立案指導のため来沖した厚生省年金局担当官は次のような助言を行った。

① 沖縄における就業構造からして，国民年金の対象者は被用者年金のそれを相当に上回るものと推計される。老後保障としての国民年金の役割はより重大である。

② 国民年金制度は，その対象者の大部分が農漁民自営業者等であるので，業務の窓口としては市町村を利用せざるを得ないと思われる。従って，社会保険事務所と市町村の連携を円滑にすることが，制度の運営上不可欠である。

③ また，国民年金は25年間の被保険者期間が必要であり，長期間を要するので，その間の統治体制の変動（本土復帰）についても考慮されねばならない。

このような助言指導により，国民年金の企画立案については，日本本土の立法に準じて制定することが大前提とされた。その際，以下の事項が問題となった。

① 立法名は，沖縄独自の立法の中に「国民」という用語を使用した例が見当たらないので「住民年金法」とした方が適当である。しかし，沖縄の住民感情に対する配慮や，政治的意味合いもあるので，今後検討する必要がある。

② 日本本土の公的年金制度との通算を前提にして，適用関係を整理した方

が好ましい。
③　国民年金の実施の時点において，すでに中高年に達している者については，本土の国民年金及び沖縄の公務員退職年金や厚生年金との均衡を考慮して，特別措置を設ける必要がある。
④　保険料の納付は，沖縄の会計法では，政府の歳入を市町村に委任することが可能なので，日本本土とは異なる現金納付とした方が好ましい。

以上のことを考慮して，1967年11月から調査官を中心に立法案の成案作業に入り，翌年2月には国民年金法案をまとめた。1968年3月行政主席の決裁を終えて，4月には第36回立法院定例議会に立法勧告を行った。

(2)　国民年金保険法の立法勧告

この立法は，被用者以外の一般住民を適用対象とし，住民の老齢，廃疾又は死亡によって生活の安定が損なわれることを，住民の共同の連帯によって防止し，もって健全な住民生活の維持及び向上に寄与するために制定する必要があるとされた。

一般住民を対象とした，この種の制度は立ち遅れている現状にあった。全住民がひとしく社会保障制度による所得保障の恩恵が受けられるようにするため，国民年金法案が勧告された。この立法の制度化により沖縄においても一般住民の所得保障制度が確立する。

国民年金法案の概要のうち，立法制定の趣旨としては，現行の公的年金制度が，一定の条件を備えた比較的生活水準の高い被用者を対象にしているにとどまり，その他の一般住民には，この種の保障制度が実施されていない。この国民年金保険制度により，年金制度の対象が，農民，漁民，自営業者，零細企業の被用者等を含む全住民に拡大される。

制度の基本的な立て方は，本土法に準じて立案してある。琉球内に住所を有する本土出身者で，現行の被用者年金に加入していない者は強制適用とされる。受給資格期間については，本土の国民年金実施時点の1961年4月1日において本土法に準じて10年から24年に資格期間を短縮して年金を支給する。福祉年金は補完的，経過的なものとして，老齢福祉年金，障害福祉年金，母子福祉

年金，準母子福祉年金とする。保険料は，25歳以上1カ月につき69セントとし，25歳未満は55セントとする。政府の費用の負担は，拠出年金にあっては保険給付費に当てるため，被保険者の保険料の総額と免除した保険料の総額とを合算した2分の1に相当する費用を負担することになっている。〔第36回立法院(定例)議会文教社会委員会議録第45号〕

　(3)　立法院での審議

　立法院文教社会委員会では，この法案に関する審議が13回にわたって行われた。1968年7月18日の本会議において，討論の通告がなされ，順次発言が行われた。社会党の議員から「沖縄の年金保険法は，日本本土法を基礎にして，それに準じた形で内容が仕組まれているが，日本の社会保障制度そのものが，世界の先進国の社会保障に比べてはなはだ低水準にあり，従って沖縄での制度制定にあたっては，本土の長い経験に照らして短所を是正する方向で立法すべきである。そこで政府の財政負担を大幅に引き上げて制度の内容を充実させ，年金額は生活保護基準に見合うような年金ではなく，最低賃金を上回る定額1000ドルの年金を保障して，その支給を55歳から開始するよう，将来早期にこの法案の改正に反映されるよう期待する」という趣旨の反対討論があった。

　(4)　国民年金保険法案の問題点

　本法案の立法院における審議の中では以下のような問題点が指摘された。

①　長期にわたる完全な掛け金負担を強制しながら，これを満たさなくては年金受給資格が与えられないことになっている。25年ないし40年の被保険者期間を有することが，その資格要件になっている。そして満65歳にならないと支給が開始しない。無拠出の老齢福祉年金になると満70歳以上でなければ支給を開始できない。男子の平均寿命が70歳に満たないところを見ても，甚だ矛盾に満ちた制度である。公立学校教職員の共済組合法案における被保険者期間20年，55歳支給開始と比べても，長期の掛金負担を強制しながら，給付の内容が甚だ低額で不十分なものである。

②　無拠出の老齢福祉年金の年金額は54ドル，月額になおして4ドル50セントにとどまり，給付内容が甚だ低劣である。どちらかといえば，生活保護

基準の生活を老後においてはこの制度で保障するという，その程度の保障しかなされていない。社会保障の持つ所得再配分の機能を果たさずに，条件の悪い国民はいつも悪い条件の中にくくりつけられているという結果になっている。一般の国民を対象とする制度の中に含まれる国民が，最も社会保障を必要としながら，最も低劣な条件のもとにおかれている。こういう制度を沖縄に持ち込むことは，住民を分裂支配することにつながる。

③　基本的年金の額を生活保護法に見合うような年金ではなしに，最低賃金を上回る年金額，つまり年額1000ドルを定額保障するような年金にする。老齢年金の受給資格期間はILOの基準に従い15年とし，55歳から支給する。また保険給付額の算定基礎についても，全被保険者期間による平均報酬方式をとるのではなく，退職時の本俸を基礎として給付を算定し，給付内容を引き上げる。保険料負担についても，所得の再配分の機能を充分に果たす意味からも，労働者の保険料負担の限度を3分の1として，その他は国と事業主の負担とする。そして毎年の給付は，物価，賃金，生活条件の上昇に見合ってスライドしていくべきである。また，年金資金の管理運用を民主化して，被保険者の福利厚生に還元融資することを明確に義務づける必要がある。〔第36回立法院（定例）議会本会議録〕

(5)　受給資格期間の読み替え

立法院の本会議における採決の結果，賛成多数により政府原案通り可決され，1968年8月21日立法第137号として公布された。この国民年金法は，準備期間との関係で分離施行され，福祉年金に関する規定は1968年7月1日から，被保険者に関する規程は1969年7月1日から，保険料に関する規程は1970年4月1日から施行された。この立法において注目すべきことは，日本本土の国民年金法や公務員退職年金法との均衡を考慮して，老齢年金の受給資格期間が1年から24年に読み替えられたことと，本土国民年金法より遅れて発足した9年の期間について保険料免除期間とみなし，年金額を計算する場合に，その分を加算できるようにしたことである。この措置は日本政府厚生省年金局の意向に添ったものである。（沖縄国民年金の歩み・27頁）

2．国民年金法施行規則，事務取扱準則の整備

　1968年8月に公布された国民年金法は，福祉年金に関する部分については同年7月から，また，拠出年金はその円滑な実施を図るために段階的に実施することとし，被保険者の適用に関する事項を重点に施行規則や事務取扱準則を整備することにした。

　⑴　国民年金法施行規則

　施行規則の作成にあたっての主な問題点は，国民年金手帳の様式と，国民年金保険料徴収規則の2点であった。

　手帳の様式については，日本本土の印紙納付方式に対して，沖縄は現金納付方式をとっており，保険料徴収に際して領収証を発行することになるが，領収証の他に国民年金手帳に検認記録欄を設けた場合には市町村における事務が輻湊することになるので検認記録欄は設けないこととした。

　保険料徴収規則については，本土の「国民年金法等に基づく保険料納付手続きの特例に関する省令」との関係から，施行規則以外の規則で定めるのが適当ではないかという意見もあったが，事務処理を円滑にするためには，出来るだけ規則を一つにすべきであるとの意見もあって，結局，規則を一本にまとめることになった。

　このようにして施行規則に関する考え方がまとまったので，成案作業に入り，1968年7月14に規則第93号として公布された。

　⑵　市町村事務交付金規則規定

　1970年4月に保険料徴収業務が開始されたことにより，本土の政令に準じた「国民年金法に基づき市町村に交付する拠出年金事務費に関する規則」を制定することになり，同年8月成案をまとめ，規則第161号として公布された。この規則に基づく，具体的な事務交付金の算定方式を定める規定の制定作業においては，本土と沖縄との保険料納付方式の相違，沖縄における地理的条件等の実情に即した配分方法等を考慮した上で「1971年度における国民年金の拠出年金事務費交付金の算定に関する規定」が厚生局告示第22号として公布された。

(3) 事務取扱準則

事務取扱準則についての主要な問題は，被保険者記録を本庁で集中管理するか否かであった。これより先，被保険者記録は日本本土にならい，社会保険庁で集中管理する方向で検討されていたが，社会保険事務所で管理した方が望ましいとの意見もあり，出先の社会保険事務所で管理することになった。このようにして市町村及び社会保険事務所における事務取扱準則の基本的な考え方が出来上がったので，1969年8月社会保険庁長の決裁を終えて，市町村及び社会保険事務所に通知された。

(4) 保険料免除基準と前納告示

1969年8月から9月にかけて，保険料申請免除対象者のための保険料免除基準を設定するための世帯調査が実施された。沖縄全域の国民年金の対象世帯から2680世帯を抽出して，世帯調査を実施し，その結果を解析したところ，沖縄における保険料免除対象者は，法定免除対象者も含めて約22.11％～27.11％の免除率が見込まれることがわかった。

この値は日本本土で免除率の高い高知県の19.9％（1968年度）に比べても，なお高くなっていることから，本土の免除基準の考え方をそのまま採用してしても差し支えないと判断された。そこで，本土基準に準じて保険料免除基準案を設定し，国民年金審議会に諮問し，異議のない旨の答申を得たので，保険料徴収の開始に先立ち，1970年3月に各社会保険事務所長あてにこれを通知した。1970年7月の「国民年金保険料を前納する場合の期間及び納付すべき額等を定める告示」として告示された。〔社会保険庁告示第15号〕

(5) 国民年金手帳の記号番号の設定及び管理要綱

国民年金手帳の記号番号をどのように設定するかが，適用に際して問題となった。これは日本政府厚生省の国民年金手帳の記号番号の設定にならって，沖縄の那覇，コザ，名護，宮古及び八重山の各社会保険事務所の固有記号として，それぞれ8250，8253，8257，8260，及び8263の記号を設定することとした。1969年8月に各社会保険事務所長あてに「国民年金手帳の記号番号の設定及び管理要綱」を通知した。（沖縄国民年金の歩み・29頁）

3．国民年金制度の概要
　(1)　拠出年金
　　①　適用
　国民年金制度は，業務の窓口である市町村の担当者や地域の住民に，制度を周知徹底させることが制度の円滑な運営にとって不可欠である。そのため，機会あるごとに市町村の事務担当者を中心に説明会がもたれた。政府主催の市町村理事者を対象とした予算編成事務研修会においても，国民年金制度について社会保険庁長から，適用開始に伴う市町村の受け入れ体制に関して協力要請がなされた。このように，適用開始に向けて万全を期してきたところであるが，国民年金制度がまだ地域住民に深くは浸透していないため，当初の適用は思うように進まず，1970年3月末の適用率は56.7％にとどまっていた。その後，保険料の納付開始に伴って，適用率は着実な伸びを見せ，1970年度末には76.62％，1971年度末には86.92％に伸びてきた。
　　②　裁定給付
　1971年4月から国民年金の受給権が発生することに伴い，裁定給付事務関係手続きについての諸般の準備もすすめられ，社会保険事務所担当職員や市町村事務担当職員に対する説明会も行われ，同年8月の第1回支払に向けて万全を期した。
　　③　保険料
　保険料の納入は，日本本土の印紙納付方式に対して，沖縄では市町村での政府金の取扱が可能であることから，現金納付方式を採用した。保険料の納付は，直接被保険者の受給権に影響することから，機会あるごとに制度内容の周知徹底と保険料の納付意識の高揚に努めてきた。しかし，なお低調であるので，さらに市町村に対する事務指導と，被保険者に対する広報活動の強化が図られた。1970年度の収納状況は全琉球平均で48.75％，八重山では26％，宮古では9％にとどまっていた。1971年度には全琉球平均で69.48％，八重山では53％，宮古では69％と改善が見られた。

(2) 福祉年金

　① 老齢福祉年金

　沖縄の老齢福祉年金は，1967年7月1日で70歳を超えている者に対して，同年7月から支給が開始され，その他の者については70歳に達した時に支給が開始される。老齢福祉年金の支給要件である，老齢年金に関する暫定措置法2条に規定する「琉球住民」に関して，日本本土に籍を有する者は，米国政府布令第68号（琉球政府章典）3条の規定により，琉球住民とはならないので，その扱いをどうするかが立法院の文教社会委員会でも討議されたが，結局は運用の段階で措置することになり，日本国籍を有する者でも沖縄に住所を有する者には適用があるということになった。

　福祉年金の支給制限について，受給権者本人，その配偶者及び民法上の扶養義務者に，一定の所得がある場合に年金額の全部の支給が停止され，他の公的年金をうけている場合は年金額の全部または一部の支給が停止され，さらに業務上の事由による災害補償関係の給付との調整上の支給停止の措置もなされる。

　老齢福祉年金の支給額は50ドルと定められた。これは日本本土の老齢福祉年金額1万8000円をドル換算した額（1ドル360円のレート）であり，本土と同じ額でスタートした。その後は日本政府の援助との関係から本土と1年のずれがあったが，1971年7月からは再び本土と同額となった。制度の仕組み自体は，本土に準じているが，支払の方法が本土と異なっている。本土の福祉年金の支払窓口は郵便局となっているが，沖縄の場合は，市町村が支払の窓口となっていた。

　② 障害福祉年金・母子福祉年金

　障害福祉年金及び母子（準母子）福祉年金は，本土の制度と全く同じになっている。しかし，障害福祉年金の受給権者数において本土と格差がある。その理由としては，制度の発足が10年遅れたこと，専門医が少ないことなどがあげられる。1968年9月から，日本政府の援助による身体障害者巡回相談などが実施され，障害福祉年金診断書の作成がすすめられたことにより，大きな成果を

あげた。しかし，本土並には及ばない状況があり，巡回廃疾認定などを強力にすすめることになった。

福祉年金の業務は，当初社会保険事務所で行ってきたが，本土復帰なども考慮に入れ，本庁で一括して行うことになり，1969年11月に事務引き継ぎが行われ，業務の分担も横割り方式から，縦割り方式に改められ，国民年金課に裁定係（8人），記録係（6人）を設置し，福祉年金の業務の執行にあたった。

(3) 国民年金の福祉施設

国民年金制度は，対象者の福利増進のため，政府が直接に，あるいはその積立金の運用による間接的方法により，福祉施設を設置することができる。個々の被保険者との直接のかかわりを基本とする国民年金制度においては，制度との関係の現実的な認識を得させることが，制度の成功のために肝要である。そのもっとも有力な手段として福祉施設の設置がある。沖縄は自然環境に恵まれながらも，特殊事情の下にあったため，これまで，住民の憩いの場としての保養を目的とした宿泊施設が極端に不足し皆無に等しかったことから，差し当り，還元融資方式による休養施設の整備をすすめることになった。施設用地の選定作業は，1971年9月から始まり本島北部の恩納，名護，今帰仁，大宜味，国頭の5市町村のうち調査検討の結果，大宜味村津波に決定した。

(4) 職員の研修等

社会保険の運営は，専門的な事務処理能力を必要とし，職員の熟練度の如何によって，事業の円滑かつ適正な実施に著しい影響を及ぼすことになる。当時，沖縄の社会保険は，失業保険と労働者災害補償保険が実施されていただけで，年金制度，医療保険の創設，実施を控え，職員の訓練が急を要していた。この職員の研修については，制度の未開拓の分野をどのように軌道に乗せていくかが大きな問題として議論された。

1965年8月，発足間もない社会保険庁では，職員研修を議題とする課長会議が開かれ，皆保険及び皆年金の確立を目指すためには，人材の質的充実が要求されるとして，その基本的な考え方が議論された。社会保険の業務について経験のある者を配置または採用するという意見も出されたが，社会保険の事務経

験者は現実には戦前の経験者ということになり，すでに老齢化が進んでおり協議の外とされた。そのため研修の進め方としては，職員を本土に派遣すること，及び日本政府から講師を招請して沖縄現地での訓練を行うことの二つの方式を平行することになった。職員の訓練に必要な経費は，日本政府の技術援助を活用することとなった。

　この会議の結果，制度ごとに，講師招請と研修生派遣の計画を策定した。これにあわせて1965年9月，社会保険庁長官が東京に行き，この技術援助を要請し実現を見ることになった。また，社会保険庁では業務担当職員の訓練だけでなく，これからの社会保険関係の予算獲得と，職員定数の確保についても，それぞれの担当局において，社会保険行政の理解がなければ制度の実現は不可能である。そこで企画局からは予算担当職員を，総務局からは人事担当職員を，それぞれ日本政府の社会保険研修所に入所させて，社会保険制度の知識を習得させ，これを社会保険行政に反映させることになった。（沖縄国民年金の歩み・36頁）

3節　厚生年金保険

1．法成立までの経緯
(1)　世論の動向

　沖縄における所得保障制度としては，失業保険，生活保護のほか，恩給法，戦傷病者戦没者遺族等援護法による給付があるにすぎず，また当時，公務員退職年金制度は企画立案中であり，長期的な所得能力の喪失に対する保障制度は著しく立ち遅れていた。

　当時の琉球の人口構造は，すでに老齢化傾向を示しており，出生率の漸減傾向を加味すると今後，老齢化傾向は次第に強まるものと考えられていた。また老齢者の平均余命も伸びる傾向にあり，老後保障の問題は放置できない状況にあった。また，老人福祉法（1966年立法第11号）が制定されたが，老人福祉対策として最も重要な年金による生活保障が不備であっては，真の老人福祉も期

待できなかった。

　琉球政府は，このような状況をふまえて，社会保険庁に企画調査官6名，保険数理官3名，職員7名の計16名の人員を配置して，一般労働者を対象とした厚生年金保険の企画立案に着手し，1968年の実施をめざした。（本土復帰までの沖縄の社会保険のあゆみ・49頁）

　⑵　厚生年金保険法の制定

　1966年7月から厚生年金保険法の立案のための本格的な作業が始まった。年金制度は長期の被保険者期間を要件とするため，将来における本土復帰や，その間の本土制度との通算年金制度の制定について考慮する必要がある。そこで制度内容としては，本土の厚生年金保険制度に準じて制定することが一つの目安となる。しかし，本土と沖縄の経済的，社会的背景は必ずしも同一であるとはいえず，本土の制度をそのまま導入することについては懸念された。その主な事柄は，保険料率，年金額及び費用の政府負担についてであった。しかし，このような保険数理に関する事項は一時留保して，1966年9月厚生年金保険制度大綱の組案が完了した。

　1966年10月，立案にあたって慎重を期すために，日本政府厚生省年金局から法制担当及び保険数理担当の専門官を招聘し，指導を受け，詳細にわたって制度の問題点をとり上げ，議論を重ねた。そこでの論点は以下の通りである。

①　軍雇用員及び船員の取扱いについて，まず軍雇用員はすでに失業保険制度，労災保険制度が適用されており，適用対象となるが，問題は適用の対象となる軍雇用員の範囲をどこまでとするかであった。次に船員の適用については，船員保険法が制定されておらず，失業保険や労災保険の適用があることから，船員も厚生年金保険制度を適用すべきであるとされた。

②　掛金算出の基礎となる報酬の取扱いについて，総報酬制と標準報酬制のいずれを採用するか。

③　経過措置と高齢者の救済をどうするか。

④　将来，各制度間の期間通算を考慮しなければならない。

⑤　財政方式を，完全積立方式とするか，修正積立方式か，あるいは賦課方

式にするか。
⑥　保険料率をどの程度にするか。本土の制度に合わせるのか，それとも琉球独自の料率を定めるのか。
⑦　費用の政府負担をどうするか。経過措置に伴う追加費用の負担はどうするのか。
⑧　この制度の実施によって莫大な積立金が発生するが，その資金の運用は誰がどのような方法で行うのか。
⑨　厚生年金保険独自の審議会を設置するのか，それとも統一的な審議機関を設けて，各制度の重要事項を審議させるのか。

これらの問題について慎重に検討した上，厚生年金保険法の試案が作成された。なかでも長期にわたり議論を重ね，検討を尽くしたのは，経過措置及び保険料率，費用の政府負担の3点であった。

(3)　経過措置

経過措置については，以下の3つの論点があった。
①　公務員退職年金との均衡を考えて，被保険者期間を行政分離の日から起算するか。
②　それとも実施時期において，相当の高齢者について資格期間を短縮する措置をとってはどうか。
③　被保険者期間を施行日から起算することにしてはどうか。

このうち③の考え方は，過去期間を全くみないということであるから，年金に加入する被保険者にとっては不利となり，非常に酷な施策となることは避けられない。そこで③を論外としたうえで，①と②が残ったが，検討の結果②を採用することで一致した。

その理由は，現在の高齢被用者は行政分離がなければ，当然に資格期間を満たし得たものであり，特例措置を設ける必要があること。民間被用者についてその過去の勤務期間を掌握することは，事務的に不可能と考えられるので，一律に年齢に応じた特例をとらざるを得ないこと。資格期間40歳以上15年を5年に短縮することにするが，行政分離から法施行時まで20年強であり，その半分

の10年を短縮することが適当であること。このような理由から高齢者特例が定められたが，その内容は，制度発足時に被保険者となった高齢者について，その年齢に応じて資格期間を短縮する。すなわち14年から5年まで短縮し，給付内容については定額部分20年とし，報酬比例部分については特例は設けない。また加入期間が短いため資格期間を満了できなかった高齢者については，第4種被保険者（任意継続）の特例を設けるとともに，経過的な脱退手当金を支給できることとした。なお，通算年金制度が予定されており，制度としての脱退手当金は，その必要性がないことから，これを設けないことにした。

(4) 保険料率と費用負担

保険料率の設定については，次のような考え方があった。

① 本土の制度に合わせる。

② 数理的保険料を前提に琉球独自の料率にする。

①の考え方については，沖縄の経済的背景を無視することになり，合理的な説明が困難である。②については，沖縄独自の考え方で料率を定めた場合，本土復帰の際のすり合わせも考慮する必要がある。沖縄独自の平準保険料を，本土の数値を用いた概算で算出したところ，本土より高くなってしまうことが判明した。そこで，復帰の際の円滑化を考慮すること，沖縄独自の保険料率だと高くなってしまうこと等から，料率については本土に合わせることになった。

費用負担については特に経過措置に伴う高齢者特例に要する追加費用を誰が負担するかという問題に関して次のような考え方があった。

① 公務員退職年金の場合は，事業主も負担しているが，差異があってよいのか。

② 日本本土では，追加費用の負担問題は未解決となっているが，先行してもよいのか。

検討の結果，琉球の特殊事情を考慮して，政府負担を明記することが適当である。この点は公務員退職年金法にも明記されている。特例措置が定額部分に限られている点も考慮する必要がある。以上の理由から，政府負担は本土に合わせる，すなわち給付費の20％，第3種被保険者（船員）については25％，と

する。高齢者特例に伴う追加費用については政府が負担することを明記することとした。しかし，この追加費用の条項については後日，企画局との調整で削除することになった。

(5) 立法勧告と議会での審議

このような経過をへて，厚生年金保険法案は，1967年2月に局内調整を終え，部長会議をへて局長会議に付議された。ここでも，企画局との調整で結論を見なかった追加費用が問題となり，結局，事務段階案の通り追加費用の条項を削除することで落着し，その他については，厚生局原案通り立法勧告することになった。〔厚生年金保険法案大綱〕

1967年6月8日，勧告を受けた第33回立法院定例議会は，会期を延長し，同年7月31日，文教社会委員会において本案を審議することになった。しかし，単に提案理由の説明にとどまり，審議未了のまま会期切れとなり，なお慎重な審議を要するという理由で，重要継続審議案件として次期議会に持ち越されることになった。〔第33回議会（定例）立法院文教社会委員会議録第64号（1967年）〕

翌1968年2月の第36回立法院定例議会では文教社会委員会において5月24日から数回にわたり審議が重ねられたが，保険料率，追加費用の明文化等の問題が審議の中心となった。そこでの結果は，審議が1年遅延したことよる施行日等の関連条文の修正のみにとどまった。

(6) 野党側からの要望

審議最終日，当時の野党側は次の事項について，さらに政府において調査研究をするよう要望した。

① 5人未満の事業所を強制適用の事業所として取り扱うこと。
② 老齢年金（在職老齢年金）の支給年齢は一律に60歳にすること。
③ 繰り上げ支給（減額退職年金）の制度を導入すること。
④ 政府負担を3分の1負担とすること。
⑤ 保険料率を引き下げること。
⑥ 年金額を定額制にして1000ドルを最低保障として定めること。

⑦　年金額の算定は最終の報酬を基礎とすること。

　法案は，一部修正の上，委員会で可決され，本会議に上程されることになった。本会議での審議において，野党側から反対討論がなされたが，その内容は文教社会委員会における野党側からの要望と同趣旨のものであった。本案は1968年7月18日通過成立し，同年8月21日行政主席により沖縄初の厚生年金保険法が署名公布された。〔厚生年金保険法・1968年立法第136号〕

2．法改正の経過
(1) 1970年6月の通算年金通則法の制定に伴う改正

　第42回立法院定例議会で通過成立した「通算年金通則法」の制定に伴い，同時に通過成立した「通算年金制度を創設するための関係法の一部を改正する立法」（1970年立法第56号）が公布され，同法2条の規定により厚生年金保険法2節老齢年金の次に2として通算老齢年金に関する規定が加えられた。具体的には厚生年金保険法49条の2以下に，通算老齢年金の受給権，年金額，失権及び支給停止の規定が設けられた。また，厚生年金保険法33条の保険給付の種類のうち，新たに通算老齢年金が加えられた。

　これにより国民年金，公務員等共済組合の公的年金の被保険者期間または組合員期間が，通算対象期間として通算されることになり，それぞれの制度からその被保険者期間に対応した，通算老齢年金が支給されることになった。これにより一部の特殊な例を除いて，大部分の人が何らかの形で各制度から年金の給付が受けられることになった。

　この改正規定は，1970年6月25日から施行され，同年4月1日に遡及して適用された。

(2) 1970年7月の厚生年金保険法の一部改正

　琉球政府は，住民のこの間の著しい生活水準の向上をふまえて，1970年2月厚生年金保険審議会に対し，厚生年金の給付額及び支給範囲の拡大並びに保険料率の引き上げなど，その内容及び水準を本土並に改善し，被保険者の所得保障の充実を図るために，次のような改正案の大綱を諮問した。

① 年金額の引き上げ
② 標準報酬等級の拡大
③ 保険料率の引き上げ
④ 脱退手当金額の率の拡大
⑤ 保険料率の段階実施

　この諮問を受けた審議会では，保険料率の引き上げが論議の中心となった。制度発足から日の浅い沖縄においては，保険給付の実施もまだ行われていない現時点では，保険料率の引き上げは時期尚早である。また，企業の保護育成の面からも一挙に本土並に引き上げることには賛同できない。本土復帰後も当分の間，現行保険料率を適用し得るような特例措置を講ずるべきであるとする内容の答申書がまとめられた。〔厚生年金保険法の一部改正(案)の答申書及び一部改正立法案要綱・厚年審第2号（1970）〕

　審議会の答申を得た政府は，局長会議において，審議会の答申を尊重し，政府原案を作成して1970年3月に第42回立法院定例議会に立法勧告した。この改正法案は，文教社会委員会に付託され，同年4月から5月にわたり審議を重ねた結果，政府原案通り可決され，6月に第1読会を終え，第2読会を省略して原案通り可決された。同法は同年7月1日に1970年立法第91号として公布された。

3．制度の概況

　厚生年金保険の各種給付のうち障害年金及び遺族年金は，1970年7月1日から受給権者が具体的に発生することにかんがみ，沖縄の厚生年金保険制度の歴史上，きわめて意義深い第一歩として琉球政府でも，特に行政主席談話を発表した。この制度の状況について概要を記す。

　(1)　適用・給付・記録
　　① 適用状況
　沖縄初の厚生年金制度は，適用対象を特定の業態に限定することなく，5人以上の事業所にもれなく適用されることになった。

② 給付状況

　制度の発足初年度である1971年は，受給権者の申請状況も緩慢であり，同年度予算における障害年金96件，遺族年金270件，脱退手当金177件の推計に対して，申請があったのはわずかに遺族年金の37件にとどまった。これに対して1972年度は，通算老齢年金の該当者の発生や社会保険庁による広報活動等により，申請件数は推定を上回る状況を示した。

　　　③ 記録状況

　厚生年金の被保険者記録は，各人別に台帳を設定し，手作業方式で処理していた。このための作業は，組織上記録係を置いて要員17人を配置した。その構成は，一級事務職の係長のもとに，2級事務職4名，3級事務職12名となっていた。

　被保険者総数は推計で，1970年6月末現在11万1000人となっており，前年7月1日の資格取得届の受付事務の開始以来，記録業務は予定通りに推移している。しかし，今後コンピューターへの記録の入力等に関して事務の点検補正を考慮する必要がある。

　　(2) 廃疾認定の本土政府への依頼

　廃疾の認定については，制度が出来たばかりであり，経験のある認定医師の配置も困難な状況にあり，そのうえ担当の事務職員も十分な訓練が出来ていないことから，復帰後の本土の認定との均衡も考慮して，廃疾認定を本土政府に依頼することにした。〔廃疾認定の取り扱いについて（依頼）保総第483号（1970年）〕

　　(3) 軍関係被用者の取扱い

　アメリカ軍関係沖縄人被用者は，そのほとんどの者の使用主が米国国防省であるため，直接に沖縄法の法律効果が及び難いところがあり，そのため厚生年金保険法の条文は運用面により可能な途が開けるよう，その6条1項2号において「その他これらに準ずるもの」として軍関係者を想定した特例的な規定をしている。さらにアメリカ軍は沖縄厚生年金保険法に従う旨の高等弁務官声明〔News　Release：69-3348, 1969〕を1969年12月に発表している。これにより

アメリカ軍関係被用者は，個人使用のメイド等を除き，すべての者が被保険者として同法の適用があることになった。

標準報酬については，本来5月，6月，7月の賃金を基礎として決定し，10月1日から適用すべきところであるが，アメリカ軍関係被用者は，その昇給時期の実態に即応して8月，9月，10月の賃金を基礎として翌年1月からこれを適用すべきであることを，米国民政府労働局との間で合意し1970年度はこの線で実施することを各社会保険事務所長に通達した。〔軍関係者の標準報酬の定時決定について（通達）社厚年第3号（1970年）〕

(4) 高齢者の特例に伴う居住調査

厚生年金保険法付則3条の高齢者特例に該当する者の推計数は，全被保険者の21.5％に達する。該当者の1970年1月1日前5カ年間の立法施行地における継続居住要件は，その受給資格との関係できわめて重要であるため，事前に適格な調査を行う必要がある。1970年6月にはこの調査が開始され，その結果は，被保険者原票及び台帳に表示することになった。

この調査の方法は，社会保険事務所長に対し，住民票による個人別申し立てを行うことを原則としながらも，とくに事務の能率を考慮して，5ヵ年継続して雇用されている者であって，その事業主が証明した者については同時に居住要件を満たしているものとして確認した。

なお通算年金制度の特例（一部改正法付則2条及び3条）に該当する者も，被保険者の53％に達すると推定され，将来の給付申請に際して，1961年4月1日から1970年3月31日までの9年間の居住状態の証明が必要になることから，事前調査を同様な方式によって行うことになった。

(5) 厚生年金基金

琉球銀行は，1970年8月，厚生年金基金制度の設置を求める要望を再三にわたって行った。このような要望は琉球銀行だけにとどまっており，他の事業所では積極的な態度は見られなかった。そこで，企業の年金制度に対する考え方，計画等を認識する必要があることからアンケート方式による調査が行われた。その結果，沖縄における厚生年金基金制度は復帰後が適当と判断された。

その理由としては，厚生年金保険は制度が発足したばかりで体制ができていないこと，それに制度を立法化して育成のための準備ができた時点で，すでに復帰ということも考えられること等があげられている。(本土復帰までの沖縄の社会保険のあゆみ・53頁)

4節　公務員退職年金

1．法成立までの経緯

(1) 公務員共済組合法制定に関する人事委員会勧告

1955年5月23日，人事委員会は立法院議長及び行政主席あてに，琉球政府公務員共済組合制度の早急な実施を勧告した。この共済組合法勧告案は日本本土の旧国家公務員共済組合法に範とった内容で，短期・長期給付を含めたものである。ただし，短期給付における保険給付は，将来制定されることになる医療保険制度と競合すること，その他諸般の事情を考慮して，政府はその勧告を見送ることにした。

(2) 政府公務員退職年金法制定に関する人事委員会勧告

1959年4月9日，人事委員会は立法院議長及び行政主席に対して，公務員退職年金制度に関する調査研究の結果を報告するとともに，あわせてこの制度を早急に実施できるよう立法の早期制定を勧告した。〔公務員退職年金制度に関する人事委員会勧告・人委第470号〕この退職年金勧告案の内容は6章55条からなり，琉球政府の公務員は強制加入，地方教育区の教育職員及び琉球電信電話公社の職員は任意加入とし，給付の支払は行政主席が行い，その他の事項は人事委員会が行う。在職期間の計算の始期は1946年1月29にからとする。過去の未払いの掛金期間は給付額で調整する。このように本制度は短期給付を含まない純然たる年金制度である。

勧告を受けた行政主席は，この制度の早期制定の必要性を認識し，そのための調査研究を行政主席官房に命じた。行政主席官房長は人事課を本件の主管課と決めて調査研究に着手した。

(3) 琉球列島米国民政府（USCAR）の意向

一方，米国民政府は，1959年10月7日付書簡（ユーゲン・A・サリット大佐署名）で，人事委員会の公務員退職年金法制定勧告に対する取り扱いについてアドバイスした。その内容は公務員の年金制度に対して概して好意的なものであったが，また，おおよそ次のような修正を示唆するものであった。

① 軍雇用員，公立小中学校，各種公社及び電電公社の職員までを強制適用の対象とすべきであること。
② 民間商工業に雇用されている人々のための退職制度を別々に定めることについても琉球政府が考慮を払うことを要請する。
③ この制度の積立金の保護策を強化し，内政局に退職積立金基金を設けること。
④ 退職手当と競合する場合は退職手当を排除すること。

これと同時に同時に，米国民政府労働部は琉球放送のラジオを通じて，公務員退職年金制度の重要性について放送を行った。

米国民政府書簡の修正意見の取扱いについて，琉球政府は，軍雇用者代表2人を含めて軍・民合同の関係者による研究会を数度にわたって開催し，意見交換と協議を重ねた。その結果，軍雇用員を同法による制度に含めることには疑問が残ること，人事委員会の退職年金法勧告案では立法勧告が難しいことなどを考慮すると，即時に立法勧告することは難しいと判断し，1961年の立法勧告を目標として，さらに調査研究を続けることにした。

1961年2月1日，米国民政府高等弁務官（ドナルド・P・ブース中将）は，開会中の第18回立法院定例議会にメッセージを送り，その中で，公務員退職年金制度を，全住民に対する老齢年金制度にさきがけて制定するよう示唆した。一方，行政主席は，立法院定例議会に送る施政方針の中で，公務員退職年金制度の重要性を指摘し，その早期制定の必要性を訴えた。

琉球政府は，日本政府の対琉球技術援助計画によって保険数理専門官を招聘し1961年2月3日から60日間，保険数理的計数指導及び法制面の指導を受けた。そこでの内容は米国民政府労働部を通じて高等弁務官にも報告された。

行政主席は，この制度の調査研究を促進するために，調査研究担当職員を日本政府対琉球援助計画により，本土政府大蔵省主計局給与課に出張させ，1961年5月6日から90日間の技術研修を受けさせた。

(4) 公務員退職年金法及び関係法案第1次試案の草案

この間の調査研究の結果を考慮しながら制度の骨格づくりが始まった。その骨子に沿って，関係立法案の第1次試案を草案し，1961年4月頃から非公式に米国民政府労働部との調整に入った。草案された第1次立法試案とその処理経過は以下の通りである。

① 公務員共済法試案（政府管掌案）は1962年4月から非公式の事前調整に入ったが，不調に終わった。

② 公務員共済組合法（組合管掌案）は，非公式の事前調整の段階で，米国民政府労働部の，共済組合に管掌させることの理解が得られず，不調に終わった。

③ 公務員退職年金法第1次試案（長期給付・政府管掌案）は，本土長期給付制度と類似した草案であったが，米国民政府労働部も慎重に研究する必要があるとして，引き続き公式に調整することになった。

④ 公務員退職年金特別会計法試案は，公務員退職年金法第1次試案の事前調整の後の方がよいとのことで，非公式の事前調整も行われず，単に試案の提供にとどまった。

以上の事前調整の結果から，1962年における立法勧告は無理と判断して，これを断念した。

その後も，公務員退職年金法第1次試案については，非公式な事前調整が続いていたが，1963年1月，アメリカの社会保障専門家であるロバート・J・マイヤーズ氏から「琉球政府退職年金制度案についての批評」を受け，また同年2月から来沖していた米国連邦政府保健教育厚生省社会保障局の保険数理次長であるゼナス・M・サイケス氏からも「琉球政府退職制度に関する報告書」を受けた。

年金制度については，1963年2月の第22回立法院定例議会に対し，琉球政府

は公務員退職年金法（案）の立法勧告を行う準備をすすめてきたところ，ゼナス・M・サイケス氏が，沖縄の年金制度について調査を行い，その結果は，琉球政府退職制度（公務員退職年金法案）に関する報告書にまとめられた。この報告書では「すべての者が平等に待遇されることを保障するための既定の規則を用いて，この計画はすべての被用者を含み，そして一元的に管理されるべきである。他の制度による給付との調整は，とくに雇用者による計画の場合においては，必須であると考えられる」と述べて，公務員年金にとどまらないことが示唆された。（沖縄国民年金の歩み・16頁）

さらに，1963年4月琉球列島米国民政府労働部は公務員を含めた常雇用者5人以上を置くすべての事業を対象とした労働者年金制度の創設に強い意向を示した。また翌1964年2月の第25回立法院定例議会に送られた高等弁務官ポール・W・キャラウェイ中将のメッセージにおいても退職年金制度の立法についての指摘があり，そこでも公務員退職金制度ではなく，労働者の退職年金制度となっていた。

このような米国民政府労働部からのアドバイスもあり，この第1次試案の変更を余儀なくされた。そこで，これらの「批評」や「報告書」が琉球の現状から見て長期給付制度として適切なものかを否かを考慮しながら，急遽，公務員退職年金法第2次試案を草案し，ふたたび，非公式調整に入った。この第2次試案によって改定変更した内容は概ね以下の通りである。

① 適用対象者に琉球大学職員を追加する。
② 減額退職年金制度を設ける。
③ 福祉事業は行わない。
④ 料率計算は，賦課保険料方式を用いる。
⑤ 在職年数計算の始期は琉球政府創立の年である1952年4月1日からとする。

この第2次試案について，専門家の意見を聞くために本土国家公務員共済組合連合会年金部次長を招聘し，1963年4月から30日間にわたり指導・助言を受けた。

2．全事業所を対象とした年金保険制度

(1) 労働者年金保険制度の調査研究

　琉球政府は，1963年2月開会の第22回立法院定例議会に，公務員退職年金法案を立法勧告すべく，米国民政府労働部と事前協議を非公式に続けていた。とくに，高等弁務官ポール・W・キャラウェイ中将が第22回立法院定例議会に送ったメッセージの中で，公務員退職年金制度の制定にふれて，その必要性に言及してからは，米国民政府労働部と調整がすすみ，相当部分までの調整を終えていた。しかし，1963年4月，米国民政府労働部は，急遽，公務員を含めて常雇用者5人以上をおく，全琉球の事業所を対象とした労働者年金保険制度とする強い意向のアドバイスをしてきた。そのため，第22回立法院定例議会に対する立法勧告は断念し，公務員退職年金制度と厚生年金保険制度との比較検討を行うことになった。

　この検討については，担当職員を日本政府厚生省年金局に派遣するなどして，慎重に時間をかけて調査研究をすすめた。琉球政府としては，両制度は別々の立法とすべきとの考えをもっていたが，諸事情等を勘案しながら厚生年金保険制度に一本化することにはなお，検討の余地が多々あるとして調査研究を続けることにした。

(2) 社会保障制度審議会の答申及び建議

　琉球政府行政主席は，1964年3月，社会保障制度審議会に対し，「琉球における社会保障制度の整備方策」について諮問し，社会保障制度の整備の順序についての検討を求めた。社会保障審議会では，この諮問を受けて同年5月まで8回の会議が開かれ，その結果，行政主席あての答申と建議が行われた〔社会保障制度の整備方策について・社保審答1号（1964年）〕。その内容は，答申においては「未開発の分野の医療保険及び年金制度は，社会保障の主軸となる制度であり，琉球における社会福祉実現のために，きわめて重要で且つ早急に実施すべきことであることに鑑み，その実施の順序に優劣を付することは妥当ではない」とし，また建議においては年金関係について「年金制度の実現にあたっては，一般被用者，公務員，農漁民，自営業者等の一般住民の要望を考慮

して早急な実現を推進する」こととしている。

(3) 社会保険制度の整備計画

この間，琉球政府内務局においても，公務員退職年金制度及び労働者年金制度の調査研究が続けられた。行政主席は，1965年2月米国民政府ワーナー首席民政官との会見において，公務員退職年金制度をまず制定したいとし，米琉合同専門委員会を設けて，その必要性や具体的内容についての検討をすすめることの基本的な了解を取り付けた。このことは米国民政府が従来の考え方をある程度，変更したものとして注目された。

行政主席は，これを受けて社会保険の整備計画の中で，次のような確認を行った。

① 住民皆保険を前提とした段階的医療保険制度の創設
② 公務員退職年金制度の創設
③ 厚生年金（労働者年金）制度の創設
④ 国民年金制度の創設

1965年5月7日の立法院に対する施政方針の中で，行政主席は「まず，医療保険及び年金制度の一環としての公務員退職年金制度を創設し，その後，逐次，保険，年金制度を整備拡充して，ここ数年のうちに社会保障制度を本土水準に近づけたい。」と表明した。これは，この確認事項を端的に物語っている。

(4) 公務員退職年金法第3次試案の草案

社会保険制度の整備計画の確認にそって，公務員退職年金法(案)は，1965年2月開会の第28回立法院定例議会に立法勧告し，その後1年の準備期間を設け翌1967年7月から施行することを目標として，第3次試案の草案にとりかかった。琉球政府内務局は，24項目にわたる諸問題を掲げて検討を重ね，その考え方の骨子を，概ね次のようにまとめ，草案に入った。

① 長期保険である年金制度は，沖縄の実情に即した弾力性のある制度とする。
② 適用範囲のうち，政府外部機関については今後検討する。米軍雇用員は枠外とする。

③ 管掌は当分の間,政府とする。
④ 在職年計算の始期は行政分離の日である1946年1月29日とする。
⑤ 給付の種類は,退職,廃疾,遺族年金の3種類とする。
⑥ 費用負担は分担拠出制を原則とする。
⑦ 料率算定方式は,平準保険料方式を原則とする。
⑧ 積立金は公務員に福祉還元できることとし,福祉事業に関する規定を設ける。
⑨ 在職年計算の遡及による未払込みの掛金部分については,本人の負担すべきであった部分については,給付額から減額し,使用者及び政府負担部分についてはこれを減額しないものとする。
⑩ 恩給受給権者,恩給期待権者には将来,この制度との調整ができるよう調査研究を続ける。

このような骨子を前提として,1965年3月従前の1次試案及び2次試案にこだわることなく,第3次試案の草案を終えた。この案について,非公式に米国民政府労働局との事前調整に入ったが,米軍雇用員を対象としないこと,在職年計算の始期を1946年1月29日としたこと等でなかなか進展を見なかった。

(5) 公務員退職年金制度研究小委員会の設置

琉球政府行政主席は,1965年4月行政府内に公務員退職年金制度を討議するための小委員会を設けた。その委員として,政府部外から2名,政府部内から11名,計13名の委員が指名された。この委員会は第3次試案をたたき台として5回にわたって会議をもち,その結果を報告書にまとめ,行政主席に報告した。〔公務員退職年金制度に関する報告書・琉球政府(1965年)〕行政主席は全面的にこれを了承した。

3. 公務員退職年金法の成立

(1) 琉米合同社会保障委員会の発足

行政主席は,1965年2月米国民政府ワーナー首席民政官との間で,合同専門委員会の設置について基本的了解を得ていたが,同年4月米側委員3名が任命

され，名称を琉米合同社会保障委員会とすることになった。琉球政府側委員は，内務局長，計画局長，文教局長の3名であり，米国民政府側委員は，計画局長，広報局長，労働局社会保障専門官の3名であった。この委員会の機能は，総合的社会保障の制度を構築することにあるが，その最初の仕事として，公務員退職年金制度についての調整が議題とされた。その第1回の会議の結果，共同声明が発表され，公務員退職年金制度については，米軍の琉球人職員を含めないこととされた。〔琉米合同社会保障委員会共同声明（1965年）〕その後，1965年5月の中旬にも連続的に会議が開かれ，活発な意見調整が行われた。

(2) 公務員退職年金法(案)及び同特別会計法(案)の立法勧告

行政主席は1965年5月19日，米国民政府との公式の事前調整を終了しないままに，公務員退職年金法(案)を立法院に送付し，また同特別会計法(案)も行政副主席名で，同月26日に立法院に送付した。その立法勧告の理由と骨子は次の通りである。

なお，立法院においては，公務員退職年金法(案)は行政法務委員会へ，また同特別会計法法(案)は内政委員会へ，それぞれ付託され，慎重に審議された結果，公務員退職年金法(案)は同年7月28日，同特別会計法法(案)は翌29日に本会議において成立した。立法院における審議の過程で公務員退職年金法(案)については，次のような一部修正がなされた。

① 公務員退職年金法の適用対象者に「立法院議員及び中央教育委員会の委員」と「市町村議会の議員及び教育区教育委員会の委員」が追加された。

② 上記の公務員，並びに就任について任期を有する公務員については当分の間，この立法は適用しない。（付則14条）後日，早急に調査研究の上，法の一部改正を行い整備する。

③ この立法の施行期日は，公布の日から起算して，「3年をこえない期間内」を「2年をこえない範囲内」に訂正された。

議決された両立法(案)は，関係機関との事後調整を終え，1965年8月12日付で米国民政府 USCAR–LSC メモ A 32号により，法案審査委員会から正式に事

後調整の承認文書が届いたので，行政主席は同年8月20日両法案に署名し，公布し，次の立法となった。公務員退職年金法（1965年立法第100号）及び公務員退職年金特別会計法（1965年立法第101号）である。なお，この特別会計法はその後，社会保険特別会計法（1966年立法第52号）が制定され，その中に統合されたので，同法付則2項により廃止された。

(3) 所掌事務部局の移管

1965年は行政組織法の大改正があり，社会保険は一括して「保険庁」で所掌することになった。そのため公務員退職年金制度の事務は，すべて同年8月1日付で内務局人事課から厚生局保険庁年金課へ職員とともに移管された。

4．公務員退職年金法の施行

準備事務及び実施担当庁である保険庁は，1966年7月1日をこの制度の実施予定日と定め，諸規則，細則の立案，広報資料の作成等を開始した。その過程で，次のような陳情・要請等があり，その調査研究も平行して行なわれた。

(1) 1965年11月，米国民政府労働局は，何とか軍雇用員を公務員退職年金制度の適用対象とするようにとの口頭による申し入れを行った。保険庁は，これについて適当でない旨の見解をまとめ，同年12月末，行政主席の決裁を得て，琉球政府見解として米国民政府に文書で提示した。

(2) 1966年1月，沖縄市町村会は，市町村長等及び市町村関係団体職員を，公務員退職年金制度の適用対象とするよう要請した。〔公務員退職年金法の一部改正に関する要請について・沖市町村第25号（1966年）〕これに対し保険庁は，市町村長等の特殊公務員については，法の一部改正を行い，市町村関係団体職員については，今後，調査研究することとした。

(3) 琉球土地住宅公社は，同公社職員を全面的に公務員退職年金制度の適用対象とするよう2回にわたり陳情した。行政主席は会議を重ね慎重に審議した上で，適用できない旨の回答を行った。

このような中で諸準備を整えた公務員退職年金法は，その施行規則（1966年規則第83号）及び施行細則（1966年規則第84号）が1966年6月に公布され，同

時に「公務員退職年金法の施行期日を定める規則」(1966年規則第82号) も公布され，施行期日が同年7月1日と定められた。公務員退職年金制度は琉球における公的年金制度の嚆矢となった。

5．公務員退職年金法の改正経過と法の廃止
(1) 法改正の経過

公務員退職年金法は，その施行後，他法による一部改正を含めて，10回の一部改正が行われた。主なものは次の通りである。
① 社会保険審査官及び社会保険審査委員会法（1966年立法第57号）が，1966年7月に公布施行されたため，公務員退職年金法独自の審査機構は，関係条文とともに廃止された。
② 通算年金通則法（1970年立法第55号）及び通算年金制度を創設するための関係立法の一部を改正する立法（1970年立法第56号）が公布施行されたことに伴い，公務員退職年金法の一部が改正され，通算退職年金制度がとり入れられた。
③ 公立学校職員共済組合法（1968年立法第147号）の制定施行により，教育関係職員は公務員退職年金法の適用除外とされ，1969年7月に設立され公立学校職員共済組合の更新組合員として，その身分が引き継がれた。

(2) 法の廃止

1969年の公務員等共済組合法（1969年立法第154号）の制定施行に伴い，1970年7月1日公務員等共済組合が設立され，公務員等は同日から公務員退職年金法の適用が除外され，同共済組合の更新組合員として身分が引き継がれることになった。そして公務員等共済組合法附則2条の規定により，公務員退職年金法は1970年7月1日付で廃止され，公務員退職年金制度はその幕を閉じることになった。（本土復帰までの沖縄の社会保険のあゆみ・42頁）

6．公務員退職年金制度の概要

琉球の公務員退職年金法は，1966年7月1日から施行され，1970年7月1日

に廃止された。法施行のための準備期間も含めて，この5カ年の間における公務員退職年金制度の事業の概況は次の通りである。

　⑴　同制度の適用対象となった公務員の数

①　法施行時の公務員の数は，政府関係1万3924人，公立学校関係8555人，市町村関係4313人，電電公社関係1374人，計2万8166人であった。

②　公立学校職員共済組合法施行日の前日（1969年6月30日）における同組合の更新組合員となるものと見做される公務員の数は，文教局・琉球大学関係3812人，公立学校関係9389人，計1万3201人であった。

③　公務員等共済組合法施行日の前日（1970年6月30日）における同共済組合の更新組合員となるものと見做される公務員の数は，政府関係1万2792人，市町村関係5356人，電電公社関係1663人，計1万9811人であった。

　⑵　公務員退職年金勘定からの給付

同制度の適用により社会保険特別会計（公務員退職年金勘定）から支払われた給付金は，年金・一時金を合わせて1967年度において9万6490ドル，1968年度は26万6573ドル，1969年度は54万410ドル，そして1970年度は39万3403ドルとなっている。

　⑶　公務員退職年金制度の財政状況

①　決算上の各年度の過剰額は，1967年度が390万3281ドル，1968年度は504万4577ドル，1969年度は489万2850ドル，1970年度では486万9383ドルとなっている。これらの金額は逐年積み立てられ，資金運用部へ預託された。

②　公立学校職員共済組合及び公務員等共済組合の設立に伴い，社会保険特別会計（公務員退職年金勘定）から，それぞれの共済組合へ移管された資産額は，現金預金，未収政府負担金，未収負担金，未収掛金及びその他の未収金を含めた合計が，公立学校職員共済組合へ704万4695ドル，公務員等共済組合へ1254万3662ドルとなっている。

③　同制度の審査請求事件は，社会保険審査官に対する不服申し立てが，1968年度1件，1969年度1件，計2件が受け付けられた。これらは何れも

退職一時金支給に係るものであり，1969年度において1件は原処分取消，もう1件は請求棄却として結審している。(本土復帰までの沖縄の社会保険のあゆみ・47頁)

まとめ

沖縄の年金制度は，米国民政府の統治下で，その整備が始まり，米国民政府の意向と，本土復帰をふまえた内地の制度との整合の必要にそれぞれ対応しながらも，琉球における社会・経済の特殊性を踏まえた個性的な年金制度の形成が模索された。特に総合社会保障の理念のもとに展開された初期の公的年金制度の形成の試みと，草の根のレベルでの老齢福祉年金の制度を目指した運動が，その後の「住民皆年金」への端緒となったことは注目される。

参考文献・資料
『本土復帰までの沖縄社会保険の歩み』(財) 沖縄医療福祉事業団 (1978年5月)
『沖社協三十年のあゆみ』沖縄県社会福祉協議会 (1981年)
『沖縄国民年金の歩み』沖縄県 (1992年)
『1971年度国民年金事業報告』琉球政府社会保険庁年金課
佐藤進「沖縄社会保障の問題点」国際自由労連東京事務所 (1967年)

第7章

健康保障の蹉跌

　第2次大戦の敗戦により，沖縄は日本から行政分離され，米国の施政権下に置かれ，多くの面で立ち遅れを余儀なくされた。とりわけ，医療保障の面では全く皆無の状態であった。琉球政府が医療保険の創設作業に着手したのは，1955年のことであったが，その後，政府の方針は二転三転し，実に10年を経た1965年にようやく医療保険法が成立した。しかし，この医療保険法は，被用者とその家族のみを対象としたものであり，医療保障を最も必要とする農漁民・自営業者等の多くの住民は除外されていた。また給付方式も現金給付制をとり，被保険者にはきわめて不利な制度であった。

1節　占領下沖縄の医療保障の沿革

　敗戦直後の沖縄は，米軍の占領下にあって，開業医制度は認められず，その医療供給体制は，占領軍による医療奉仕と，各群島政府の下に編成された医療組織によって供給が図られた。その後，民生の安定につれて，1951年頃には開業医制度に認められるようになり，医療施設も逐次整備されていくことになった。しかし，医療保険制度の整備の基盤は余りにも不十分であり，その他の社会的諸条件も劣悪な状況にあった。

　一方で，1953年頃には，福祉三法と労働三法が立法され，これを契機として，社会福祉の面での積極的な施策を求める声も高まり，医療保険の必要性も認識されるようになった。琉球政府社会局でも，医療保険制度の創設について，具体的な方策を建てることになった。まず，学識経験者を中心とした制度

研究懇談会が設置され，制度に関する基本的計画のあり方，実施方法，時期などの検討が行なわれた。

1．健康保険制度研究懇談会

1955年3月17日，政府社会局職員と有識者20人による研究懇談会が教育会館において開催された。ここでは概ね次のような意見が出された。政府側からは，医療保険制度の確立は急務であり，医療給付に関して医師会の全面的な協力が必要になるので，保険給付に迅速性が求められ業務の円滑な運営が考慮され，また，保険収支のバランスも十分に検討して立案する必要があることが指摘された。労働側からは，健康保険だけでなく，国民健康保険も同時にやってはどうかという提案があった。これに対して政府側は，沖縄では，生活困難者の生活保障として生活保護法があるので，ここでは生活能力のある勤労者を対象として，健康保険法から先に実施した方がよいと述べている。医療側からは，医療保障が急務であるとしても，日本の制度を直輸入することはせずに，一般的な医療公営制度を作ったらどうかという提案があった。また事業主側からは，政治・経済・産業の現状をふまえて，現実と遊離したものにならないようにして欲しい，などの意見がだされた。結論として，健康保険法の制定に全員が賛成した。

琉球においては，公的扶助はすでに実施されていたが，就業者の生活の安定を図ることは急務であり，健康保険法を制定し，社会保障制度を整備する必要があった。1953年に失業保険法案を立案した際に，より健康保険法案の方が優先するという世論にもとづいて，健康保険法の調査研究が始まった。1954年10月琉球政府は，社会局次長を日本に派遣し，日本の医療保険制度の現状，内容，問題点などについて調査を開始した。また，戦前の健康保険行政の経験者を嘱託として任命し，準備にあたらせている。

2．健康保険法案の作成

琉球政府社会局は，日本の制度を段階的に導入することとし，第1段階とし

て被用者を対象とする健康保険を創設し，続いて国民健康保険，日雇健康保険などを導入し，最終的には全住民をこれらの制度に包摂するという考えをもっていた。このような方針に添って1955年7月から医療保険制度の創設作業を始め，翌年1月には健康保険法案の作成を完了した。この法案と日本の健康保険法との相違点は，事業主も被保険者としていること，被扶養者の給付は当分の間行なわないこと，被保険者となる従業員には採用の際に健康診断を義務づけること，結核の療養の給付を行なわないこと，一部負担率を4割とすることなどであった。

　日本法は，被保険者とその家族を対象としているが，琉球の場合，保険市場が狭いので，一応，被保険者のみを対象として，その実施によって確実な資料を得てから，徐々に扶養家族に及ぶようにした。また琉球では事業主が従業員を採用する場合，健康診断を行い健康な者を採用させるようにする。日本法ではこの点がうたわれていないので，健康保険が濫用される傾向にある。日本法では事業主は被保険者でないが，ここでは被保険者とする。日本では給付の大部分が医療給付であり，その4割を結核患者の入院治療費が占めているので，琉球では同時に，結核予防法の立法を要求し，結核関係の医療給付を健康保険の給付から除外し，結核予防法により政府負担で治療することとした。健康保険の事業費及び運営費を特別会計とした。

3．公聴会の開催

　この法案に関する公聴会が，政府側，医療担当者側，事業主及び勤労者側の参加者を集めて，1956年1月，教育会館で開催された。この席で，医療担当者側は，十分な資料をもとに慎重に検討したい。日本では保険財政は赤字となっているが，収支の財政的な見通しがあるのか。限られた住民だけの福祉に役立つ制度でよいのかという意見が示された。事業主及び労働者側からは，負担の問題もあるのでもっと研究したい。労働基準法にもとづいた労災保険を優先させるべきだとの意見が示された。

　翌1957年1月から同法案に関する公聴会が開催された。健康保険制度に対す

る一般住民の関心はうすく，庶民の立場からの要望や意見は低調を極めた。一方で，医師会はこの制度によって特殊の利害関係に立たされることから，活発な意見発表が見られた。そして公聴会は，政府と医師会の間の緊迫した議論の場となった。

　健康保険法案についての公聴会では，制度の早期実施の必要性は認めつつも，慎重な検討を求める声が多く，立法勧告は見送られることになった。この法案の基礎となった日本の制度について，既に多くの欠陥が露呈しており，財政上の危機に瀕していることを重視しなければならない。この欠陥を補う進んだ制度を考える必要があり，財政計画の基礎に関する資料の整備とその綿密な検討も必要である。再検討を求められた琉球政府は，「健康保険調査会」を設置し，調査を進めることになった。

4．琉球独自の医療保障制度

　琉球政府は1956年10月，これまでの計画を白紙に戻し，日本における医療保険制度の欠陥を根本的に調査することとし，財政の基礎資料の収集も行うことにした。本土の医療保険制度は，制度ごとに各々の発展の経緯を持っており，各制度の間には矛盾撞着を生じ，給付の不均衡をはじめ多くの欠陥が明らかになっており，その是正が求められている。沖縄が，このような日本の制度を無批判に導入することは好ましくなく，むしろ一本化した住民皆保険制度を創設することが望ましい。

　この時期に制度構想の面で，従来のものから大きな飛躍があった。それは日本の制度を基礎とする方法に頼らず，琉球独自の制度を確立することが政府内で基本方針として確認され，1958年1月この方針に添って新しい制度構想が作成された。その骨子は，すべての琉球住民を被保険者とし政府が管掌する。給付は現金によることを原則とする。医師による診療の内容を直接に規制する措置はとらない。保険給付に充てるため住民に保険税を課す。保険税は人頭割りと所得割りに大別する。この新制度案は1960年度を実施目標年度として具体化の作業が進められた。

この構想は斬新なものであり，皆保険制度の構想は高く評価されたが，当時の社会状況や住民の生活実態との乖離は大きく，解決すべき問題は少なくなかった。しかし，この構想の意義は大きく，その後の沖縄の医療保険制度構想の基盤に大きな影響を与えた。

　琉球政府は，制度の基本構想の樹立を急ぐこととなり，1958年1月，日本政府厚生省の担当者を2ヵ月間にわたり招聘し，その指導を受けることになった。講師の招聘については，米国民政府の事前承認が必要であり，その調整には細心の注意が必要であった。厚生省担当者の現状分析と助言は概ね次のようなものであった。制度の構造としては，全住民を対象とした保険制度を原則とし，現金給付制をとる。制度の内容として，保険事故は業務上外を問わないものとする。療養費の支給を原則とし，補完的に療養の給付を行なう。給付率は6割とする。医師の診療の自由を認める。医療保険税は2種に分かち，第1種税は人頭割と所得割で構成され，第2種税は被用者に課されるものである。琉球政府社会局は，この助言を慎重に検討した上で，これを軸として1958年2月に「医療保険制度要綱」を作成し，局長会議の承認を得た。この要綱に従って同年12月医療保険法案を完成させた。

5．医療保険制度創設審議会

　新制度案の出現をうけて1958年10月「医療保険制度創設審議会」が新たに誕生した。ここでの議論の問題点は，保険財政に赤字が生じた場合の補てん方法の問題，保険税率の問題，保険給付費用の問題，など主として保険財政に関するものであった。政府は，住民の負担力と政府財政の現状を勘案して，当初の制度案をいくつかの段階に分けて実施することにより，財政上及び管理上の隘路を緩和し，終局的に全住民を包括する堅実な方法として，制度の段階実施案を提案した。

　この制度が，全住民を対象としたものであり，住民の理解と協力が制度の成否を左右することから，広く住民各層の意見を反映させるために，行政主席の諮問機関として学識経験者及び政府職員25名からなる「医療制度創設審議会」

が1959年1月に設置され，医療保険法案についての諮問がなされた。同審議会はこれを受けて10回に及ぶ審議を重ね，同年4月に答申を行なった。答申では，法案の基本的構造については適切妥当と認めるが，保険財政に対する最終的な責任の所在，事業費に対する政府負担と保険税率の問題，制度運用に関する具体的な問題などについて，審議会は若干の異見を呈するとともに，さらに慎重な検討を求めた。

一方で，政府は1958年12月に，全医療機関を対象とした医療実態調査を実施するとともに，翌年2月に日本の厚生省技官を招聘し，調査結果の集計処理の指導を受けた。また，5月には厚生省大臣官房企画室事務官と社会保険監察参事官を日本から招聘し，制度の実施に伴う法制面の指導を受けた。また，琉球列島米国民政府とは，継続的に医療保険法案の調整を進めるとともに，先に実施した医療実態調査の結果をもとにして，細部にわたる詰めが行なわれた。その結果，医療保険制度創設審議会の答申の内容を全面的に採用することは適切でないとして，ほとんど原案のままという異例の再諮問を1960年2月に行なっている。

この再諮問を受けた同審議会の答申は1960年4月に出されたが，その内容は前回の答申と全く同じものであった。そこで政府は，審議会の答申をそのまま採用することを避け，法案の基本的な考え方を変えない範囲で答申を受け入れることとし，若干の修正を加えた後，法案を決定し，同年5月初めに立法院に対して立法勧告を行なった。しかし，同法案は立法院の会期切れのため審議未了で廃案となった。ついで翌1961年に，一挙に包括的皆保険法案を立法勧告するために総合的な資料の整備・検討を行なった。しかし，保険財政の問題などから立法勧告を見合わせることになった。また実施時期の点では原案を修正し，対象を被用者とその他の二つの階層に分け，段階的に実施することとし，1967年を目途に，被用者とその家族を対象とした医療保険を実施し，1968年以降にその他の住民に拡大し，住民皆保険を達成するという案を作成した。

6．医療保険の段階的実施

　この案は1961年5月に，医療保険制度創設審議会に諮問された。その結果は翌年5月に答申と建議として示された。同審議会は制度の段階実施を一応是としながらも，将来において政府財政，その他の客観的情勢が好転した場合には，一挙に全住民を包括する方法を改めて採り上げ，その実現を強力に進めることを求めている。政府案はこのように原則的には支持を得られたが，実施順位については，社会保障の観点から総合的に検討を加える必要があるため，答申と建議の趣旨を実現するために努力することとし，立法勧告は再び見送られることとなった。

　1962年10月に，これまでの医療保険制度創設審議会は廃止され，新たに行政組織法に基づく「社会保障制度審議会」が設置された。この行政組織法上の審議会は，特別法による審議会とすることになった。これは医療保険制度について社会保障全般との関連を考慮しつつ，総合的な視野から審議会が積極的に調査研究活動を行なうことを期待するとともに，社会保障計画の立案に影響力をもつ権威ある機関の設置の必要性に応えようとしたものである。

　政府は1964年1月，社会保障の関係施策を総合的な視野から調査研究するために審議会の所管を計画局に移した。また，米国民政府の示唆にもとづき社会保障財政計画に関する保険数理専門家を招聘したが，必ずしも十分な成果は得られなかった。また同年3月には「沖縄における社会保障制度の整備方策」について，そのあり方を社会保障制度審議会に諮問している。その答申は5月に行なわれた。この答申の中で，福祉社会実現のために医療保険制度を早急に実施すべきこと，その実施にあたっては日米からの援助の獲得，財政の強化，業務の簡素化，迅速化，医療経営の合理化，近代化などが重要であるとされた。

　これを受けて政府は，医療保険制度の早期実現を図る観点から，当面は被用者保険として実施することとし，将来この一本の制度にその他の住民を包括して行くこととした。この被用者を対象とした医療保険法案が作成され，政府は関係方面との調整を行い，米国民政府の承認も得て，2度目の医療保険法案の立法勧告を立法院に対して行なった。この法案の特徴は，給付の受給要件を設

けたこと，資格喪失者にも一定の条件のもとで給付が行なえるとした点であり，これにより保険財政の安定と失業者や退職者の医療の一定程度の保障を可能にした。

　沖縄における医療保険の構想は二転三転を繰り返したかに見られるが，その究極的な論点は，対象範囲の問題であって，一挙包括実施か段階的包括実施かに関する議論に行き着く。制度の基本である，単一の制度による全住民の包括，療養費償還方式，報酬比例制などの方針は一貫しており，制度全体の骨格が動揺を続けたわけではない。

　立法勧告を受けた立法院では，法案を支持する与党と，低所得層の優先実施と現物給付を主張する野党各派との間で，激しい論戦が展開され，結局会期切れまでに結論が得られず，さらに慎重な審議と調査研究を要するとして継続審議案件となり，次期議会に持ち越されることとなった。

7．医療保険の制度化

　苦しい住民の生活状態のなかで，一旦，疾病に罹患すると，それが大きな負債となって住民の生活を圧迫し，その桎梏から離脱することは著しく困難となる。発病しても医師の治療を受けられず，安価な売薬に依存し，そして病膏肓に入ることが一般住民の実情であった。このため沖縄の社会福祉協議会は，医療保険法の制定作業が始まった時に，この制度が予定通り早期に実施されることを要望した。これは公聴会において健康保険法案が，医師会側の財政計画に関する反対で，実現が危ぶまれたことを懸念してのことであった。その後，設置された医療保険制度創設審議会が，医療担当者代表に牛耳られ，医者に有利に政府案が修正されることは重大問題であるとして，審議会のあり方を批判している。

　医療保障制度の整備が遅滞している沖縄では，福祉貸付金に医療資金の貸付を含めることが必要であるとして，その実施を政府に要請し，1960年に実現している。また1961年2月，社会福祉協議会は医療保険制度についての住民の意識及び要望などを調査した。この「医療保険制度に関する意識調査」の結果に

よると，医療保険を知らない住民が 6 割以上も存在すること，住民の97％までが医療保険を必要としていること，その 8 割以上は皆保険を望んでいることが明らかになった。すべての住民を対象とした医療保険の早期の実施を強く要請した。沖縄社会福祉協議会は医療保険の「制度化促進運動」をすすめ，住民の生活実態を踏まえて，中小企業団体から民主化団体，労働組合までを含めた広範な団体に働きかけ，「医療保険制定促進連絡協議会」を結成し組織的活動を展開した。

立法院文教社会委員会は本法案審議の付託をうけて調査研究と数十回の審議を重ねたが，そこでの議論は，実施の順位，皆保険移行の時期の明確化，給付方式，政府負担の明文化などの問題が中心であった。委員会は1965年 6 月，被用者保険とすること，1970年までに皆保険に移行すること，療養費償還方式とすること，政府負担については予算立法に委ねることなどの基本構想に添って，委員会案を与党が単独で審議・決定し，7 月13日に本会議に上程した。本会議でも激しい議論が展開されたが，延長会期の最終日前日に賛成多数で委員会案を可決した。7 月29日に成立した「医療保険法」は 9 月 4 日に行政主席の署名をうけ 9 月 7 日に公布された。

この年の 8 月，政府は大幅な機構改革を実施し，医療保険制度の新設を踏まえて，各種社会保険制度を総合的に所管する保険庁を新設し，その下部組織として域内 5 カ所に保険事務所が設けられた。また翌1966年 3 月には医療保険法にもとづく医療保険審議会が発足した。一方，実務に携わる職員の訓練については，日本の厚生省から専門官を継続的に招聘し，その指導助言の下に実施した。法施行のための諸規則の立案をはじめ，実施体制の整備も進められた。1965年10月には，沖縄から29人の研修生が日本の厚生省社会保険研修所に派遣され，理論面での研修を受けるとともに，各都道府県での実地研修にも参加した。

政府は1966年 3 月，医療保険審議会に対して，保険料率について最初の諮問を行った。これをうけた審議会は，給付費の政府負担の問題と療養費算定基準における総医療費の問題で，支払側委員と医療担当側委員との間で議論が紛糾

したが，公益委員による調整が功を奏して，政府負担の問題等の基本的事項については，今後継続的に検討することで双方の了解がつき，同年5月答申の運びとなった。保険料率は1000分の32となった。次で，1966年6月療養費算定基準及び医療担当者事務取扱規則の各案について諮問をうけた審議会は，政府案を一部修正した上で同年8月答申を行なっている。

このようにして，医療保険法施行規則と療養費算定基準，保険料率及び医療担当者療養事務取扱規則がそれぞれ公布され1966年7月から保険料徴収が始まり，10月9日から給付が開始された。沖縄の医療保険はここに名実ともにスタートした。

8. 医療保険の制度改善

沖縄の医療保険制度は，その創設に着手してから約10年にわたる年月を経てようやく成立した。しかし，この制度は，実施面において日本においても類を見ない制度であり，沖縄においては初めての経験であった。このため事務面においては困難をきわめ，一時は給付の遅延なども発生し，不評を買うこともあったが，徐々に軌道に乗り制度に対する理解も深まるにつれ，保険給付も急速な伸びをを示した。その後，この医療保険は財政的に十分な余裕を生じてきたので，給付水準を引き上げることとし，そのための医療保険法の改正について，1968年3月に医療保険審議会に対して諮問を行なった。その主な内容は，給付率を100分の50から100分の70に引き上げること，福祉施設及び保健施設に関する規定を新設することなどである。これをうけた審議会は，法案通りの給付水準の引き上げを認めるとともに，現物給付方式への移行を強く求め，また福祉施設及び保健施設の設置については，時期尚早としてこれに同意しない旨の答申を行なった。この改正法は同年6月に立法勧告され，立法院本会議で7月に可決され，8月に公布された。このように被用者対象の医療保険は整備が進んだが，沖縄の住民の約6割はなお医療保障の対象から外れたままになっていた。一般住民についても，早期の医療保険の実施が求められており，その実現のための調査研究が進められた。現金給付制で出発した医療保険は，実施さ

れると懸念された通り，多くの問題が発生し，住民の批判を受けることになった。社会福祉協議会は1967年1月「医療保険対策協議会」を結成し，現物給付制への移行，給付費の3分の1政府負担，医療機関の整備などを要請している。また「制度改善運動」を推進し，制度改善のため関係団体に働きかけ「医療保険法対策協議会」を発足させ運動を展開した。

9．住民皆保険と療養の給付

一方，日本の佐藤総理の1967年の訪米を機に，沖縄問題は本土復帰を前提として論じられるようになり，沖縄の医療保険についても，本土復帰を前提にした総合的な検討が求められるようになった。本土の制度とかなり異なった内容となっている現行の制度をはじめ，残された皆保険問題の今後のあり方について，改めて検討が進められることになった。そこで政府は，日本厚生省から専門家グループを招聘し，その指導助言の下に次のような基本方針を決定した。それは，一般住民を対象とした保険制度は別途に創設すること，現行保険制度は本土制度に準じて逐次改正し最終的に本土と同様の制度にすること，余裕金については積極的に還元策を講じること，沖縄の特殊事情を考慮する必要のある事項については，当面，それを十分に配慮することなどであった。

以上のような基本方針の下に，医療保険法を改正することとし，1969年6月及び翌年2月に医療保険審議会に諮問をおこなった。これをうけた審議会では，冒頭から改正案を支持する被保険者側委員と，医療担当者側委員との間で，それぞれの主張をめぐり激しい議論が繰り広げられた。被保険者側委員は現物給付制への移行を歓迎する主張を行い，一方，医療担当者側委員は社会保障全体の観点から，一般の住民を包括した単一の制度の創設を急ぐことが重要であり，改正案の二本立ての制度は給付の格差を生じることになり，賛成できないと主張した。また医療保険の余裕金の還元については療養費算定基準の引き上げを前提にして考えるべきであり，単なる現物給付制への移行や標準報酬制への切り替えは保険財政への影響が大きく，直ちに同意できないと主張した。

この対立は深刻化し，医療担当者側委員の欠席により審議会は麻痺状態に陥った。公益委員の再三の事態収拾のための働きかけも役に立たず，正常化ができなかった。公益委員は，意見具申の形をとってはどうかとの意見を示した。また，被保険者代表と事業主代表の委員は，政府の責任で法改正について立法勧告を求める旨の見解表明があった。政府は復帰体制の確立の観点から，医療保険法の一部改正案及び社会保険診療報酬支払基金法案を，原案通り立法勧告をすることとした。これをうけた立法院は1970年8月これを継続審議とした。翌71年9月の立法院文教社会委員会で野党の修正案提出があり，これに添って医療保険法の改正案が，議会最終日の9月30日に可決となった。また，社会保険診療報酬支払基金法案も全会一致で可決された。この医療保険法の第3次改正立法は行政主席の署名を得て同年12月1日公布された。
　この第3次改正により，療養費償還方式から現物給付方式に改められたが，立法院で修正可決された一般住民を対象とした国民健康保険法案については，行政主席による署名拒否が確実になったことから医師会，歯科医師会，薬剤師会がこれに抗議して，医療保険の登録医を総辞退するという声明を出した。そして1971年11月この三師会が，大多数の医療保険医（503人）の辞退届をまとめ社会保険庁に提出した。30日の予告期間を経た同年12月，医療保険医総辞退状態に入った。政府はこの直後，被保険者に対する療養費支給事務に混乱を生じないよう「領収証」による払い戻しを行なう対策を講じた。この混乱は，各方面からの解決の働きかけにも関わらず，復帰直前まで続くこととなった。このため，この法改正の眼目であった現物給付制への移行は，本土復帰まで実現されることはなかった。

2節　住民皆保険

　1945年6月以降，米軍政府の施策として各地区に中央病院，診療所が設置され，文字通りの「無医村皆無」の医療行政が行なわれるようになった。米軍政府による医療の普遍化は，琉球各地区住民の健康を著しく向上させることに

なった。1946年4月には，米軍政府の麾下のもとに大島，沖縄，宮古，八重山の各群島に住民による民政府が創設され，各政府の機構には公衆衛生部が設置され，住民の保健公衆衛生行政が一層強化された。
　米軍政府の下にあって，医療行政は政府の完全管理という形で，極めて理想的に行なわれていたが，住居の不備と極度の疲労が原因で結核患者が時とともに増加していった。150人の入院治療ができる金武診療所が新設され，翌年には逆に患者の減少が見られた。
　ところが1956年6月，医師の自由開業が許可されるようになると，地方の診療所や，地区病院勤務の医師が自由診療に移行し，多くの医師は人口稠密の都市部，那覇，コザ，糸満，石川，名護などに集まり，この頃から地方の診療所や地区病院は医師不足のため衰微して行き，再び戦前と同様に無医村が各地区や離島に出現することになった。政府は，この対策として医介輔の制度を設け，住民の保健衛生の指導管理を担当させた。また那覇，コザ，名護の3カ所と，宮古，八重山に保健所を創設し，住民の保健公衆衛生行政をすすめた。〔琉球結核対策小史・（財）琉球結核予防会・1962年5月〕
　第2次大戦後の世界全般にわたる大きな動向の一つは，人間尊重の理念に基づく国民の生存権を確保するための，社会保障制度の強化拡充である。先進国はもちろん発展途上国までも，この方向への施策の推進に邁進している。社会保障の如何はその国の文化の程度を示すものである。
　沖縄においても戦後の社会的混乱に対処するためにいち早く公的扶助制度が展開され，住民の最低生活維持に大きな役割を果たしてきた。しかし，この制度は最後的施策であり，このような救貧策のみをもって社会保障とは到底いえない。社会保障が一部被保護階層のみならず一般の住民生活の積極的安定策の名に値するためには，社会保険が公的扶助とともにその支柱をなさなければならない。とくに沖縄の場合，住民の大多数を占める中流階層が経済的に貧困で，疾病によって直ちに生活不安定におちいる実情からして，医療保険制度の確立が急務である。〔沖縄市町村会等による医療保険制度早期制定についての要請・1959年6月〕住民の最低生活を保障し，健康で文化的な生活を営めるよ

う健康保険法を制定し，社会保障制度を整備することの必要性についての認識も広まった。

健康保険制度研究懇談会（1955年3月）において労働側委員は，日本における被用者対象の健康保険だけでなく，一般住民を対象とした国民健康保険も同時にやってはどうか，沖縄の現状を見た場合，一般住民を対象とした制度はより重要であることを指摘している。

日本の厚生省から，医療保険制度に関する専門家2名を1958年1月から3月にかけて招聘し，指導及び助言を受けた。琉球の現状をふまえた「医療保険制度要綱」「医療保険事業目論見書」及び「保険医療財政制度確立のための覚書」が出来上がった。琉球政府は，この要綱をとりあげ医療を住民皆保険の方針で進めることになった。〔医療保険制度要綱についての社会局長談話・1958年2月〕

1．住民皆保険制度の計数的解析

招聘した専門家から行政主席に提出された，「医療保険制度要綱」の第2章(5)では，医療保険の被保険者は琉球住民とするとされている。同じく行政主席に提出された「医療保険事業目論見書」（1958年2月）の1．では，医療保険事業を実施した場合の制度全体の計数的な解析が行なわれている。この医療保険は1959年7月から実施したとして，適用世帯数及び被保険者数の見込をそれぞれ15万6000世帯，74万8000人と見込んでいる。これは琉球全住民を対象としたものであり，琉球政府の管轄地域内の世帯主と，その世帯に属する者を被保険者としている。しかし，実際問題として，全住民を被保険者として保険税を課し，保険給付を行なうことは困難な場合が生じる。そこで，この目論見では，増加を見込んだ1959年12月の推定人口85万1000人に，制度の対象となる外国在留者（主として日本在留の留学生）3000人を加え，その対象となり得ない者として，生活保護法の生活扶助の受給者2万8000人，同じく医療扶助の受給者7万人，外国国籍者で保険の対象となり得ない短期在留者3000人，そして福祉法の適用による施設収容者，療養所収容者，刑務所収容者その他住所または

居所不定者など5000人，合わせて10万5000人を控除した74万8000人を被保険者としている。

2．住民皆保険の背景

「保険医療財政制度確立のための覚書」（1958年2月）は，「医療保険制度要綱」を作成するまでの基本的な考え方のメモである。このメモのなかで，沖縄は人口が稠密で耕地は狭隘，そして産業も未発達の状態に置かれており，住民の生活は一般的に窮乏化しているだけでなく，戦後10年余りにして貧富の差が目立ってきており，社会的，思想的な面での不安と動揺も見過ごせないことが指摘されている。社会保障政策を推進し，貧富の原因を排除することに努め，部分的ではあるが，所得の再配分を進めることが緊要である。このメモの(1)制度の構造では，全住民を対象としたことについて，第1次大戦後の社会問題は主として労働問題であり，従って，社会政策としての社会保険も，その保護対象を労働者に限定することが通例であったが，第2次大戦後の民主政治は，社会保障をその基本理念とするに至り，すべての国民を包括する総合制度を樹立することを通則とするようになったとしている。そして日本における社会保障制度の沿革を見ても，当初限られた労働者を対象として出発したが，時代の要請にしたがって次々にその対象を拡大してきた関係上，今日では，各種制度の間に矛盾撞着を生じ，一般国民に対し著しい不均衡を来している。そのためこの整備統合に関して，むしろ制度創設以上の苦心と努力が払われているが，なお総合的な制度の実現をみない実情に追い込まれていることが指摘されている。以上のような二つの理由から新たに沖縄で医療保険制度を実施する場合は，当初より全住民を対象とすることが時代の要請に適い，さらに今後の制度の運営をより円滑にするものと考えられるとしている。

さらに，日本の場合は，医療に関する社会保険制度としては，政府管掌健康保険，組合管掌健康保険，日雇労働者健康保険，船員保険，各省庁共済組合，国民健康保険制度などがあり，その保険者の数は5000にも上る。これらの諸制度の給付内容は，被保険者と被扶養者の間に大きな隔たりがあり，とくに健康

保険組合及び国民健康保険においては，各保険者ごとに給付内容を若干ずつ異にするため，これが医療機関に及ぼす事務上の煩雑さは驚くべきものがある。このため絶えず医師団体から，この制式の統一整備の要望が出されている。また公的扶助，福祉，援護関係の各法による公的医療がこれに加わり，その事務上の混乱は凄まじいものがある。そのため，社会保険診療報酬支払基金制度などを設け，この事務処理の統一を図っているが，いずれにしても諸制度の乱立が行政的ないし事務的能率を著しく阻害し，ひいては制度運用上のロスを顕著にしていることも指摘している。

従って沖縄においては，新たに医療保険制度を実施する場合に，この日本の苦い経験は，再び繰り返さない用意が必要であった。

3．住民皆保険に対する留保

沖縄医師会は，この「医療保険制度要綱に対する意見書」（1958年）の2．において，皆保険制度の整備については社会的に条件が存在し，その一つとして所得保障は絶対的であるとしている。すなわち，完全雇用の制度及び最低賃金の制度が確立しており，保険者としての経済基盤が磐石であることが必要であるとしている。また，その13．では保険財政の責任を民間に対して転嫁すべきでないことを強調し，住民皆保険である以上，その最終責任は政府が持つことになるとしている。

第2期医療保険制度創設審議会答申（1960年4月）に付加された建言では，日本においては，各種社会保険制度に対して相当額の国庫補助を行い，国民の直接負担を軽減し，保険財政の安定を図っている。とくに低所得階層が被保険者の大部分を占める沖縄においては，制度の運用を自主財源にのみ依存することは極めて困難であることを指摘し，国庫補助等の，他からの財政援助の必要性を訴えている。また，この制度が全住民を包括する住民全体の福祉制度である点から見て，施政権者である米国民政府も相当額の財政援助を行なって然るべきである。政府は財政上の不安を除去し，制度創設期における財政の安定を確保するために，政府一般財政において適切な措置を講じるとともに，さらに

進んで施政権者である米国民政府に対して，本制度に対する財政援助を強力に要請すべきであると考える，としている。

1961年5月，琉球政府社会局は医療保険制度案の樹立に関して，広く各方面から意見の文書による聴取を行なった。沖縄教職員会の屋良朝苗は，次のように答えている。疾病が貧困の原因となり，貧困が疾病を招来している実情を思うとき，医療保険制度の実施は極めて重要であり，祖国復帰に備え，本土と共通の制度を施くことが基本的なあり方である。医療保険法案は沖縄独自の立場から考えるのではなく「本土の一環としての沖縄」という立場から，本土と共通な制度にすることが適切である。教職員の場合は，本土の公立学校教職員共済組合へ加入することにより解決することが適切であると主張する。本土共済組合法の早急な適用ができない場合は，沖縄でも同じ保障を受けられるような立法が実施されるべきである。一般の医療保険については「住民を数種類の保険制度で保護する」本土の現行制度には問題があるにしても，次第に改善されつつあるので，沖縄だけ全く違った制度を実施するより，原則的には本土と共通な制度にしておくことが望ましいとしている。

4．住民皆保険の段階的実施

政府は，住民の負担力と政府財政の現状を勘案して，当初の皆保険の制度案を，いくつかの段階に分けて実施することが，財政上及び管理技術上の隘路を緩和しつつ，終局的に全住民を包括する堅実な方法と考えて，制度の「段階的実施案」を案出し，1961年5月に第3期医療保険制度創設審議会に対して諮問している。

沖縄医師会は，1961年5月，医療保険制度に関する意見を表明した。このなかで琉球において，医療保険制度を実施するにあたって，一挙に住民皆保険を実施することは，財政基盤の脆弱性と制度運営の経験未熟の点から考えて，相当の危険性を伴う。そのため，この種保険制度は，需要度の最も高い一部住民階層のみを対象として出発し，財政基盤の強化と，制度運営の熟達に従って，漸次対象範囲を拡大して，皆保険の方向に進むのが安全であることを再度指摘

した。その上で，今回，琉球政府が「段階的実施」を企図していることは賢明な策であり，医師会としても賛成すると述べている。

一方，沖縄社会福祉協議会は1961年5月，各地域の協議会とともに次のような意見を述べている。医療保険制度の「段階的実施」に関して，具体的な資料を明示して皆保険実施までの見通しを明らかにしてもらいたい。この制度が住民の福祉をねらう以上，あくまで住民の側に立ってその便宜を図るべきである。

「段階実施」の方がより堅実であるが，医療保険制度を最も必要としている階層は，後から適用を受ける人々と考えられるので，出来るだけこれらの人々に対する適用時期を早めてほしい（南部地区社協）。

職業，年齢，所得の多少を論ずることなく，全ての住民が必要な医療を保障されなければならない。医療保険制度の実施にあたっては，住民皆保険を希望している。「段階的実施」は社会保障の趣旨にもとるものと考えられる。段階的実施で最初に対象とされる階層は固定的な収入があり，かつ教養もあって衛生思想も身についており，保健栄養もよく，疾病にかかることも少ない階層であり，疾病にかかっても自費をもって十分に療養できる階層である。この階層は全住民の半数にも満たない。「段階的実施」において医療保険が最終段階で実施される住民の階層の大部分は一定の収入がなく，概して教養，衛生思想も乏しく疾病にかかりやすい。疾病にかかっても，これを十分療養することなく，貧困と疾病の悪循環を繰り返すことになる。貧困と疾病を共同の責任において追放する社会保障の医療保険制度なら，むしろ最終段階で実施となる一般の医療保険が先行的に実施されるべきものである。琉球の現状において住民皆保険の実施は幾多の困難が予想され，医師の絶対数の不足，無医村の存在などの問題は，医学関係の契約学生の卒業後の義務年限の延長や無医村への配置などにより，緩和が可能である。また政府診療所の拡充強化と患者移送経費の保険者負担により医療を享受できる。日本における制度のように対象となる住民を数種類の保険制度で保護することなく，社会保険制度を確立し，これと平行して医療の公共化をなすべきである（宮古地区社協）。

沖縄経営者協会は，1961年5月，「段階的実施」に反対であることを表明し

た上で，沖縄において比較的恵まれ，事業や就労等一応安定している5人以上の従業員を雇用する事業場及びこれに雇用されている住民を第1次の対象とすることは，政府の都合で最低所得層を一時的にせよ犠牲にし，見殺しにすることであって，これは国家機関のとるべき方途ではないと批判する。むしろ，就労の機会が少なく，かつ事業不安定であり，所得の低い住民を救済する方途を最初に講ずべきであるとしている。

第3期医療保険制度創設審議会の第3回会議は1961年11月に開催され，諮問内容となっている医療保険制度の「段階実施案」について，一般的見地からの意見の交換が行なわれた。その結果，制度を段階的に実施すること自体には賛成であるとする意見が多く，また一部には「実施時期は遅れても，全住民を一挙に包括すべきである」という意見もでた。結局，採決により「段階実施には異議なし」との結論となった。具体的にどのような段階を踏むべきかについては今後検討することとなった。

第3期医療保険制度創設審議会の第6回会議は1962年3月に開催されたが，そこでは対琉球経済援助の大幅な増額に関する日米共同声明が出されたことをうけて，琉球の社会保障部門における財政事情の将来に向かっての展望は明るいという視点から，一挙に皆保険を実施することについて，改めて考慮すべきであるという意見が提起された。しかし，一方で，このような事情の変化をもって，段階実施の基本方針を棄却すべき根拠とすることは適切を欠くとする見方が強く，むしろ政府の今後あらゆる機会に追及すべき目標として，答申の内容にその旨を付帯的に織り込むことに決まった。

翌月の第7回会議においても，制度の段階実施に関する試案の検討のなかで，これについて低所得層を優先して実施すべきとする意見が一部の委員からだされた。

1963年度政府予算並びに関係法制定に関する要望を，沖縄市町村議会議長会は1962年1月に政府に提出した。そのなかで，議長会は医療保険を社会保障の立場から考えたとき，最初に保険に加入する人は，収入の安定している人たちよりも，もっと収入の低い人々であると考える。その実施にあたって種々の困

難は予測されるが，医療保険の目的から考えても，はじめから全住民を加入させる皆保険制度が適切だとしている。

5．住民皆保険の2段階実施

　第3期医療保険制度創設審議会の答申は，行政主席にあてて1962年5月に出された。この答申に附属された建議書では，その4「広報活動の強化」のなかで，医療保険のように，住民生活と直結する社会保障施策については，健全な世論の醸成という意味合いからも，強力な広報活動が展開されていなければならない。しかし，現実には1961年2月に沖縄社会福祉協議会が行なった，医療保険制度に関する住民の意識調査の結果によっても明らかなように，住民の多くは医療保険制度の早期実施を希望しながらも，政府の医療保険計画についてはもとより医療保険そのものの一般的性格についても，充分な知識を有していない状態にあることが指摘された。そして真に琉球の実情に即し，且つ住民自らが積極的に参加する制度の確立を期待するためには，今後医療保険に関する広報活動を一層強化し，とくに農村漁村等の末端地域に重点をおいて，これを展開する必要のあることを認め，当局の努力を促すとしている。

　また，その5「皆保険への指向」では，今回の答申が一応制度の「段階実施」を是とする立場をとっているが，この態度はあくまでも現状に立脚してのことであり，従って将来日本及びアメリカの対琉球援助の増額等の客観的な情勢が好転を見る場合には，医療保険制度の実施についても，一挙に全住民を包括する方法を改めて採り上げ，その実現方を強力に推進すべきであるとしている。なお，この建議は1958年制定告示308号の医療保険制度創設審議会規定2条2項の規定に根拠を置くものである。同規程は答申のほかに，必要に応じて行政主席に対して，意見を述べることができると定めている。

　医療保険制度創設審議会の会長である我喜屋良一は，第3期同審議会の答申と建議を行政主席に手交したところで，その内容や意向及び今後の課題について次のように論じている。琉球政府が当初，医療保険制度の検討を始めた1955年当時は，本土の制度にならい，5人以上の従業員を雇用する事業所に使用さ

れる者のみを対象とする構想であった。しかし，社会保障制度の意義や世論の尊重等を考慮し，1958年に住民皆保険の線を打ち出した。その間に，本土から専門家を招いて，参考意見を聴取したり，あらましを見積らせたりして，皆保険方式の原案を練り，これを第１期と第２期の審議会に諮問している。そこで，それぞれの答申をうけ，一応の成案を得ている。第３期審議会に対する諮問の中心は「実施方法」におかれ，審議の焦点もそこに絞られた。すなわち政府としては，制度そのものは皆保険方式に則りながらも，その実施にあたっては「段階実施」の方法を採りたいという意向であり，この方法の是非が審議会に問われたのである。この段階の設け方については，当初，３段階になっていた政府原案自体に，その後の計画参事官室との調整に基づく修正が加えられ，結局「２段階制」が諮問の対象となった。つまり，被保険者たる全住民を２組に分け，第１組は1964年７月１日から，第２組はそれより３年後の1967年７月１日から，それぞれ制度が実施される。第１段階で適用を受ける者は，常時５人以上の従業員を使用する事業主に雇われる者（政府，市町村，学校の職員及び軍直接雇用者を含む）とその扶養親族であり，その他の第１段階で適用をうけない全ての住民は第２段階の適用対象となる。政府がこのような方法によろうとする理由は，医療保険運営技術の未熟，医療機関の配置状況，政府財政の限界等に照らして，比較的に管理の容易な段階から実施して，漸次体制を整えてから，皆保険に移るのが堅実で得策であるとの見方に立ったものである。中でも政府財政の限界が大きな理由となっていると述べている。

６．医療保険２段階実施案の内容

　政府案に対する審議会の委員の見解は大別して二つに分かれ，段階実施案を廃して当初から皆保険を実施すべきとするものと，現状に立脚して段階実施自体は原則的に是認すべきであるとの意見が対立したが，多数は後者の見解を支持した。ところが段階実施の「段階」の区分には各種の立場から多様な試みが可能であり，必ずしも政府案が最も妥当であるとはいえない。そこに政府案をめぐって賛否両論が交わされる余地があり，審議会においても否定的または修

正的な見解を示す委員が少なくなかった。例えば(1)第2段階に置かれた人たちこそ不安定な生活を余儀なくされ，医療保険の適用を一層切実に要請されることから，政府案の実施順序をむしろ逆にすべきだという主張や，(2)特定の世帯員の傷病の家計に及ぼす影響の強さと，世帯単位の公平な段階制という見地に立って当初から全世帯を包括的に対象とし，世帯員の中の自営業者，被用者，家事担当者，幼児を第1段階でとりあげ，残りの世帯員を第2段階にまわすという，いわば全世帯包括主義に立脚した2段階制の構想等があった。そのほか，傷病種別，地域別，年齢階層別等の区分も示された。

　これらの構想はいずれも一長一短があるが，(1)の考え方については，政府の財政目論見や運営技術の面から推して実際上の難点があり，そのことの困難性により，現状に立脚した政府案が持ち出されたのだという反論の余地がある。しかし，緊要度のより高い低所得階層の医療保障が後回しにされ，行政の都合と便宜を前提とした政府案の安易な手法には反省を促す必要もある。(2)の構想については，現状から遊離せず，しかも医療保険の意義を生かしながら施策を進めようとする点で政府案と(1)の考え方を組み合わせた折衷案的特質を認めることができる。この場合，第1段階で同一世帯内に受給資格者と無資格者が生ずるケースが多く，この点において世帯員の共同生活の理念からすれば若干の問題がある。それだけでなく，その際，ことが同一世帯員相互間の問題であるだけに，後者が前者の保険手帳を不正に使用するおそれも一層強まる。従ってこの点で政府案の場合よりも一層，運営技術の面での厳しさが要求されるとしている。このように大雑把に見ても，段階的実施については種々の考え方があり，それぞれに長短がある。答申では段階実施の順序については，医療保険の根本的性格と確実な財政目論見の見地から，なお慎重な検討を要することが強調された。

　立法院の1964年7月に開かれた文教社会委員会では，委員から，生活の困窮者が社会保障を一番必要とする。それにも関わらず，官公労，教職員あるいは比較的安定した職場の人たちから，社会保障の制度を及ぼして行き，そのために，さらに数年も，医療を一番必要とする人々を待たせるのは問題であるとの

指摘があった。これに対して政府の参考人は，たしかに，そういった矛盾はあるが，その矛盾は，出来るだけ対象の範囲を拡大し，その人口を増やして行くという目標を置くなかで，徐々に緩和を図ることが好ましいと考えていると述べた。また，教職員会等からいわゆる組合管掌の保険も認めてもらいたいという意見もあったが，そうすると富裕な団体にとっては医療保険が非常にうまい具合に運営されるが，他のものにおいては運営がしにくいという不合理が生じる。官公労では，この問題はわれわれにとっては不利であるが，そういうことを言ってはいけないのだという良識ある態度を示していると述べている。

7．医療供給体制の隘路

　医療保険法案の立法勧告理由に関する政府説明に対する質疑応答（1964年7月2日）のなかで，政府参考人は，皆保険を行なう前提条件として，医療機関がある程度現在の状態から，離島，辺地における再配置が行なわれる状態に変わることが必要になる。それができない部分では，移送費の支給等による緩和，あるいは交通事情の改善による緩和等に期待している。いずれにしても1970会計年度すなわち医療保険法が成立してから5年後の年には皆保険に踏み切るべきだと考えている。保険に対する家族給付の問題は，保険自体を社会保障的な立場で見るか，あるいは企業保険的な立場で見るかによって，家族を入れるべきか否かの考え方が変わってくる。この場合，将来皆保険に移行するという前提に立つならば家族の多寡に関わらず，これを含めた方が好ましいとしている。

　また政府参考人は，日本の社会保障制度審議会の答申を引用して，国民の疾病に対し，公平に完全な保障を提供して，その健康を回復することが理想であることはいうまでもないが，このように医療そのものを保障する建前を貫くためには国が責任をもって公私の医療機関を適切に配置し，その機能に応じて組織化するほかはない。現在または近い将来に，このようなことを実現するのは実際問題として不可能に近い。いま直ちに医療保障を行い，医療そのものを提供することにするならば，国民の中に医療機関を容易に利用しうる者とそうで

ない者とが生じ，医療機関を利用する者のなかでも，技術のすぐれた医師の医療を受けられる者とそうでない者ができ，国民の間の不均等をかえって拡大することになり，やはり矛盾が生じると述べている。

さらに参考人は，組織労働者よりも未組織労働者や低所得者層の医療保険を先にすべきだということは，論を待たないが，問題は，それをやる場合に，実施段階において現実に医療機関の整備というものが不確実なときに，かかる保険を実施した場合には，保険料を徴収するが，医療給付は行なえないという不均等な事実を生む。要するに琉球政府が責任をもって医療保険をする以上は，責任をもって政府の機関が，完全にその医療機関の配置を行なわなければならない。そうでなければ，医療保険を実施しても医療給付を行なえない，もしくは交通機関等の整備が不完全なままであれば，移送費を考えると病気だというのにヘリが飛ばない状態になったのでは非常に心苦しい。保険そのものの趣旨や狙いはよくても，運用上，非常に困った問題が起こる。医療保険の整備は，社会の進歩と歩調を合わせてやっていかなければならない。あえて「段階実施」を承認してもらいたいと述べている〔立法院第25回定例議会文教社会委員会議録第98号〕。

立法院では，医療保険法案の第1読会が1965年7月に開催されている。文教社会委員長による提案理由及び法案趣旨説明では，委員会の審査の過程において，すべての住民に医療保険が早急に適用されることを目標に審議を進めてきたが，遺憾ながら現時点においては保険財政の問題点，医療機関の配置の現状から，住民皆保険で出発させることは困難であり，徐々に皆保険へ移行する段階実施もやむ得ないことが述べられている。被用者保険で出発させる場合には，皆保険の実施年度を明確にしてもらいたいという陳情などもあり，法1条の規定で，皆保険実施の最終目標を1970年度として，政府として1970年度までにすべての琉球住民が医療保険法の適用をうけるように努めなかれはならないとしている。

議員から，皆保険は多年の住民の希望であり要望であったが，今回，皆保険に踏み切れなかった理由は，どのあたりにあったのかという質問に対して，委

員長はその主たる理由として，保険財政の問題をあげた。皆保険にした場合，被保険者，事業主あるいは政府の負担がこれに耐えられるのか，このことから，被用者保険を段階的に出発させることに踏み切った。また沖縄の医師の数が日本の類似県に比して非常に少ないことも指摘している。日本の類似県（島根）では沖縄の2倍から3倍の医師の数をもっている。皆保険にすると受診者の数も自然に増えるので，医療の需給がさらに逼迫するとしている。

議員からの，医師の皆保険に向けての養成の計画を知りたいという質問に対して，委員長は，沖縄の医師の数は340人，歯科医師は92名であり，日本の島根県では医師数が838名で，歯科医師が193名という数になっている。医師の確保の計画について，政府は医学生を多数日本に送り修学させており，そのうち1966年度卒業予定の医学生が30人おり，67年度は20人，68年度が32人，69年度30人，70年度には50人で合計162人を現在計画的に養成している。目標の1970年度までには相当数の医師の確保ができる。また琉球大学では，医学部の設置について関係方面と折衝している。具志川にある中央病院では，研修医の受入れ施設を設け，ここで医学生の研修を実施し，沖縄での勤務に就かせたいと計画している。いずれにしても医師の数を増やして，技術協力や政府派遣なども活用して，出来るだけ皆保険に備えたいとしている。

8．一般住民を対象とした医療保険

住民皆保険の構想については，医療保険制度創設の企画の当初から議論されており，1965年9月の医療保険法の公布に伴い，医療保険の適用のない残り6割の住民について，医療保険法1条が「政府は1970年までに，すべての琉球住民に医療保険が適用されるよう努めなければならない。」との規定を設け，医療皆保険への目標を明確にしていた。この住民皆保険体制の確立を目指して，政府は1967年6月から調査官4名と職員8名のスタッフで企画立案に入った。そして1967年12月に「医療皆保険制度立案大綱」の社会保険庁案が作成された。さらに政府は制定にあたって慎重を期すために，1968年1月日本の厚生省から保険数理，法制，財政の専門家4名からなる調査団を招聘した。この調査

団は，沖縄本島，宮古，八重山の10数市町村を訪問し，皆保険に関する住民の意識，市町村の行財政事情，医療機関の実態など制度立案のために必要な事項を詳しく調査した。また各地域の議会，医師会，歯科医師会の代表らと会見し，意見の交換を行い，その要望を聴取するなどして実情の把握に努めた。この調査団の助言は，現行の職域保険とは別個の地域保険とすること，年次計画により段階的に実施すること，費用徴収は目的税たる保険税として，応能割と応益割の二本立てとすること，少なくとも当面は現金給付制とすることなどであった。

翌1968年5月には，日本から「本土・沖縄一体化調査団」が来沖し，多方面にわたる調査を実施した。その調査結果は7月19日に開催された「日米琉諮問委員会」に報告された。その中で医療保険については，市町村を経営主体とする一般住民のための医療保険制度を創設し，医療機関の整備状況の現実をふまえて段階的に実施しつつ，住民皆保険を実施することとなっていた。この日米琉諮問委員会は，さらに1968年10月4日の勧告19号で「医療保険の住民皆保険化と本土並給付の実現」と題された勧告文を高等弁務官に提出し，その同意を得ている。この勧告では「国民健康保険」を1971年度までに創設することを求めている。

沖縄市町村会は，1969年1月に全琉一円の政府管掌による現行医療保険制度に包括した「一本立ての制度」の医療保険の実施を求める決議をしている。また市町村議会議長会でも，同年2月に同様の決議を行なっている。沖縄医師会も，行政主席に対して一本立ての皆保険の実施を要請している。

このように，制度の基本的構想について，日本と同様の職域保険と地域保険との「二本立て」制度にするか，それとも沖縄独自の方式でそれらを包括して「一本立て」の制度にするかということが議論の焦点となった。しかし結局，政府は本土復帰を前提にして日本と同じ「二本立て」の制度として「国民健康保険法案要綱案」を作成している。これによると，保険者を市町村として，現物給付により給付率を7割とするとしている。これに対して関係団体からの陳情や要請では，本土制度と同様の仕組みを持ち込むことは，現在，日本が抱え

ている諸問題をそのまま沖縄に持ち込むことになる（医師会），また本土方式の採用は財政規模の劣った沖縄の市町村にとっては，住民への過重負担と財政に対する圧迫となり，行政事務の負担と併せて反対である（市町村会），といった意見が強かった。

　日本の総理府は1969年4月に「一体化3カ年計画大綱案」を発表し，その中で「被用者医療保険制度を本土に準じて整備し，本土の国民健康保険制度に準じた地域保険制度を創設する」としていた。これと前後して琉球政府も「医療保険制度を現物給付制に改め，国民健康保険を新設し，1970年内に確立する」との基本方針を決定した。この方針の下に国民健康保険法案を作成し，1969年6月に社会保障制度審議会に諮問している。審議会での議論はもっぱら制度の構造上の基本問題に集中し，半年間13回に及ぶ審議が重ねられたが，意見は対立したままで，賛否両論を併記した答申がまとめられた。法案に賛成する委員は労働者代表委員と政府側委員であり，反対は医療担当者代表委員と市町村側代表委員であった。しかし，この答申においては，何れの意見においても医療皆保険の早期実施と，その基礎的条件としての医師の確保，医療機関の整備を早急に行なうと同時に，強力な財政体制が必要であると主張する点では一致していた。

9．国民健康保険法案と保険医総辞退

　1969年11月の佐藤・ニクソン日米首脳会談により，1972年返還が合意されたことから，政府は，本土制度と基本構造的に異なった一本立ての制度を創設することは適切でないとして，医療保険制度は二本立てで実施することとして，国民健康保険法案を諮問案通りに，次期立法院議会に立法勧告することとした。これをうけて立法院では法案の審議を開始したが，その審議は長期にわたり，紆余曲折の末，政府案を修正した政府管掌，全琉一括実施の自民党修正案が，文教社会委員会に提案され，与党の反対を押し切って採決され，委員会案として決定し，市町村管掌を政府管掌とする一連の修正を加えられた法案が，1971年9月，自民党の賛成多数で可決された。

医師会，歯科医師会，薬剤師会の三師会は1971年10月，政府管掌の国民健康保険法に行政主席が署名しないのであれば，保険医の総辞退も辞さないとする声明を発表した。一方，県労協と沖教組は，11月それぞれ主席に対して署名を拒否するよう申し入れ，革新市町村長会も同様な申し入れを行なっている。政府は，立法院で修正可決された政府管掌の国民健康保険法を実施するには，種々の問題点があるとして，政府管掌と市町村管掌をとり入れ，その選択を市長村に委ねるとした「折衷案方式」を採用し，問題の解決を図る以外に，住民皆保険の早期実現の途はないと考えた。この折衷による立法を制定するためには，立法技術上，立法院で可決された立法を廃案にしてから，新たに立法勧告する必要がある。政府は，この方針を決定し，立法院で可決された国民健康保険法は主席署名が行なわれないまま期限切れで自然廃案となった。
　行政主席による署名拒否の後，折衷案も提示されたが，収拾策として意見の一致するところとはならず，混迷が続いた。日本政府は，復帰前に仮に本土と異なる制度が実施されたとしても，それは沖縄の実情に適したもので，住民の意思によるものであり，復帰後も一定期間はこれを尊重すること，また沖縄で何らかの立法措置が講じられない場合は，復帰後は本土の国民健康保険制度を適用することになるという態度を表明した。政府は，1972年4月，折衷案方式による立法勧告について与党各派の賛成が得られないことから，国民健康保険法を立法しないことに決定し，復帰と同時に本土法の適用を受けることで合意した。
　政府は同年5月，復帰が目前に迫っていることから日本政府に対して，復帰後国民健康保険を市長村営で実施する場合，2年程度の猶予期間を設けて，その間に，実施体制の整った市町村から順次に実施して行くことを要望する意見書を提出した。日本政府は，行政主席からの意見書に応えて，本土並適用とするが，2年間の暫定措置をとることを閣議決定し，沖縄の復帰に伴う厚生省関係法令の適用の特別措置等に関する政令（昭和47年4月28日政令第108号）の一部改正令を5月13日に公布し，復帰後の沖縄の国民健康保険は昭和49年4月1日までの猶予期間を設けて，市町村営によって実施されることになった。

第7章 健康保障の蹉跌

3節　療養費給付の制度

　1958年2月の医療保険制度の制度要綱においては，現金給付主義をとり，療養費の支給を建前とし，補充的に療養の給付を行なうことにしている。医療保険制度を実施する場合，それが現金給付であれ，現物給付であれ，保険給付の中心となるものは，疾病または負傷に対する給付である。またこの給付こそ，保険者対医師団体ならびに医師対被保険者という関係において，制度運用上もっとも大きな問題となる。療養費支給の範囲，程度，方法など，その細部にわたってかなりの問題となり，関係方面においても議論の存するところである。医療保険制度を実施するにあたり，その給付規模をどの程度に止めるかは，制度の企画立案における根本的な問題である。同時に，医療保険事業の内容ならびにその財政規模を決定するキーポイントでもある。

1．全額給付の困難性

　医療保険制度を実施すると否とに関わらず，琉球住民はその家計において一定の医療費を何らかの方法で調達し，それを支弁している。これを，住民の総医療費と呼んでいる。理論上は，この総医療費を，そのまま個人経済から公経済に移転したとしても，国民経済には何らの増減を来すものではない。琉球住民の総生活費に新たな負担を科するものではない。従って，療養費の全額を給付するところの理想的な医療保険制度を実施することが，絶対に不可能だとはいえない。

　しかし，現実の問題としては，琉球住民が個人経済のなかから医療を利用する場合と，公経済の負担において医療を利用する場合とでは，諸事情が根本的に変わってくることも，看過できない事実である。医療保険が実施されると，潜在的な患者の顕在化が進み，受診率が急激に上昇することになる。このことは医療保険制度の実施の経験から推して明らかである。医療保険制度が実施される以前の住民の総医療費と，制度実施後の総医療費とを対比すると，後者が著しく膨張することは明らかに予測される。沖縄のように，これまで医療保険

制度の全然行なわれていない地域に，当初より完全給付を目途とする理想的な医療保険制度をにわかに実施することは，甚だ危険であると考えられた。

第1期医療保険制度創設審議会の頃の事業目論見（1958年2月）においても，この給付は被保険者が疾病に罹りまたは負傷した場合，その業務上外を問わず，被保険者が医師その他のものに支払った医療費について，保険者が一定の支給基準によって計算した療養費を，被保険者に支払うものであるとされている。とくに行政主席が指定した医療機関について，被保険者が診療をうけた場合または保険者において必要と認めた場合には，診療費の支給に替えて，直接療養の給付を行なうことができることになっている。この場合は医療費の一部を被保険者が負担しなければならない。

医療保険法案（1959年5月）でも，これを受けて次のような条項を規定している。

20条 療養を受けたときは，被保険者に対し，その療養に要した費用について，療養費を支給する。

21条 政府立病院または診療所においては，その医療担当者から前条の療養費の支給に代えて，療養の給付としての療養を受けることができる。

２．療養の給付制度の要請

1961年5月，沖縄社会福祉協議会は，医療保険制度に関する意見を政府に提出し，給付の方法について，法案では政府立の病院または診療所においては現物給付を行い，一般開業医の場合は，医療費で給付することになっているが，住民の立場からすれば現物給付が望ましいと述べている。医療費払いの場合は治療を受けたあと，ひとまず全額を被保険者が立て替えて，それからその何割かを保険者に請求することになる。これでは第一に，その手続が面倒であり，高額の医療費を要するときには，その立て替えが困難な場合も考えられる。また医療費がごく低額の場合は手続が面倒だというので，当然受けるべき医療費を請求しないで，全額自己負担で受診するということも考えられる。

したがって，被保険者が気軽に診療を受けるためには，本土のように現物給

付が望ましいのではないか。もっともこの場合，医療及び医療費の統制ということも懸念されるが，これは医療費払いにした場合にもある程度考えられることであり，そのための医療者との紛争も，何れにしても全然起こらないとは限らない。要は，この制度が住民の福祉をねらう以上，あくまで住民の側に立って，その便宜を図るべきである。医療費払いの制度はボーダーライン層の住民に保険制度のよさに対する考え方に誤解を与える。この制度は療養給付の制度をとり，（中部地区社会福祉協議会）医療費払い方式を採用した場合，生活困窮者がその支払にすぐ困るので，医療施設への支払猶予（保険金が給付されるまで）または福祉貸付資金や母子福祉貸付金制度の中の医療貸付を拡大するなど低所得者が気軽に医療を受けられるよう万全の対策を講じるべきである（南部地区社会福祉協議会）としている。

　沖縄経営者協会も1959年5月に医療保険法に対する意見をよせて，次のように述べている。保険金請求手続については，被保険者という多数の人々に請求の手続をさせることは，いたずらに給付事務を遅延させ，かつ政府またはその委任を受ける地方自治体に多人数の事務担当者を必要とすることになる。さらに，被保険者が保険金の請求をする場合，どうしても医療担当者またはその使用人から治療費の明細，療養に関する医学上の証明を必要とするであろうから，医療担当者─被保険者─政府という段階を経るよりも，むしろ医療担当者─政府の直結により，被保険者の委任によって保険金の請求，受け渡しをさせることが，住民経済の実情や保険財政操作の観点からもよいと思われる。とくに政府事業に占める人件費，運営費の軽減を図り，保険財政の効率を高めるためにも必要である。

　沖縄市町村長会も1959年5月，医療保険制度に関する要望を政府に提出し，その中で，原案では医療費払制度を採用する方針であるが，その場合，被保険者，とくに中以下の階層が病気により法の適用を受けようとするとき，平常でさえ不安定な生活状態に，一時的であってもその費用の工面でさらに困窮に陥ることが憂慮され，またそれにより気軽に療養に応じられないことになるので，この制度の採用については，相互扶助の立場から，被保険者が充分に療養

に応じられる適切な制度（現物給付制度などの折衷案）を是非講じてもらいたいと訴えている。

　沖縄官公労は1959年5月，医療保険制度について次の様な内容の意見書を提出している。政府仮案では現金給付方式（医療費払い方式）を採用しているが，官公労はあくまで現物給付主義（療養給付方式）を主張する。現金給付を採用した理由について政府は，①医師会との紛争をさける，②現物給付では診療内容を審査するには手続き上困難点がある，の2点をあげている。日本においては現物給付主義を採用し，診療報酬額の決定，その支払方式，診療内容等について，政府と医師会との間に問題を投げかけていることを知っている。これらの問題点については，医師会側と被保険者側の利害に直接結びつくものであり，両者の間には，一方に利すればそれだけ他方に害する結果になる。このような理由だけでは現金給付方式の採用に納得できない。医師会との紛争になる診療報酬額の決定，診療内容の制限については，保険財政の負担割合，被保険者の負担能力の限界等にも拘束される。特に診療内容に何らの制限を行わなかった場合には，診療報酬額の決定如何によっては，保険財政が膨張し，赤字財政を招く恐れが十分ある。保険財政との関連からして，診療報酬の額を公定化する必要があるし，診療内容についても制限診療は必要である。制限診療を超える給付については，患者と医師の自由契約に基づく自由診療を認めればよい。現物給付の場合において，支払にあたっての審査を十分に行なえない欠陥はある。しかし，水増し請求のような保険詐欺は患者と医師が結託すれば現金給付方式においても十分可能である。このような欠陥の是正は，審査機構の強化を待つ必要がある。

3．療養費給付と医療団体

　立法院文教社会委員会（1964年7月）において，政府参考人は，本土の場合には保険医の指定制度をとり，それによって現物給付制度が行なわれていることを指摘している。医師自身の承諾のもとに現物給付が行なわれているが，沖縄では，医師の部分的な協力だけでは医療保険の実施は不可能である。そこで

指定医の制度をとらず，全医師が医療保険制度に参加することを前提にして，現物給付によらずに現金給付制度を採用した。この制度によるならば沖縄の医療事情においても医療保険の施行は可能だと考えられるとしている。

これに対して委員からは，現金給付制度を採用することが医師の協力を得る鍵ということになるが，現金給付制度を採る事によって本当に，医師の協力を得る事ができるのかという質問が提出された。

政府参考人は，保険医の指定制度をとらないことから，すべての医師がこの法律による医療保険の対象となると考えていると述べている。

また委員は，現金給付制度には非常に大きな問題があるが，この医療保険制度では保険医を指定するわけでなく，また単価を決めるわけでもないのかという質問に対して，政府参考人は，政府が支払う際の算定基準は存在する。また医療費の基準については医療団体との間で協定することになっている。医療団体との協定が成立すれば政府の支払の基準と医療団体の診療費は合致することになると答えている。合致するというが，そこが一番難しいのではないのかという委員の指摘に対して，政府参考人は，そこで今後の医療保険行政において，医療団体との間の誠意のある交渉が非常に重要になると述べている。

委員からの，医療団体との間の合致を前提にすることができるなら，現金給付でなく現物給付制度が可能になるのではないのかという質問に対して，政府参考人は次のように述べている。現金給付にしても現物給付にしても，各々一利一害がある。日本の社会保障制度審議会もこの問題については相当に検討している。医療そのものを保障することが理想だと認めつつも，医療費の負担が生活の安定を損なうことのないように，医療そのものの保障ではなく，医療保険によって医療費を保障することになる。療養費払いを採ることになると，医師と患者との自由な人間関係と，医師の自主的な判断による医療を尊重することになり，制限診療の弊害を除き，医療技術の向上に寄与し，統制に伴う多くの無駄を排除できるほか，医療費をめぐる数多の紛争を回避できる。一方，日本においては現物給付はすでに国民に親しまれており，医療を受けるときの出費が少なくてすむため，早期に治療を受けることになるという長所がある。こ

れが日本における社会保障制度審議会の療養給付方式についての一つの結論となっている。沖縄では，一応療養費払い方式で出発して将来において現物給付も併用できる体制を整えるべきではないか。すなわち代理請求の制度が出てくることになる。この制度では，医師が患者に代わって政府に医療保険金を請求することになり現物給付となる。将来においてはこのような制度も平行して行ける体制を作る。しかし，スタートの段階では，そういったものは全部除くことになる。

　将来において現金給付を現物給付に移行する場合には次の4つの事項が充足されている必要がある。①開業医の理解と協力，②政府立病院，診療所の内容の整備，③保険者すなわち政府内に医療技術の専門官を充実させる，④開業医が自由診療として保険給付外の差額を徴収して診療を行なえる途を開く，の4点である。②は実際に現物給付を行なっても困らないようにするための措置である。一番問題となるのは医学専門家の大量養成が要る③である。〔第25回定例議会立法院文教社会委員会議録第98号〕

4．療養費給付方式の立法化

　医療保険法案の審議は，立法院議会において1965年7月から開始された。文教社会委員長は，保険給付の方法については委員会において意見が分かれたことを指摘し，療養を直接給付する現物給付方式を採用すべきであるという意見と，療養費払い方式すなわち現金給付方式を採用すべきであるという意見とについて，慎重に審議した結果，

⑴　被保険者の受診率が高まり保険財政が破綻する。
⑵　沖縄の現状では医師の絶対数が不足しており，専門医による診療報酬の査定のための審議会の設置さえ困難である。
⑶　診療報酬が均一化され医師の技能差，施設差が認められなくなり，医療の進歩を妨げることになる。
⑷　政府の現金給付の方針を改めて現物給付方式にすると医療保険制度の出発を遅らせることになる。

以上の理由により，医療保険制度を一日も早く出発させ，長い間の住民の強い要望に応え，医療費の支出に苦しんでいる人々を救済することとし，制度の運営にとってもっとも重要とされる堅実な保険財政を維持するために現金給付方式，すなわちフランス，ベルギー，スウェーデン，デンマークなどの諸国で採用されている療養費償還方式で出発することにしたと述べている。

　また，議員からの，現金給付の場合，診療を受ける際に現金の持ち合わせがないとどうなるのか，という質問を受けて，委員長は以下のように応えている。

　現金給付も現物給付もお金を準備するということでは変わりはない。ただ現金給付をとった場合，全額を準備しなければならない。準備する額が違うだけである。持ち合わせがないと診療を受けることができないということについては，法ではなかなか打つ手がない。実際には職域であるいは共済組合などで何か立て替えをやったり，その辺りの融通の方法は各人によって決められると思われる。医者が給料日まで支払を待ってくれないということも少ないと思う。

　さらに議員からは，現金給付と現物給付とでは政府の負担すべき費用，財政に大きな差異が生じるというが，どのくらいの差異が出るのか，また，どうしてそういう差異が出てくるのか，という質問に対して，委員長は，総医療費は，現物給付にした場合，現金給付の3倍になると見込まれる。それは医療保険が現物給付で出発した場合には受診率が高まり，現金給付のときのおよそ3.2倍になるという事情があるからだ，と答えている。

5．療養費給付に対する反対論

　1965年7月に開かれた，立法院定例議会の医療保険法案第3読会において，以下のような反対討論が展開されている。すなわち，行政府と与党は現金給付主義を主張しているが，この方式で行くと労働者は平素，毎月給料から一定の保険料を支払いつつ，医療を受ける必要がでたときには，医療費の全額を自分で準備して医師に支払い，後日政府に行って現金の給付を受けるのであるから，資金繰りの困難さと仕事や交通の不便，時間の損失のために労働者は多大

な迷惑をこうむることになる。このことはいきおい受診率を抑制することになり，住民生活の安定と保健の向上に寄与するという法の目的に添わない結果となる。中には政府から受ける金額の小さい場合には，権利を放棄する者まで出てくることが考えられる。

　さらに重要なことは，医師が従来通り自由に診療報酬を受けとるのに反して，被保険者である労働者は政府があらかじめ定めた診療報酬の一定割合しか受けられないことである。これでは医療費の保障にはほど遠い。住民が平素，頼母子をかけておいて，病気になったときにそれで支払をするのと大差がない。政府の現金給付は頼母子の利息分程度にしかならない。これでは社会保障としての医療にはほど遠い。住民はお金がないから医者にかかれない。医療保険の役目はお金がなくても，医者にかかれて，さらに完全に治して貰えることである。

　現物給付は優れた方式であり，この法の目的に添うものであることは明らかである。これに対して医師会や行政府の側から，現物給付にすると受診率が3倍以上にも跳ね上がって保険財政が破綻する，医師の絶対数の少ない沖縄では混乱が生じる，現物給付では医療費の公定化がなされ，制限診療になる等の意見が出されている。しかし，これらの理由はあまり障害にならないと考えている。まず受診率が高まるから保険財政が破綻するという点では，受診率が伸びることは好ましいことで，いままでお金がないために医者に行けなかった者が，保険制度ができたために容易に医者に行けて，病気もこじれる前の初期の段階で治療できることこそ，立法の意図するところでなければならない。

　受診率が伸びることによって，保険財政が本当に破綻するのだろうか。そのようなことは，ありえない。保険財政の破綻を主張する側には二つの前提がある。その一つは医療保険財政を一応，本土政府と切り離して考えていること。二つ目は，保険財政の最終責任が政府にあることを伏せて，被保険者の支払う保険料総額の枠内で支出を考えていることである。このような前提に立って後ろ向きで保険財政を考えるから，政府や与党のような結論がでてくるのである。しかし，この医療保険法を真に社会保障の一環として実施していくという

のであれば，単に医療保険を政府が管掌するというだけでなく，その財政上の責任を政府が負わなければならない。

　ちなみに委員会案の現金給付でいくと，政府の負担は89万1000ドルであるが，これを現物給付にした場合，給付費の10％を政府負担として216万4000ドルとなる。給付費の35％を政府負担とするとしても政府の負担総額は397万ドルにとどまる。これだけの政府負担で現物給付が可能になる。これだけの金額を社会保障のなかでも最も望まれている，医療保障の事業のために支出できないはずがない。

　要は前向きに考えるか，容易に出発させるかの違いである。医師数が少ないから混乱が起きるということも間違っている。このことは800人の医師数で80万人の人口を擁する島根県において現物給付がスムーズにいっている事実からも明らかである。〔第28回定例議会立法院議録第34号〕

6．療養費給付の賛成論

　同じく，立法院の第3読会では，次のような賛成討論が展開されている。受益者団体が現物給付を主張する立場も理解できる。また医療団体が現物給付に反対し，現金給付一本を主張する理由も医療界の現状からみて理解できる。この給付制度をいずれにするかは10年来の困難な問題である。それぞれ一長一短があり，その国の社会状況によって定める他に方法はない。

　現物給付は当然医師の診療報酬を均一化しなければならない。個人個人の医師の能力差，また各医療施設の設備差を認めず均一化することは，医学の進歩を阻害し，医療の低下に通じることで，表向き被保険者に有利に見える現物給付も，事実は被保険者に損害をもたらす制度であると医療団体は主張する。また現物給付は医療費が増大するので保険財政を緊縮しなければならない。そのため制限診療になり，医療の低下を来し，被保険者にしわ寄せが行くという主張である。沖縄で医師の数が極端に少ないのは周知の事実である。現物給付にすると医師の診療業務の他に保険に伴う事務が増加する。そのために医師の診療能力が低下する。医療法人の不足している現状では，その被害は直接に住民

に降りかかってくる。

　現物給付の場合に当然予想される乱受診，乱受療を防ぐ方法がない。ドイツ，フランス等の国家財政の確立している国でも，その一つの方策として初診時の費用は全額患者の自己負担としているが，それでもなお，その目的を達していない。委員会案は現金給付を前提とした財政目論見を作っているが，これを現物給付に修正すると，これに見合う財政目論見の抜本的な建て直しが必要になる。さらに，これに付随する諸経費，診療査定要員の医師の必要数の確保などが求められる。しかし沖縄の現状では診療査定要員の医師の必要数の確保は極めて困難である。〔第28回定例議会立法院議録第34号〕

　医療皆保険実施のため1968年1月，来沖した日本の社会保険庁総務課長ら4名の調査団の報告書の(5)に医療給付の方式に関する記載があり，現金給付方式に関する賛成論か展開されている。現物給付制の場合は，給付費が非常に増嵩し，保険財政を不安定にする危険性がかなり強い。実際問題として医療担当者の協力が得られにくいこと等の事情を勘案すると，少なくとも当面は，現金給付制とすることが適当である。〔松下医療保険調査団報告書・1968年2月〕

4節　医療保険財政

1．総医療費の推定

　1950年代後半の沖縄においては，結核予防に関する公費医療，並びに少額の生活保護法による医療扶助が行なわれている程度であって，住民医療の殆どの部分が自由取引に任されていた。そのため，拠るべき資料に乏しく，その総医療費を推計することは甚だ困難である。そこで総医療費を推計するにあたり，次のようなプロセスを経ている。(1)琉球住民の負担限界と目される総医療費の推定，(2)琉球住民が現に負担しつつある総医療費の推定，(3)医療保険制度を実施した場合の総医療費の推定，の順で以下に検討する。

　　(1)　琉球住民の負担限界

　まず，琉球住民の負担限界と目される総医療費の推定では，沖縄の経済力と

琉球住民の生活水準ないし所得の階層別分布，その他の種々の要素から推定することになり，単純に割り出すことは大変に困難であるが，現に日本において国民が負担しつつある総医療費をもって仮に琉球住民の負担限界であるとみて，これを琉球住民にあてはめると総医療費が6億8000万円と推定される。国民所得より推定する総医療費の負担限界は，その国民の所得階層別，並びにそれぞれの階層に対するエンゲル係数を考慮し推計しなければならないのであって，単にその総額から算術的に算出されるものではないが，そうした資料の取得が困難であるため，仮にこの数字を一つの目安としている。次に，琉球住民の家計から見た総医療費の負担限界を推定すると，日本における健康保険の保険料率が勤労者の負担の限界にきていると認められることから，仮に沖縄の全家計において，この限界まで負担が可能とすると，その総医療費は6億9600万円と推定され，国民経済から推定した総医療費と近いものになる。

　(2)　住民の現実の負担

　次に，琉球住民が現に負担しつつある総医療費の推定であるが，これも拠るべき資料がなく，わずかに社会局及び企画統計局の行なった実態調査を基礎として観察することになった。社会局は1956年1月から12月までの1年間の実態について医療費実態調査を翌年2月に行なっている。この調査によると総医療費は2億8700万円，1人当たり医療費は平均350円であった。誤差脱漏を10％として考慮すると，この総医療費は3億700万円となる。また，企画統計局の調査は，1957年12月の1カ月分について，全琉球の世帯のなかから無作為抽出によって医療費の実態調査を行なっている。この調査による沖縄の総医療費は3億4083万円と推計され，前項の社会局の調査と比較してもほぼ同様な結果を示している。

　(3)　医療保険実施の場合の負担

　そこで，この医療保険を実施した場合に，琉球住民が現に負担しつつある総医療費がどのように変化していくことになるのか。医療保険制度を実施した暁には，医療が個人経済のなかで自由取引に任されていた時と比して，かなりの増加を来すと考えられる。総医療費の増加の要因としては次のようなものがあ

る。
① 医療費の直接個人負担が軽減されるため，それまでの潜在患者が顕在化し，受診の機会が増える。例えば，早期に受診するようになる，売薬から医師の受診に切り換える，老齢者の歯科補綴が増加する，などである。
② 個人が直接の経済的負担から解放される結果，診療日数，入院日数の長期化その他患者の要求に基づく濃厚診療の傾向が強まる。
③ 医療機関においても患者負担を考慮することが少なくて済み，そのため医療内容の質が向上する。
④ 医療保険制度実施の結果は，被保険者の受診機会の均等化を図る必要から医療機関の整備拡張が進められ，医療の規模は拡大することになる。しかし，総医療費がいかに増大するとしても，医師の稼働能力の隘路が存在することから，琉球住民の負担限界までは達しない。

日本においては，昭和29年度の保険給付費が昭和24年度に比して2.4倍にも増加した。その増加原因の究明がなされたが，各種の要因が錯綜しておりこれといった極め手を発見することができなかった。これまで医療保険制度の全然実施されていない地域においてこれを実施するのであるから，その増加率の推定は甚だ困難である。しかし，日本における医療保険事業の経営の経験を総合してこれを考察すると，大体において制度実施後の増加率は30％と見込むのが妥当とされる。この増加率をもって医療保険の財政計画を作成している。〔医療保険制度確立のための覚書・1958年2月〕

２．療養費支給基準の構想

この医療保険制度では，給付規模を総医療費の60％として，事業の財政規模を策定している。総医療費の60％にあたる3億数千万円の資金を，被保険者に給付する際の配分率を定めるものが，療養費支給基準である。療養費支給基準を策定するにあたっては，次の4つの条件が満たされていなければならない。

(1) 保険財政の安定性

医療保険制度を実施して住民全体の医療について社会的な共通基金を作ると

いうことは，すなわち医師への支払を円滑にし，かつ豊富にし，反面住民の家計における医療費支出を平準化し，臨時的支出を平常的支出に振り替えようとするものである。それにもかかわらず，保険財政が絶えず赤字に脅かされ，医療費の支払が停滞しがちとなれば，もはや医療保険制度を実施した大半の目的は失われることになる。保険財政の安定性を保つことは制度的にも，また制度の運用面からも，大いに努力しなければならない問題である。

　(2)　医師の自由診療

　医療に対する不適切な直接統制を避けるということである。医師の儲けすぎや弱者に冷淡といった批判が巷にないわけではない。しかし，それが医療の本質でないこともまた明らかである。したがって偏った見解から，医療保険制度を実施することは甚だ危険である。医師もまた現在の資本制経済機構の中に生き，社会的に活動していることを素直に認めなければならない。さらに医療には，対患者関係というものが入り込んでくる。この関係においては，診療行為の行なわれた場の空気というものを大切にしなければならない。それを後日に至って，理屈で批判し，統制しようとすると，そこに問題が絶えないことになる。日本の医療保険において診療報酬の審査について年がら年中，小競り合いが絶えないのは，経済的な理由よりも，むしろ診療の自由が制限される医師の不満であると推察される。あまりに不適切な診療行為は是正されるべきであるが，制度的に，これを直接統制することは，かえって医師の診療行為が歪められ，あるいは過剰診療に流れ，あるいは萎縮診療に陥り，その結果は，治療の効果を妨げ，また経済的な損失を大きくすることになる。そこで，この制度では，医師に対して身分的拘束を加えないこと，つまり保険医制度などは実施しないこと，並びに医療費全体の公定価格を定めないことの二つを前提として，療養費支給基準を定めることを構想している。

　(3)　医師の事務手続の簡素化

　このことについては日本でも絶えず問題になっている。医師は技術に奉仕すべきであって，医師が事務手続きに忙殺されるようなことは社会的に大きな損失である。

(4) 給付の公平

社会保障ないし社会保険制度として当然のことであるが、ただ「公平の観念」について必ずしも統一的見解があるわけではない。療養費支給基準の定める目標として定率給付が公平であるのか、あるいは定額給付が公平であるのかは、保険税の負担と合わせ考えて議論のあるところである。しかし、全体として所得格差の高い住民を対象とする医療保険制度においては、給付の公平を期する考え方から、後者に重点を置く療養費支給基準を構想している。

以上の4条件を満たすに足る療養費支給基準の形式としては、被保険者に周知することが容易で、医師の計算事務の簡便なことから「金額表示形式」とする。その金額表示の方法については、生活保護法で用いられているところの診療報酬点数票にあるような、診療行為ごとの金額表示を用いる他ないものと考えられた。何れにしても、診療行為ごとの金額表示による支給基準を定めることが妥当と考えられた。この支給基準は字義通り、被保険者に対する支給基準金額であって、診療行為ごとの医療費を公定化するものではない。いわゆる定額給付基準を定めるものである。

もし、これを定率給付基準として、医療費の一定率を給付するような定め方をすると、その一定率の金額を算出する必要が生じ、ひいては診療報酬の公定化が行われることになる。日本の国民健康保険では健康保険の点数票を用いて、その一定割合を支給する形をとっているため、点数票、並びに一点単価そのものに問題が生じ、いつも医師との間に紛糾が続いている。また被保険者の側からしても、高額の治療についても、少額の治療についてと同じ割合の負担することは、入院患者の場合にはその負担に耐えられない者が生じ、定率給付に対する不満が述べられている。被保険者からみれば、疾病や負傷は所得の如何に関わりなく発生するものであるから、それが重症患者であろうと軽症患者であろうと、被保険者の負担分はなるべく均一化することが望まれる。

このようなことから、金額表示による定額給付方式の療養費支給基準を構想した。そこで、その診療行為ごとの金額は何を目安に定めるかといえば、各地域における慣行料金の実態調査を行い、それと点数票の表示点数などを考え合

わせ，結果的に一定の給付率となるような金額をもって給付金額とすべきである。この場合，診療行為の程度に応じて段階的に給付率を想定し，それに相当する金額表示の行われることが望ましい。

　少額診療を給付外とし，高度の医療には高度の給付率よる金額表示を行うことになれば，悪平等の弊を防ぐことができる。また，頻度及び内容が絶えず変化しやすいものを給付外とするため，保険財政の安定が得られること，また，被保険者に対する療養費支給基準を定めるが，それは医療費全体の公定価格を定めるものではなく，自由診療の余地を残すものであるから，医療費の公定化に伴って起こりやすい医療内容の歪みは，最小限度にくいとめることができる。また，療養費請求件数の減少にともなって，医師の手数も簡素化される。このような方法は日本でもまだ行われていない，考え方としては，このような構想を前提として医療保険制度要綱が作成された。〔医療保険制度確立のための覚書・1958年2月〕

3．医療保険税

　医療保険制度その他社会保険制度を実施するにあたり，これに要する費用を誰が負担するかは，もっとも基本的な問題である。一部の階層の国民に対して，社会保険制度を実施する場合は，主として，保険料にその財源を求め，政府または地方公共団体が一般租税による財源の中から，その経費の一部を補てんする形をとっているのが通例である。しかし，琉球におけるこの制度要綱では，原則的には，琉球住民全体を対象とするものであり，その給付も統一的に実施しようとするものであるから，この通例を直ちに沖縄に実施することは必ずしも適切ではない。沖縄における医療保険制度の財源調達の方法としては，大きく分けて2つの場合が考えられる。その1は，完全な社会保障制度として財源のすべてを一般租税に求め，住民に対して無拠出無差別に給付する方法である。その2は，全住民に対して医療保険税として特定の目的税を設定し，主としてそれを財源として運営する方式である。この点に関して保険主義を採用したところで，無拠出・無差別給付が適当でないことははっきりしている。こ

の制度要綱では，医療保険事業を経営するために，目的税としての医療保険税を設定し，全被保険者からこれを徴収することにした。〔医療保険制度確立のための覚書・1958年2月〕

(1) 第1種医療保険税

　この医療保険税を第1種と第2種に分かち，被用者に対しては第2種を課し，その他の被保険者には第1種医療保険税を課すことにした。第1種医療保険税は，被保険者1人当たりの人頭割額と，医療保険の適用を受ける世帯の総所得割額との合算をもって構成する。直接税としての租税は，一般に応能原則により納税義務者の経済能力に応じて負担するのが建前である。したがって，医療保険制度において応能原則一本で貫き，特別の保険基金も設定せずに制度を実施するとすれば，それは完全なる医療公営となり近代的な社会保障制度とされることになる。しかし，現段階において保険主義を採用し目的税を設定し，これを財源として特別の基金を設けることは，単に応能原則一本ということではない。制度の運営にあたって，ある程度の応益原則をとり入れ，保険数理から割り出される受益の程度を標準とし，あるいは家族構成の多寡により，受益者負担を課することが，反面で，この制度に対する住民の関心をよび，円滑な事業運営に役立つことになる。人頭割額を最低基準として，それに所得割を加味した目的税をこの制度要綱では採り上げている。

(2) 第2種医療保険税

　次に，第2種医療保険税については，賃金所得に応じて賦課し，その半額を事業主が，他の半額を，その事業主に使用される被保険者が負担することとした。このように折半負担とした理由は，現に日本においても健康保険等でその実例があること，並びに業務上の災害については，労基法に基づいて，事業主がその全額を補償する責任を有するからである。しかし，業務上の災害のみをもって，その事故発生率から推して，折半負担の統計的根拠を見いだすことはできないが，業務外の疾病傷害に対しても，事業主はその被用者の福祉を増進する意味において，ある程度の経済的援助をすることが，医療保険の各国における通例となっている。この制度要綱においても社会保険の通念に従い，第2

種医療保険税を折半負担とした。なお，第1種医療保険税と第2種医療保険税とでは税率に若干の相違がある。それは第2種医療保険税に業務上の負傷疾病に対する給付の財源を求めているからである。そのため第2種医療保険税は，労働基準法の適用のある事業主に使用される被保険者に限って徴収することにした。

4．医療保険税率

この制度においては，保険事業に要する費用，主として保険給付の所要財源を得るため，医療保険税と称する目的税を設定する。この医療保険税は，すべての被保険者に対して均等に賦課する平等割と，所得の多寡によって賦課額の異なる所得割とによって構成される。これによって保険給付の費用額及び保健施設，または福祉施設の費用を確保することになる。財源の調達方法としては，所要財源の約3分の1を平等割で徴収することとし，残りの約3分の2を所得割で徴収するこことする。

平等割では，被保険者1人当たり年額120円を徴収し，所要財源の約3分の1を確保することになる。所得割では，被保険者が被用者の場合は，源泉徴収によってその者を雇用している事業主が納付する義務を負う。その他の被保険者については，その属する世帯の総所得額によって世帯主が申告納付することになる。

(1) 課税所得の把握

所得に対して課税する場合，その所得をどの程度把握することができるかは重要な問題で，それによって税額が大きく左右されることになる。それは，この制度の財政計画あるいは事業運営にも大きな影響を及ぼす。そのため課税対象となる所得の把握には格別の配慮を払わなけれはならない。特に医療保険制度における保険税は他の一般の租税とは趣を異にし，疾病その他の保険事故が生じた場合には，すべての被保険者が公平にその事故に対する保障が得られるための財源であるから，出来る限り現実に近い所得によって，その能力に応じた税負担が行なわれなければならない。

以上の観点から，住民所得の実態の把握に努めたが，適格な資料が得られないので，この事業計画においては，1957年度の国民所得を基礎にして，1960年度の所得を推計して，それによって医療保険税の税率と税額を計算した。算出された所得見込に対して，課税対象として把握できる所得額を勤労所得において70％，個人所得において50％と見込むことにした。これに所要財源と財政調整のための予備費を，保険給付費の5％程度確保することにして平均税率を求めると100分の1.96となった。個人所得に対する分は世帯主の全額負担となり，勤労所得に対する分は事業主と被保険者が折半負担することになるので，それぞれの負担の均衡を考慮して，個人所得における世帯主の税率を平均税率より若干低くし，勤労所得における税率を平均税率より若干高くして，これを事業主と被保険者が折半負担することにした。その定め方については，保険数理に基づく理論的根拠は見いだせないが，大体の達観で，個人所得の税率を100分の1.7，勤労所得の税率を100分の2.2とした。これによって税額を計算し，財源を確保することになる（医療保険制度の事業目論見・1958年3月）。

　第1期医療保険制度創設審議会が行政主席にあてた答申（1959年4月）では，社会保障制度の一環として医療保険制度を実施するにあたって，とくに考えなければならない基本的な問題点について，資本制経済下における保険制度であることを踏まえて，医療統制を行って医師の個人経済に規制を加えることなく，また，この制度に費用の面で参加する事業主に対しても過重な負担を要求しないよう考慮されていることに対して，肯定的な評価を下している。しかし，保険財政に対する政府の最終的な責任の問題，または事業費に対する政府の経済的負担と税率の問題，その他制度の運用に関する具体的な問題については，法案の意図するものと若干の意見の相違があるとして，なお慎重な検討を求めている。

　(2)　保険財政の赤字負担

　この答申は，法案第33条の次に右の1条を加えることを求めている。「第33条の保険給付の費用が（中略）政府の負担額と保険税収入額の合計額を超過したときはその超過額は政府が負担する。」この条文の趣旨は，保険財政に赤字

が生じたときは政府の一般財政でこれを補填するということである。その理由として，本立法案に規定する保険税率は，市町村における税負担の状況その他種々の状況から推して，およそ住民の負担能力の限界に近いものと考えられる。したがって，保険財政に赤字が生じた場合，これを保険税率の引き上げによってカバーすることは到底望めないものと考える。また一方で，赤字対策として給付率を引き下げることも考えられるが，現給付率をさらに下回る制度では，疾病による経済危険を防止しようとする医療保険制度の目的は到底期待し得ない。保険財政は，その置かれている経済的社会基盤に応じて変動する，極めて浮動性の強いものである。保険財政の安定を期することが保険制度の成否の鍵である。保険財政の浮動性に対応して，その最終責任を政府の一般財政に求めることが最も適切である。経済状況の変動の度ごとに保険制度の基本的内容を改変していては，何時まで経っても保険財政の安定は期し得ない。一般財政といえども結局住民全体の負担に帰するものであるから，住民皆保険を前提とする限り，赤字補填を一般財政に求めることは，住民負担の容易性からみて至極当然といえる。

(3) 保険税率の軽減

第1種医療保険税は応益原則に基づく課税であり，貧富の別なく住民全体が平等に負担するものである。市町村税の平等割額の負担状況は全琉平均で25セント程度であるが，その収納率は極めて低く，多数の住民がそれを負担できない実情にあることは看過することはできない。かかる市町村税の収納状況等からみて第1種医療保険税の平等割額を軽減し，医療保険税に関する住民の直接負担を緩和し，これによって生じた収入欠陥は，政府負担率の増加によって均衡をはかるべきである。

また，法案40条は医療保険保養施設に関する規定であるが，このような施設は，安定した保険財政の見通しができて後に考えるべきものである。また保険財政に余裕ができた場合においても，給付率を引き上げて医療保障の高度化を図ることが先決である。したがって，当分の間は医療保険保養施設の問題は保険事業の計画外に置くべきであるとしている。

社会保障の理念は民主政府の要諦である。所得水準が低く，住民の大部分が低所得層に属する沖縄の現状においては，貧困の最大の原因とされる疾病について，これを社会的に解決しようとする医療保険の実施は急務中の急務である。さらに慎重な検討を加え，適正な医療保障制度の早期実現に努力することが望まれた。

5．医療保険の財政責任

　1959年4月の答申に対する修正再諮問が1960年2月，行政主席によっておこなわれた。これは，法案33条の規定の削除に関するものである。医療保険の財政責任のあり方について，行政主席は次のような考え方を示している。

　政府による保険財政赤字の場合の一般財政からの補填について，保険財政の最終責任を政府の一般財政に求めるのであれば，目的税を設け特別会計を設定して，そのために多額の経費を消費することなく，当初から完全な政府の医療サービスとして一般会計の枠内で運用されるのが妥当である。しかし，医療保険制度の理念としては，あくまで相扶共済の精神を基調とするものであり，被保険者の共同体としての組織以外のものに財政責任を求めることは妥当ではない。もちろん保険者は政府であり医療保険事業の実施責任を負担するのも政府である。さらに被保険者として全住民を強制的に包括するものであるから，社会事情の変転により保険財政に救いがたい破綻を示す場合においては，政府の一般財源から補填されるべき措置が講ぜられるのは当然である。しかし，それは非常措置として考慮されるべきことであって，財政の最終責任は保険財政自体に求められるのを原則とすべきである。医療保険の赤字を無制限に一般会計から補填することは，財政責任の所在を二分し，他力依存の観念を助長し，相互扶助の精神を失う結果となり，医療保険制度の順調な発展は期待し得ない。

　保険税の減額と一般会計からの補填について，医療保険制度創設の当初から赤字はすべて一般会計で補填するような財政計画を建て，これを予算化するようなことをすると沖縄における将来の社会保障計画に一大障害を来すものと思われる。ことに沖縄の医療保障計画は全住民を対象とするがゆえに一般会計に

よる無制限な赤字補填は無意味であり，目的税設定の意義を没却する。一方において所得税の減税を行い，一方において社会保障の財政に対する無限の責任を負うことは矛盾も甚だしい。

　この行政主席の修正再諮問に対して，医療保険制度創設審議会は答申を1960年4月に出している。この答申に添付された「建言」のなかで，同審議会は，医療保険制度の実施にあたって，保険財政の安定を図ることは最も重要なことであり，その確立については細心綿密に計画されなければならないとした上で，医療保険の財政責任について以下のように述べている。保険財政の安定を図る第1の要件は，保険制度に関する住民の直接負担，すなわち保険税負担の適正を図ることである。日本においては，各種社会保険制度に対して相当額の国庫補助を行い国民の直接負担を軽減し，保険財政の安定を図っているが，特に低所得階層が被保険者の大部分を占める沖縄においては，制度の運用を自主財源のみに依存することは極めて困難である。国庫補助等の，他からの財政援助をより必要とする。施政権者である米国民政府が相当額の援助を行って然るべきである。政府は進んで米国民政府に対して財政援助を強力に要請すべきである。そして法案33条の規定について，財政的に安定した基盤の上に，この制度を樹立するためには，それに相当する裏付けが強く要請されるのであり，もし仮に恒常的裏付けが不可能である場合には，少なくとも制度の安定に要する一定期間，時限的措置として一般財源からの赤字補填を明確に規定すべきであるとしている。

　医療保険法案について，琉球列島米国民政府は1960年5月，行政主席に対して次のような趣旨の回答を行っている。琉球政府係官から，本件の医療保険制度は，健全な保険原理に基づいて運営され，その運営に要する費用は医療保険税の税収でまかなう方針であるという説明を受けている。米国民政府としても，この医療保険制度に対する財政的な補助を行うことは出来ないとしている。〔琉球列島米国民政府高等弁務官室 APO 331, HCRI-LA〕

6．医療機会の均等と税負担

　1960年7月，医療保険法案を審議する立法院文教社会委員会では，政府参考人が，この医療保険は，一つの保険財源を基本として実施するものであり，保険自体が住民相互扶助の精神に基づいて，共通の社会危険を防止するという精神であるので，あくまで独立採算的な考え方を持たなければならないと述べている。したがって，この保険を実施するにあたっては，特別財源に基づいた特別財政の執行によって実施すべきであると言う観点に立って，政府として保険財政のあり方を考えた。しかし，この保険財源となる保険税の負担の不可能な階層の人々もおり，こういった階層の人々の負担については，ある程度政府がこれを保障すべきである。政府が保険財政の確立を期するという意味からも，予算の範囲内において，保険財政の保障をするという規定に訂正したとしている。

　これに対して，委員からは，都市地区のように医療機会に恵まれた場所も，それに非常に恵まれない気の毒な状況に置かれている場所の住民も，人頭税のように同じく平等割の医療保険税を負担するということはどうにも納得がいかないという指摘がなされた。

　政府参考人は，いかに手を施しても医療の機会均等ということは，完全に出来る問題ではないと考えているとした上で，政府としては，まず各無医地区には医介輔を設置しているが，この医介輔を早めに正式の医者に切り換えて，その医療の給付を受けられるような状況にしたいと述べている。医者の設置について，それを置く経済単位がそこに成立していなければ開業が困難である。近代医学の発達，その備品の高度化という面からして，ある程度の経済単位がそこに確保されていなければ不可能である。医療機関の整備は政府が積極的に行う。そして医療保険を実施することによる医療経済単位の醸成の面からも，僻地における医者の開業の可能性を追及する。今後5年で150人の医師が修学をおえて沖縄に帰ってくる。政府立医療施設の充実を進めるとともに，無医村に対する政府の負担制度を強化し，その解消につとめる。これを促進するためにも医療保険の実施が必要である。末端においても医療が受けられる制度を研究

していると述べている。〔第16回定例議会文教社会委員会議録80号〕

7．医療保険と各団体の利害
(1) 沖縄教職員会

　政府からの医療保険制度に関する意見聴取に応えて，1961年5月，各団体から意見が寄せられた。沖縄教職員会会長の屋良朝苗も教職員会の利益に依拠した意見を提出している。医療保険法案は沖縄独自の立場から考えるのではなく「本土の一環としての沖縄」という立場から，本土と共通の制度とすることが適切だと考える。そして教職員の場合は，本土の公立学校教職員共済組合へ加入することにより解決することが適切である。もし本土共済組合法の適用が出来ないのなら，こちらでも同じ保障が受けられるような立法を実施すべきである。この場合，財政貧困な琉球政府の責任で行うのではなく，本土政府の負担でなされるよう措置すべきである。一般の医療保険制度については，沖縄だけ違った制度を実施するより，本土と共通な制度にしておくことが望ましい。保険財政については政府の責任で考慮すべきで，全住民を単一組織に包括することにより，その大部分を住民負担でまかなうことは納得がいかないとしている。

　(2) 沖縄経営者協会

　保険費用について第1種医療保険税は，所得の大小に関わらず家族1人につき一律課税することになっている。扶養家族の多い低賃金所得者にとっては過重負担である。企業の年間の総利益に対する医療保険税の比率は，相当な比率に達するものとみられ，民間私企業に及ぼす影響は甚大なものがある。このほかの社会保険の負担額等を考えると，国の強制する制度でありながら私企業が多くの負担を強いられるのは重大であり，再考の余地がある。一方で，医師が全く保険事業の対象から外され，何らの義務・拘束を受けないのは納得しかねる。住民の生命に関わる事業であれば医療費の統制，制限は当然考慮されるべきで，現在のように全く自由に放任して，住民や企業に負担を強いることは立法技術として劣悪である。沖縄では現実にどの医師もどの薬店も，他の企業に

比較して莫大な利潤を得ていることは，政府社会局自身がよく認知していることである。医療費負担は住民の生計を脅かしており，特に低所得層において切実である。医療費や薬価の問題について強硬な統制措置を講ずべきであるとしている。

(3) 沖縄市町村会

原案の第1種医療保険税の均等割額は，全住民を被保険者としている点を考慮した場合，住民の負担からしても過重であり，税収の安定性からも憂慮されるとしている。

(4) 医療団体

法案30条1項及び2項において，医療保険事業の赤字補填につき，政府の負担責任範囲の明確さを欠き，赤字に対して政府において全額負担の責任を負うよう，条文に明らかにすることを望む（宮古医師会）。保険財源に赤字を生じた場合でも，政府が全面的に遅滞なくこれを保障し，医療担当者にそのしわ寄せが来ないよう十分考慮してもらいたい（琉球薬剤師会）などと述べている。

(5) 労働団体

沖縄官公労中央執行委員会は1962年3月，医療保険制度についての意見書を発表し，労働組合としての，医療保険に対する立場を明確にしている。そこでは次のような意見が示されている。低所得層の多い中小企業労働者を包含するため，保険財政における政府の責任も明確にする必要がある。また医療保険制度を確立するには，保険財政の基盤が脆弱な沖縄においては，診療報酬の額の決定，診療内容等について相当の統制が必要だと思う。

保険財政との関連からして，診療報酬の額を公定化する必要があるし，診療内容についても制限診療は必要である。制限診療を越える給付については患者と医師の自由契約に基づく自由診療を認めればよい。政府案の欠陥として，診療報酬の額の公定化，診療内容の制限等によって，医療費の総額を抑制しない点を指摘している。低所得階層の多い沖縄では，保険財源の多くの部分を被保険者及び使用者に求めることになり，その結果，保険財政の赤字を招き，制度に破綻をきたすことを懸念している。

医療保険制度は，政府の責任において，社会的にあらゆる住民に対して医療を保障するものである。その意味で19世紀的な単なる社会保険であってはならない。あくまでも社会保障的な水準に医療保険を維持しなければならない。社会保障として医療保険制度を捉える場合に，政府の財政的責任を明確にしなければならない。政府案ではその財政的責任が曖昧である。

　政府公務員，公立学校職員，電電公社，郵政関係職員のみを対象にして医療保険を実施すれば，保険税だけで療養給付について，公務員及びその被扶養者に対して全額給付できる。すなわち政府案は，公務員等の犠牲において医療保険を実施しようとするものである。仮にそれが被用者保険であったとしても，民間企業の平均給与が低いので，やはり財政的にしわ寄せを受ける。これが皆保険となるとそのしわ寄せは倍加される。

　政府案の保険税については大衆課税的な要素が多分にある。社会保障であれば応能原則をもってその財源を確保することが最も妥当である。低所得階層にとって負担能力を越えるものと思われる。住民の負担能力を越えるような課税内容では医療保険制度に暗い影を落とすことになることを十分に考慮する必要がある。

　全沖縄労働組合連合会は医療保険制度の早期実施要求決議を1962年4月に行っている。その中で，医療保険制度の政府案は，開業医本位のものであって被保険者のためにならないばかりか，新しい税金にもなりかねないことを懸念している。政府立病院等の医療施設はあまりにも少なく貧弱であり，医療行政の貧困さをそのままにしておいて，医療保険制度を実施しようとするところに大きな無理がある。開業医が現在享受している天井知らずの利潤をそのまま保護することになり，住民に犠牲を強いるものである。琉球政府が本土の医療保障制度を沖縄に適用させるよう要求するとしている。

まとめ

　ここでは，琉球列島米国民政府の統治下の沖縄における医療保障の形成過程

に焦点をあて，特に住民皆保険，療養費給付及び保険財政の3つの問題について分析と検討を行った。占領下の沖縄の医療保険制度は，その構想から制度の運用開始に至るまで，実に10年余の歳月を要した。また，運用の始まった医療保険制度に対しても，厳しい評価がなされた。例えば，当時の日本医師会の武見会長は，琉球放送のラジオ番組に出演し，これを「史上最悪の医療保険」と酷評した。また朝日新聞の連載「沖縄報告1969年」でも，大変にネガティブな医療保険の実態についてのリポートがなされていた。しかし，このように制度の実働までに長い年月を要したことや，出来上がった制度に対する否定的な評価は，必ずしも沖縄の医療保障形成過程に対する批判にとどまるものではない。占領下沖縄における医療保険制度樹立に向けた奮闘努力は，先行する日本の医療保険制度の矛盾を克服するための取り組みであり，そのために実に長い年月と困難な議論を強いられたのである。当時，沖縄で提起された医療保障に関する諸問題は，今日においても止揚されているわけではない。むしろ，一層その深刻さの度合いを深めていると言ってもよいであろう。理想と現実の狭間で揺れ動いた沖縄の医療保障構築の試みは，今日においてもなお，多くの示唆を提供している。

参考文献・資料

『本土復帰までの沖縄社会保障の歩み』(財)沖縄医療福祉事業団（1978年5月）
『医療保険関係法規集』琉球政府厚生局
『昭和45年度医療保険事業年報』琉球政府社会保険庁
『医療保険制度創設業務に関する諮問機関の活動』琉球政府厚生局編（1963年）
『政府の考えている国民健康保険制度のあらまし』琉球政府社会保険庁（1970年7月）
『みなさんの医療保険』琉球政府社会保険庁（1968年10月）
「医療保険のしおり」(健康保険) 琉球政府社会保険庁（1968年10月）
佐藤進「沖縄社会保障の問題点」国際自由労連東京事務所（1967年4月）
「沖縄の医療保険の制度化促進・改善運動」(沖社協30年の歩み)（1978年）
我喜屋良一「琉球医療保険制度研究のための一覚書」琉球大学法文学部紀要社会編16号（昭和47年）
保坂廣志「沖縄占領研究―米軍の対沖縄公衆衛生・医療救助活動に関する一考察」琉球大

学法文学部紀要社会編34号（1992年）
我喜屋良一『沖縄における社会福祉の形成と展開』沖縄社会福祉協議会（平成6年）

終章

社会保険統合化の試み

　我が国の社会保障の中核に位置する社会保険の制度は、医療及び年金の各保険とも制度が分立しており、著しく複雑な構成となっており、国民にとって判り難いものになっている。このことは、国民の社会保険に対する関心を希薄なものにしたり、社会保障における不公平感を醸成する遠因にもなっていると思われる。ここでは、琉球列島米国民政府の統治下にあった第2次大戦後の沖縄における、統合的な社会保険制度の樹立の試みを検証するなかで、将来における総合的社会保障の具体化のための要件について考察する。

1節　社会保険統合化の端緒

　1963年2月米国保険教育厚生省社会保険局次長ゼナス・M・サイケス氏が来沖し、沖縄の年金制度を調査し、「統合社会保険」の考え方に依拠した報告書を作成した。同年5月琉球列島米国民政府労働部から、「公務員を含め、常雇用5人以上を置く全琉球事業所を対象とする労働者年金保険制度」に関する強いアドバイスがあった。1964年2月には高等弁務官ポール・W・キャラウェイ中将（P.W.Caraway）が、立法院第25回定例議会にメッセージを送り、労働者退職金制度に関する立法について指摘を行った。この時期から、統合社会保険に関する考え方が台頭してきた。

　このような経過のなかで、当時、沖縄の医療保険制度の創設に関与した梁誠は、琉球における社会保障制度の体系化について、以下のような見解を示している。

将来，琉球において全住民を対象とする医療保険を構想する場合，また，さらに進んで，老齢，廃疾，遺族を対象とした年金制度を構想することも視野に入れた場合には，社会保険制度の総合的計画の青写真を描きながら，現段階の医療保険の仕組みを検討する必要がある。将来のあるべき社会保険の制度の青写真を作り上げ，そこから制度の緊急性，必要性，実現可能性を比較検討し，各種社会保険制度の立案を考えるのが順序である。すでに実施されている労働保険はさておき，医療保険はその創設の緊要度が高く，急を要するものであることは官民ともに認識が一致しているので，医療保険の創設を第一歩として，そこから全住民をカバーする総合的な医療保険制度にまで発展させ，それと関連して他の社会保険制度の体系的な創設を図る必要がある。

1．日本本土の健康保険制度の問題点
　日本本土の健康保険制度としては，被用者を対象とする健康保険法，被用者以外の一般国民を対象とする国民健康保険法，その他，特殊の職域を対象とする各種の共済組合方式による制度など，多数の制度が並列し，その各種制度間に，給付の内容，程度などについて，大きな格差を生じ，国民間に不均衡を生じているだけでなく，多数の制度が並列し，その間の連絡が不十分なため，被保険者の保護に欠ける場合が少なくない。
　本来，社会保険としての医療保険においては，国民に対して，その保護の内容に不合理な格差を生じるような仕組みは，出来るだけ避けなければならない。ことに，琉球のように，比較的狭い範囲内だけの集団で，社会保険を行う場合には，とくに，この点について実施のはじめから注意を払っておかなければ，将来，その是正に多くの困難を抱えることになる。

2．琉球の医療保険整備の構想
　琉球の将来の医療保険制度について梁誠は，単一の制度で全住民をカバーし，保険者を政府だけとすることの「原則」を堅持することが大切であり，この方針のもとに琉球の医療保険の将来像を以下のように構想している。

(1) 被保険者

被保険者は，被用者（第1種）とその他の世帯主（第2種）とする。保険事故は，被保険者またはその被扶養者の疾病，負傷，分娩，死亡とする。保険者は政府とする。保険給付は，療養費，分娩費，葬祭費，移送費，看護料費とする。財源は，その事務費を全額政府の負担とし，保険給付費については第1種被保険者保険料，第2種被保険者保険料および政府負担金でこれをまかなう。

(2) 保険料

被用者である第1種被保険者の保険料については，事業主と第1種被保険者が各々その2分の1を負担することを原則とする。また被用者を使用する事業主は，毎月賃金総額に第1種保険料率を乗じた額を納付するものとする。

その他の世帯主である第2種被保険者は，その所得に応じて，毎月保険料を負担する。ただし，その最高額は，第1種保険料の場合と同様とし，それより下の保険料別階層の区分も大体第1種保険料の場合に準じる。政府は第2種保険料と同額を，政府負担金として負担する。そのほか，政府は必要に応じて，保険給付費の一部を負担するものとする。

上記の財源は，すべて一つの財源プールとして運営されるものとする。しかし，第1種，第2種の保険料については，その財源の中で勘定としては別に，毎年これを算定することを原則とする。

(3) 療養費払い方式と現物給付方式

以上の総合計画では，傷病に関する給付は，一応，療養費払いの方式を採用しているが，医療保険のあるべき姿としては現物給付を採用することが望ましい。しかし，そのためには，次の4つの条件が充足される必要がある。①開業医の理解と協力。②政府立の病院，診療所の内容を整備し，現物給付の模範診療を行える態勢を整える。③保険者の内部職員に医療専門の技官を増員する。④開業医が保険給付外の差額診療費を徴収できる自由診療の途を開く。ただし，この場合，被保険者の現物給付を受ける正当な権利が阻害されないような配慮が必要になる。

将来において，全地域にわたって一律に現物給付方式を採用し得ない場合

は，かって日本本土で職員健康保険制度を創設した際に採用した，現物給付と現金給付の併用方式も考えられる。しかし，この場合にも，上記の4条件の充足，とくに政府立の病院，公立の診療所の充実が必要である。したがって，それまでは被保険者の便宜のために，状況に応じて，①医療担当者からの代理請求，②被保険者に支給される療養費額に相当する金額の貸し付けなどの方策を検討する必要がある。

(4) 給付の受給要件

保険経済の安定の要請から，受給要件としての「保険料納付済み期間」の必要は認められるが，保険経済の安定の見通しが立てば，速やかにこれを廃止することが妥当である。廃止が困難な場合でも，早い時期に，この要件を単に一定期間の「被保険者期間」の存在を必要とするだけに改正することが妥当である。保険者は保険料について滞納処分による強力な徴収権を持っていることから，被保険者期間の存在には保険料徴収という事実が原則として伴うことになる。事業主の保険料滞納の怠慢の責任を被保険者にまで転化することは好ましくない。さらに住民皆保険に移行した場合には，「保険料納付済み期間」を要件とすることは事務的にも非常に煩雑である。

(5) 傷病手当て金

被用者を対象とする医療保険では，療養のため休業する場合の生活費の保障としての傷病手当て金は将来の課題となる。しかし，第1種被保険者の個人別の報酬額の変動の把握が困難なことや，第2種被保険者との均衡の問題から，直ちに医療保険に傷病手当て金を取り入れることは困難である。傷病手当て金の制度は，医療保険よりも，むしろ労働能力の喪失による生活保障をカバーすることを目的とする年金保険のなかでこれを取り扱うことが妥当である。

(6) 医療扶助との関係について

全住民を対象とした皆医療保険が実現した場合には，生活保護法の該当者であると否とを問わず，すべて医療保険でカバーされることが望ましい。ただし生活保護法該当者については，その保険料および一部負担金は，政府負担金その他の公費でまかなわれることになる。その場合，医療保険自身も現物給付の

態勢になっていないと事務的には大変に煩雑になる。

　⑺　医療保険を実施する上で注意を要する事項

　医療保険を実施する上で注意を要するのは，①事業主に対するPRを徹底すること，②被保険者，事業主の事務手続きの簡易化や，敏速な行政事務の確保のために，事業主の適正な協力を得るための相当数の担当職員の配置が必要であることなどである。〔梁誠・医療保険制度創設に関連して社会保険制度体系に関する私見（1964年4月）〕

2節　米国民政府の社会保険統合試案「社会保険法」

　1964年10月26日琉球列島米国民政府労働局長スタウト氏は，琉球政府厚生局長，労働局長，内務局長の3人を招いて，社会保険を統合して総合社会保険をつくることを提唱し，第28回定例会議に立法勧告するように要請した。スタウト氏の主張の内容は，失業保険法の一部改正を行い，医療・年金の各種保険を吸収すれば，失業保険の積立金300万ドルを有効に活用できるというものである。（本土復帰までの沖縄社会保障の歩み）

　米国民政府労働部は，1964年10月に社会保険統合試案である「社会保険法」案を提示した。この試案は，第1部　目的，第2部　制度の管理，第3部　用語の定義，第4部　失業保険法及び失業保険特別会計法の廃止，第5部　特別会計，第6部　事務費の政府負担，第7部　保険料，第8部　失業保険，第9部　医療保険，第10部　退職，遺族及び障害保険，第11部　審査，再審査及び訴訟の請求，第12部　雑則，第13部　罰則の13部から構成され，全部で156条に及ぶ法案である。この試案では，既存の失業保険法を廃止しした上で，労働保険，医療保険，年金保険からなる統合的な社会保険を構想している。以下にこの試案の概要を紹介する。

1．社会保険統合試案「社会保険法」の目的

　この立法の目的は，労働者及びその雇用主，琉球政府が，社会保険特別会計

に拠金する社会保険制度を定めることにある。この特別会計は，所得保障としての労働保険及び年金と医療保険の給付のために用いられる。これらの給付は，恩恵ではなく，権利として受給者に支払われるものである。この制度は，琉球政府が管理し，琉球政府行政主席は，社会保険制度の管理に必要な規則を公布する。

2．社会保険特別会計

社会保険特別会計は，(1)失業保険特別会計から移管される資金，(2)琉球政府が拠出する金額，並びに(3)この法律に基づいて徴収する社会保険料から成り立っている。

3．事務費の負担

政府は，その一般会計の予算歳入から，社会保険制度の管理に要するすべての費用を支払うものとする。したがって，社会保険特別会計の資金はこの法律に定める各種の給付の支給のためにのみ使用する。

4．社会保険料の先取特権上の地位

保険料その他のこの法律による徴収金の先取特権の順位は，政府税，市町村税，及び教育税に次ぐものとし，他の公課に先立つものとされている。またこの徴収に関しては，租税法の関係規定が準用される。

5．失業保険

(1) 加入者

加入者は強制加入者と任意加入者の制度を設けており，その変更や除外についても規定している。また加入者資格の取得と喪失についても規定している。また被保険者期間は，月をもって計算するものとされている。

(2) 給付

加入者が失業した場合において，離職の日以前1年間に加入者期間が通算し

て6カ月以上であることが，失業保険金の受給要件とされている。失業保険金の支給を受けるには，公共職業安定所に出頭し，求職の申し込みをした上，失業の認定を受けなければならない。失業の認定は求職の申し込みを受けた職業安定所において，1週間に2回ずつ行うこととされる。失業保険金の日額は，被保険者の賃金日額に100分の60を乗じて得た額を基準として定める。賃金日額は，被保険者が離職した月前において被保険者期間として計算された最後の6月に支払われた賃金の総額を180で除して得た額とする。また，失業保険金額は政府勤労統計の労働者平均給与額が，失業保険金額表の基礎となった平均給与額を大きく上下する場合，その変動に応じて失業保険金額を自動的に変更するものとされている。失業保険の支給を受ける期間は，離職の日の翌日から起算して1年間とする。また，失業の日数が通算して7日に満たない場合は，これを支給しないとする待機期間が定められている。失業保険金の給付日数は原則として，1年の期間内において，通算して180日分をこえてこれを支給しない。なお，給付日数には特例が定められており，引き続き5年以上同一の事業主に加入者として雇用された者には，通算して180日をこえて失業保険金を支給することができる。失業者が職業につくことを拒んだときの給付の制限も定められている。被保険者が，公共職業安定所の紹介する職業につくこと又はその指示した職業の補導を受けることを拒んだときは，その日から起算して1カ月間は失業保険金を支給しないとされている。なお，紹介された職業につくために住所等を変更する場合は，政府はその移転に必要な費用を支給することができる。

(3) 加入日雇労働者の特例

日雇労働者とは，日々雇用される者，1月において30日以内の期間を定めて雇用される者のことをいう。加入者となった日雇労働者は公共職業安定所に届け出て，加入者手帳の交付を受けなければならない。日雇労働者が失業をした場合は，その前の2月間に，通算して20日以上の保険料が納められているときは，失業保険金が支給される。失業保険金は通算して13日分支給される。納付された保険料が20日分をこえるときは，それをこえた4日分ごとに，13日分

の保険金に 1 日分を加えて支給する，ただし通算して17日分をこえて支給しないとされている。事業主はその雇用する日雇労働者に賃金を支払うつど，日雇労働者と事業主の負担する保険料を失業保険印紙をもって納付しなければならない。事業主は日雇労働者の所持する日雇労働加入者手帳に失業保険印紙を貼付し，これに消印をしなければならない。事業主は賃金を支払うつど，日雇労働者の負担すべき保険料相当額をその賃金から控除する。

6．医療保険
(1) 加入者

常時 5 人以上の労働者を使用する事業主のもとで雇われる者は医療保険の強制加入者とされる。ただし臨時に使用されている者，季節的業務に使用されている者等は適用除外とされている。強制加入の対象とならない事業主は，任意加入の申請を行い，行政首席の認可を受けて，その使用する労働者を包括して，医療保険の加入者とすることができる。

(2) 医療保険の給付

医療保険の給付は，療養費，分娩費，葬祭料の支給となっている。この保険給付を受けるには，その前の 1 カ年間に通算して100日以上の受給要件期間がなければならない。医療保険の受給要件期間は，各月につき，賃金の支払いの基礎となった日数をもって計算する。被保険者が疾病または負傷に関して，医療担当者から療養を受けたときは，その療養に要した費用について療養費を支給する現金給付方式をとる。

7．退職，遺族及び障害保険

医療保険の加入資格に関する規定が退職，遺族及び障害保険の加入資格にも適用される。給付は，被保険者が退職，死亡又は障害者となった月の翌月から支給される。傷害保険給付と退職給付の同時支給は禁じられている。

3節　社会保険統合試案の評価

1．琉球政府の評価

　政府労働局，厚生局，内務局から計画局参事官分室に派遣された6名の職員により，1964年12月1日から，社会保険制度を統合することの是非について調査研究が行われ，その中間の報告が翌1965年1月19日に公表された。

　中間報告の第2部は，琉球列島米国民政府労働部の統合試案の概要とその評価が記載されている。まず，試案の構成を示した上で，全体的に見てまとまりがないように見受けられるとしている。すなわち各保険ごとに，現行法及び案をそのまま表示してあるようなもので，全体の調和がみられないと手厳しい評価を行っている。

　統合試案の第5部の社会保険特別会計においては，同一法においてそれぞれに受益目的の共通しない者について，同一の保険料を課されてしまうおそれがある等，保険会計の運営の面で問題が多いとの指摘がみられる。

　また第7部の社会保険料に関しては，いろいろと問題含みであり，この中間報告では見方を二つに分けて説明している。まずは統合試案本文の文理的な理解によるものである。この場合は，社会保険料の原則的問題では，社会保険料を一本化し，それを労使で折半負担，政府も応分の拠出を行う。保険料率の決定及び改正は，立法院の議決を経て行う，ということになる。一方，米国民政府労働部との討議を通じて感じられた見方では，これは必ずしも社会保険料の一本化ということではなく，むしろ別建てにした方がよいというような考え方と受け取ることができる。また失業保険金のこれまでの積立金は，失業保険法の適用を受けていた者の利益になるような方法で処分する考え方と受け取れるが，過去に失業保険法の適用を受けていた者だけであるのか，あるいは将来，その適用を受けることとなる者まで含まれるのかは判然としない。

　問題点としては，適用を個々の保険制度ごととし，保険料率を一本としているため，徴収決定の上で実務上の困難が予想されることである。すなわち，個別の事業所の徴収決定にあたって，制度の適用状況の確認を毎月反復継続して

行う必要があり，事務量が膨大化することが懸念される。また費用負担の原則，料率計算の原則，及び保険料率表示の方法の規定がはっきりとしていない等の点が指摘された。

統合試案の第8部では失業保険を，第9部では医療保険，そして第10部では年金について規定されている。ここでの問題点としては，いずれもが制度の羅列にとどまっており，失業保険の被保険者と医療及び年金保険の被保険者とが同一の範囲ではないことにある。失業保険の認定給付機関は現行通り職業安定所とし，医療及び年金制度は社会保険事務所で取り扱うこととしているが，末端まで行政機構を一元化して事務合理化をはかる意図がくみ取れない。また年金制度においては標準報酬制度を事務合理化のためにぜひ取り入れなければならないが，その点の考慮もなされていない。年金に扶養加給を行う構想は優れているが，沖縄における給与体系が扶養手当制度をとっていないことも考慮して検討する必要がある。また審議機関を，各制度ごとに職業安定審議会，医療保険審議会及び退職，遺族及び障害保険審議会と別々に規定しているが，これらは統合して一つの審議会としたほうがよい。その他，外国で勤務している者に対する特例規定も見当たらないとしている。

米国民政府の試案は体系別にまとめると，総則（総則，費用），各則（被保険者，保険給付，諮問機関），総合（雑則，審査機関，罰則），から構成されている。しかし，社会保障関係の諸法の統合を図るためには，琉球における法体系と整合したものでなければならない。従って，少なくとも，総則，被保険者，保険給付，費用，諮問機関，審査機関，雑則のそれぞれの章を設ける必要があるとの指摘がなされている。

このような観点から見ると，試案は法体裁上からは支離滅裂であり，単なる思いつきによるアドバイスと受け取った方がよい，という手厳しい批評が加えられている。〔総合社会保険構想に関する中間報告書（1965年1月19日）計画局〕

２．米国民政府試案の検討課題

　1965年春，梁誠は総合社会保険制度の計画についての技術指導の要請を受けて再び琉球にやってきた。その際の検討の材料として，米国民政府の「社会保険法試案」を琉球政府側から提示された。この試案を検討した結果，一般論として，総合社会保険の創設は将来の社会保障のあるべき姿としては，最も望ましいが，この「社会保険法試案」については，さらに検討すべきいくつかの課題があることを指摘している。

　⑴　この試案は被用者だけの総合社会保険をまとめているが，全琉球住民のうち被用者保険によってカバーされる者は4割程度にとどまっている。総合社会保険を考える場合，全住民を対象とした「総合的社会保障」の観点にたって長期的な計画のもとに制度の樹立を検討する必要がある。そうすることによって真の総合社会保険の確立が期待できる。とくに医療保険の部門においては，全住民的観点に立つ総合社会保険の立場を堅持することが緊要である。

　⑵　当時，立法院に立法勧告されていた医療保険法案は，その1条に，この法律が将来すべての琉球住民に対して，適用されるべきものであることが規定されていた。当初は被用者のみの適用から出発するが，将来はこの医療保険法案の中にすべての住民を包含し，琉球の全住民を単一の医療保険でカバーするものとした。医療保険の本来あるべき姿として，日本内地にあるような医療保険の各種の制度の併立から生じる弊害を避け，単一の制度として健全な発展を期するべきである。

　医療保険は，医療制度，医療報酬，医療機関の分布，公衆衛生，公的医療扶助などの諸問題と密接な関係を持つ制度である。これらの関係制度は，被用者だけに関係があるのではなく，全住民を対象とした総合的社会保障の観点から，その問題を把握し，それぞれの諸施策の企画，運営を図らなければならない。従って，医療保険は全住民を単一の制度でカバーし，全住民的な観点にたって，これらの諸制度との密接な関係を保持しつつ，その健全な運営をすすめなければならない。この試案のように，被用者だけを取り出して，医療保険部門が被用者とその他の一般住民と二つに分離されるような印象を与えること

は好ましくない。

⑶　年金部門に関しては，公務員を通じて単一の制度とし，政府を保険者とする。保険料の計算は完全積立方式によるものとする。積立金については「社会保険基金」の中に組み入れ，保険財政の相互安定を図る。単独法として年金通算制度を作り，琉球内における公務員年金制度と被用者年金制度の相互間の通算をはかる。

⑷　現在，保有する失業保険の積立金は「社会保険基金」に組み入れる。この積立金は失業保険以外の他の社会保険のための支出に費消すべきものではない。しかし，その資金を他の社会保険の財政の一時的な困難を解消するための借入金の財源として，利用することは，住民のための総合的社会保障の観点に立って社会保険制度を管理運営する場合においては，妥当であり必要なことである。

⑸　被用者と一般住民を包含してカバーする総合社会保険制度をつくることは，社会保険のあるべき姿としては望ましいことである。しかし，現在，琉球においては僅かに労働者災害保険法および失業保険法があるほかは，医療保険法も立法院において審議中である。この現状で，一挙にひとつ法律として，全住民を対象とした総合的社会保障立法を作成することは，高度の立法技術を必要とすることであって，短期間にその法案を作成することは困難である。

とくに，全住民を対象とした総合社会保険の中には，一般住民を対象とした医療保険，被用者年金，国民年金なども含まれることになるので，これらの諸制度に対する政府負担金の支出を考えなければならない。この政府負担金の財源は，将来に向けて毎年継続するものとして，財政的配慮をあらかじめ充分に尽くしておく必要がある。これを欠いた総合社会保障の健全な発展は考えにくい。この財政的配慮の問題は，全琉球住民の福祉の向上をはかるために，琉米両国が速やかに協議をすすめ，必要な財政的負担の実現をはかる必要がある。
〔梁誠・琉球における総合社会保険計画に関する私見（1965年4月1日）〕

4節　琉球政府の対応と問題の所在

　琉球政府は，米国民政府の総合的社会保険の示唆に関する取扱について，早急に取り決めを行う必要があったので，1964年11月11日にこの問題を討議するための会合を開いた。そこでは計画局，厚生局，労働局，内務局から局長，次長以下が集まり，社会保険（失業保険，年金保険，医療保険の各制度）を統合し，一本の制度とすることについて会議がすすめられた。これにはスタウト氏と3局長との話し合いの内容も考慮に入れつつ行われた。その概要は以下の通りである。

　　ア　なぜ統合しなければならないのか。別々の制度では悪いのか。
　　イ　統合することによって個々の行政（労働行政，医療行政等その他関連する行政）に円滑化を欠くことはないのか。
　　ウ　すでに実施されている失業保険制度の積立金は，どのような処置がとられるのか。
　　エ　立法案等を草案する場合の方法として，失業保険法の一部改正なのか，それとも統合社会保険法というような新規立法をするのか。

　以上の様な論点から，それに関連する事項の討議もすすめ，結論として失業，医療，年金の各保険制度は統一してよい。但し，労災保険は，一応，別個の制度とし，調査，研究し，その結果統合してもよいとの結論が出るとすれば，統合するとした。

　他方，琉球列島米国民政府労働局では総合社会保険制度の早期実現をめざして躍起となり，積極的な態度に出てきた。すなわち，1964年11月18日における担当官オルターズ氏と琉球政府関係各局の担当官（厚生局庶務課長，調査官，労働局労働基準課長，失業保険課長，内務局調査官）との話し合い，引き続いて同年11月25日のオルターズ氏と政府計画局職員（参事官，主任計画官，調査官）内務局職員（調査官）との話し合いがそれである。

1. 暫定的調査研究機関の発足

統合社会保険制度の事務機構の行政組織が整えられるまでの間，計画局に暫定的に調査研究をすすめるための研究室を設置し，その要員を厚生，労働，内務の各局から関係職員を派遣し，調査研究にあたらせる。この室は参事官分室とされた。

計画局参事官室は1964年12月1日に分室を発足させることを決め，関係局に職員の派遣を要請した。翌2日，行政副主席小波蔵政光が分室に来庁し，関係者を集め，以下のような業務大綱を示すとともに分室職員を激励した。

　　ア　米国民政府が提案している総合社会保険制度の是非の検討。
　　イ　一本化することを前提とした場合の功罪。
　　ウ　日本復帰した場合の問題点。
　　エ　一本化の方法（法，制度，機構）。
　　オ　財政的な問題。
　　カ　米国民政府提案に対する批判。
　　キ　できれば年度内に総合社会保険の骨子だけでも作り上げる。〔計画局
　　　　参事官分室に関する事務引継書（1965年9月14日）計画局〕

計画局参事官分室では，まず制度統合の基本的問題を討議し，次いで各制度の基本法の統合に関する法制的問題，社会保険料と会計機構の統合に関する問題，行政機構の統合に関する問題を中心として調査研究と討議が行われた。そこでの議論の基底には次の3点が置かれた。

　(1)　失業保険法，医療保険法（案）及び年金保険制度の大綱は，現行の規模とする。
　(2)　労働者災害補償保険法は，一応討議から除外する。
　(3)　日本に復帰した場合の諸問題は，討議しない。

以上3つの前提にたって，調査研究と討議が進められる中で，米国民政府から社会保障統合法試案が提示されたため，この試案とも関連づけながら検討をすすめた。このような検討の過程の中で，次のような諸問題が明らかになった。

2．社会保険制度統合の基本的問題

社会保険制度統合により生じる利害得失としては以下のような事柄が考えられる。

(1) 利点となると思われる点。
① 社会保険に関する企画が，計画的，意欲的，合理的に行われる。
② 社会保険に関する事務の能率化，迅速化，簡素化が計られる。
③ 財政基盤がよりよく確保され保険財政が安定する。
④ 年金制度においては，すべての勤務先における在職年数が通算される。
⑤ 他の社会保障制度との有機的結びつきが容易となるので，従って福祉国家としての社会保障の理念が貫きやすく，具現化も図りやすい。

(2) 欠点となると思われる点。
① 社会保険を統合するとすれば，社会保険料率の一本化が望ましい。しかし，例えば失業保険法の適用のない公務員，農林水産業従事者もその適用がある労働者も将来において一群となって適用され，保険料率の一体化は難しいことになる。同じことは医療保険の適用のない日雇労働者，被用者年金制度の適用のしにくい転職率の激しい労働者にもいえることである。
② 社会保険におけるすべての被保険者を統一し，すべての保険事故をカバーするためには，高度の社会保障理論の裏付けを必要とする。社会保険料と社会保障税との関連も考え合わせた場合，すべての被保険者の統一ということは難しい問題である。とくに，すべてのコストを税収でまかなっている公務員にとってはその困難は大きい。
③ 住民皆保険に移行する場合には次のような困難が予想される。
 ⅰ 失業保険は労働者保険であるが，医療保険及び年金保険については住民皆保険の可能性がある。
 ⅱ 失業保険については住民皆保険制度は考えにくい。
④ すでに実施されている失業保険の積立金の取り扱いについては慎重

な考慮を払わなければならない。

　基本的な問題については，大まかに以上のような点を考え合わせた場合，統合の可能性があると考えられる。しかし，この問題をさらに個別に検討した場合には種々の問題があり，にわかには予断できない様相を示してきた。

3．社会保険制度統合の法制的問題

　被保険者となるべき者の範囲及び受益目的をどのように把握するかを見極めもしないで，単に現行法の内容だけを統合するということは，現行法を羅列することにすぎない。法制的な問題として以下の事柄が明らかになった。

(1)　社会保険の法概念をもっと深く掘り下げ，社会保険の基本法を統一するために必要な被保険者の範囲と保険事故のカバーの範囲を確定し，その財源をどのように確保するのかを十分に見極めてから，基本法の統合をすすめることが妥当な方法である。そうすることにより法の権威が保たれ，その実施も完全化される。

(2)　社会保険の基本法を統合しなくても，特別会計法及び行政機構の統合をすることにより制度を統合する利点はある程度確保できる。そこで基本法の是非が判然とするまでは個々の法律で対応した方がよいと考えられる。

(3)　住民皆保険に移行する場合の問題は，少なくとも社会保険の基本法の統合を行う際に，それとの関連性を考慮に入れておかなければならない。皆保険移行の時点で考えればよいというわけにはいかない。

4．社会保険料と会計機構の統合に関する問題

　社会保険制度では社会保険料と会計機構は重要な役割を持つ。これをどのように統合すべきかの討論が行われた。この統合の方法論として次のような考え方が浮上してきた。

(1)　社会保険料を一本化すれば，収入としての社会保険料と支出としての保険給付金は等しくなるような会計機構となる。この方法は，統合の趣旨をよくわきまえたもので，事務の能率化，迅速化，簡素化，資金（既積立金も含めて）

の集中化等その他多くの利点を持っている。しかし、その反面、すべての集団を統一化しなければならないこと、高度の社会保障理論を被保険者に理解させるためにPRする努力がいること、既積立金の処理が判然しないこと等の欠点がある。そのため現段階では到底相容れられない方法であり、結論としては問題にならない。

(2) 収入としてのそれぞれの社会保険の保険料を、支出にあたっては各々別個の保険勘定にわけ、これを全体として特別会計法で規制する。この場合、各勘定相互の間での貸借ができることを前提とする。このような会計機構を構想すると、それぞれの被保険者集団の特質を生かした保険料の公平な徴収が可能になり、各々の保険事故に対する収支が判然とするため社会保険財政の分析も容易で、保険料率の推移の測定もたやすいこと、すっきりとしたPRが可能なこと、資金の効率的な運用ができること、既積立金の処理が判然とすることなどの利点が生じる。しかし、事務の簡素化はさほど期待できないという欠点もある。現段階における統合論としては研究に値する方法である。

(3) 社会保険料を実質的に一本化する方法とその会計機構は以下のようになる。

　一本化すべき総合料率を設定する前提として、個々の制度ごとの料率の試算を行い、ついで、受益目的の共通した集団ごとに、すなわち公務員、農林水産業者、一般労働者（将来においては非被用者）のそれぞれに被保険者を分類し、その集団ごとに試算された個々の制度ごとの料率を組み合わせて加算した総合料率にもっていく。そのようにすれば実質的な保険料一本化の実現の可能性も出てくる。

　具体的には、失業、医療、年金の各制度の適用を受ける労働者を第1種被保険者、医療と年金の制度の適用をうける者を第2種被保険者、そして医療と失業の制度の適用をうける労働者を第3種被保険者として、それぞれの適用のある保険の料率を加えた総合料率が示されることになる。この場合の会計機構では、収入としての保険料は、第1種から第3種までの被保険者に対応した保険料経理口座に分けて納められ、支出は給付勘定として失業、医療、年金のそれ

ぞれの給付経理口座を設け，特別会計によりこれを規制していくことになる。保険財政の分析の結果生じた余剰金は，各給付費の経理口座ごとに積み立てることを条件としている。

　この方法は，被保険者を受益目的別に分類できること，政府及び事業所ともに事務の簡素化ができること，各保険制度ごとに収支が判然とし，各制度ごとに余剰資金がプールされることなどの利点がある。しかし，第1種被保険者が，過去において失業保険制度のために積み立ててきた積立金が，医療，年金保険の資金に充当されるきらいがあること，3つの経理口座ができて会計帳簿が煩雑化すること等の欠点もあるが，統合論としては研究に値する方法である。

　上記の(2)及び(3)を比較して，何れが有利かはにわかには決め難い。しかし，特別会計法を統合することは将来において，基本法を統合すべきとの結論が出るとした場合の貴重な経験となるとともに，その際の無用な会計上の混乱をなくする意味においても重要と思われる。そこで，現段階においても(2)の方法で特別会計法を統合しておくことがよいと考えられた。

5．行政機構の統合に関する問題

　行政機構は，次のような意味で統合すべきものと考えられた。
　⑴　単一の行政機構を持つことは統合の利点をある程度達成することができ，社会保険行政の強化を期待できる。
　⑵　それぞれの保険制度の間での調整が十分に行われる。
　⑶　事務組織が系統化されるので，行政コストの節減をある程度期待できる。〔総合社会保険構想に関する中間報告書（1965年1月19日）計画局〕

5節　総合社会保険樹立への途

　1965年4月，梁誠は，琉球における総合社会保険計画に関する私見を述べるなかで，現段階においては，被用者だけを対象とした総合社会保険をつくるよ

りも，全住民を対象とした「総合社会保険制度」を将来の目標として，それぞれの必要に応じた各種社会保険を創設するという途を歩むべきであるとして，以下のようなプランを提示した。

1．各種社会保険設立の順序

もとより各種制度を同時に設立することが，望ましいことはいうまでもないが，財政負担，社会経済の情勢，ニードの緊急性などの諸条件によって，おのずから先後を生ずるのはやむを得ない。現段階での技術的な観点からの見通しとしては，一応，次のような順序となる。すなわち，①政府職員，市町村職員，公立学校教職員の退職，遺族及び障害年金制度，②被用者年金制度及び通算年金制度，③一般住民への医療保険の適用，④国民年金制度の順となる。

2．社会保険の総合性の確保

各種の社会保険制度を設立するに際しては，常に社会保険の総合性を目標として，次の諸点を堅持する必要がある。①一貫した目標のもとに制度の企画立案をはかること。②保険者はすべて政府のみとし，政府以外は認めないこと。但し，法定給付以外の付加給付を目的とするものは一定の条件のもとに認めてもよい。③社会保険基金を設置し，各種社会保険の積立金はすべて基金の中に組み入れること。④各種社会保険の行政機構を統合し，保険行政の総合的運営をはかること。⑤各種社会保険の事務取扱手続きを可能な限り統合すること。

以上の5原則を堅持しながら各種社会保険制度を作り上げてゆくならば，社会保険の実質的な総合的運営を期待することができるだけでなく，将来においても必要に応じて形式的にも，実質的にも，全住民規模において，社会保険を一個の法律案としてまとめあげることが可能となる。

3．社会保険基金の設置

各種社会保険の特別会計の積立金は，すべて「社会保険基金」としてまとめて管理運用する。これは単独法として立法が可能であるから，速やかにこれを

立法化することが望ましい。その大綱は次の通りである。
- (1) 労災保険，失業保険，医療保険，公務員年金，被用者年金保険，国民年金の各種制度につき，毎年決算上，生じた剰余金はすべて「社会保険基金」に繰り入れる。
- (2) この基金の中にはそれぞれの保険別の勘定を設置する。なお，医療保険については，被用者の関係の勘定と，一般住民の関係の勘定とは別とする。
- (3) 各保険の歳計に不足を生じたときは，まず，それぞれの保険の基金勘定から，その赤字を補足する。
- (4) それでもなお赤字を補足することができないときは，他の保険の基金勘定から借り入れをして，その赤字を補足する。
- (5) 他の保険の基金勘定から借り入れた借入金については，当該保険で，その借入金返済について，必要な具体的な措置を講じる。場合によっては数年にわたる分割返済を認めても差し支えない。
- (6) この基金の管理運用については，基金運営委員会を設けて諮問する。この委員会の委員には関係各保険の職員のほか，学識経験者からなる公益委員を加える。
- (7) 基金の管理運用にあたっては，次の諸点に留意する必要がある。
    - ① 各年金の積立金に相当する基金は，将来の年金の支払の原資であるから，予定利率を下回らないように，有利，確実な方法で運用する必要がある。
    - ② 失業保険，労災保険，医療保険の積立金に相当する各基金は，将来の不測の事故の増加に備えるものであるから，当該保険の需要に応じて使用できる体制を維持しておく必要がある。そこで，その運用方法も，年金の場合とは異なった方法になる。

なお，これら短期保険の積立金から生じた利子収入による収益は，各保険の保険料率の低減または給付内容の向上に向けるのもひとつの方法であるが，むしろ，各種社会保険の被保険者の共通の利益のために使用する方途を講ずる方

が、「共通の基金」の効用をよりよく発揮することになる。年金基金の運用によって生じた利益の処分についても同様である。
　⑻　このような基金の設置によって次のような利益を期待できる。
　　①　各保険の基金の総合的活用が可能になる。
　　②　各保険のそれぞれの合理的な運営と，各保険の基金の相互的な活用との調和をはかることができるので，保険財政の安定を期待することができる。
　　③　この基金から生じる利子収入の総合的活用によって，全琉球住民の福祉の向上をはかることができる。
　　④　各保険相互間で，この基金を通じて資金の繰替使用ができるので，資金繰りが容易となり，各保険の一時的支払資金の不足のための政府一般会計からの借り入れを防ぐことができる。
　　⑤　各保険が基金という共通の地盤で結ばれることになるので，各制度が共通の連帯意識で連結され，各制度の個別の存立から生じるエゴイズムの解消が期待できる。この基金を活用して将来の琉球住民の多彩な福祉の向上と社会保障の総合的な充実をはかることも夢ではない。

　4．行政機構の統合について
　総合社会保険の目標のひとつとして，経費の節減と事務能率の向上をはかることが揚げられる。これは，法律を一本にまとめなくても，行政機構の統合と，事務手続きの一本化をはかることによって，ある程度はその目的を達成することが可能である。行政機構の統合の問題については，行政事務というものが，直接にあるいは，間接にすべて何らかの結びつきを相互にもっているものであるから，これをどこかで一線を引いて，それぞれの行政機関の権限の範囲を区切り，行政機構の配列を決めてしまうことは，非常に困難な作業となる。このためには，実際の行政事務の執行状況，その事務の流れ，各行政事務の関連状況，各機関の均衡，事務分量等について時間をかけて精密な検討を加える必要がある。

とくに琉球の社会保険は，発展の途上にあることから将来の各保険の創設を見通して，行政機構を考えることは，多くの不確定の予測をふまえての構想であるので，その困難は一入である。

5．総合社会保険の実施案

⑴　政府部内に，社会保険各種制度を所管する社会保険局を設置する。地方には現業事務を所掌する社会保険事務所を適当数設置する。

⑵　各種保険を経営するため，各保険を通じて一つの社会保険特別会計を設置する。

　　① この特別会計は，労務医療勘定，国民医療勘定，労災勘定，失業勘定，公務員年金勘定，厚生年金勘定，国民年金勘定，及び業務勘定に区分する。

　　② 各勘定において，決算上剰余金を生じたときは，これを社会保険の同種勘定に積立金として繰り入れる。

　　③ 各勘定の歳計に不足があるときには，同種勘定の積立金からこれを補足し，なお不足するときは，他の勘定から借り入れることができる。

　　④ 各勘定において，支払上現金に余裕があるときは，これを基金に預託する。

　　⑤ 各勘定において，支払上現金に不足するときは，基金から一時借り入れをし，または，基金の資金を繰替て使用することができる。この一時借入金または繰替金は当該年度内に必ず返還しなければならない。

　　⑥ 業務勘定は，各種社会保険事業の業務取扱諸費などの経費をまとめて，経理する。

⑶　中央庁として，社会保険局を設置する。社会保険局の編成は次の通りとする。

　　① 総務部と業務部の2部に分ける。

②　総務部は庶務，企画，経理，基金，数理の各課から編成される。

③　業務部は医療保険，失業保険，労災保険，公務員年金，厚生年金，国民年金，監査，医療の各課から編成される。

④　地方現業庁として社会保険事務所を設置する。社会保険事務所は，庶務，適用，徴収，給付の各課から編成される。各課においては，各種保険のそれぞれの部門を統括して分掌することになる。しかし，医療保険の一般住民への適用及び国民年金の施行がなされた場合には，適用課と徴収課は，それぞれを第1課と第2課とにわけ，被用者と一般住民とに区別した方が効率的である。また年金給付事務については，事務分量に応じて別課を作る必要もありうる。なお，失業保険の失業手当金の給付事務は，職業安定所の失業認定事務と密接不可分の関係にあるので，支給日には，安定所に給付係官を派遣して支払事務を行わせるのが妥当である。

(4)　社会保険事務所の業務と密接な関係にある地方庁である福祉事務所，労働基準監督署，職業安定所などは，まとめて，社会保険事務所とともに合同庁舎内に設置することが妥当である。これによって，事業主，被保険者などの関係者の利便が大いに促進されるだけでなく，現業地方庁間の連絡も良好になり，適用，給付，徴収などの業務取扱について事務能率の向上に役立つことが期待される。例えば，適用もれの発見，業務上外の認定についての意見調整，医療保険給付と医療扶助との連絡など，社会保険の範囲の問題だけでなく，広く社会保障全般の領域にわたって，関係者の利便をもたらすことになる。

6．事務手続きの統合

この時点では，社会保険法として失業保険と労災保険があるほかは，立法院で成立が見込まれている医療保険があるだけで，すべての社会保険各法を予測した事務手続きの統合を考えることは難しいが，原則的に将来の方向として考慮しておくべき必要のある事項もある。

(1)　社会保険の各法が，将来別個に順次制定されても，保険者の単一性と社

会保険行政機構の中央及び地方の統合がともに堅持されるかぎり，それらの各保険共通の施行規則の制定は可能であり，手続きの統合も可能になる。

⑵　関係者の利便をはかるため，社会保険各法の事務手続きに関する施行規則として，各保険法の施行規則をまとめた社会保険諸法施行規則（仮称）を制定することが妥当である。

⑶　将来，各社会保険法を制定するにあたっては，事務的に可能な範囲において，出来るだけ同じ内容の法律規定とすべきである。国民生活の実情に対応したきめの細かい配慮を含んだ法律規定が必要ではあるが，一方で，膨大な事務量が予想される制度として，事務手続きにおいては，集団的処理が必要とされるため，小異を捨て大同につき，事務手続きの統合を可能ならしめるように法律規定の制定を考える必要がある。このことが社会保険諸法の施行規則の制定を容易にすることにもなる。

⑷　各種社会保険の施行手続きのうち，適用，保険料の決定，または調査確定，徴収事務などについて，相当部分の統合が可能である。例えば，事業所を適用される制度ごとにまとめて，その適用グループに応じて，事業所を甲種，乙種，丙種と分けて，諸手続きの統合をはかることが便利である。厚生年金適用事業所については，報酬の取扱について標準報酬制の採用を考えるならば，保険料の決定について，他の保険の申告納付制と別個の事務手続きが必要となる。給付手続きについては，保険給付の種別に応じて独自の処理方法が必要になるが，同種給付の様式などについてはできる限り，同様なものを考える必要がある。

　社会保険制度は，社会保障の中核として，住民の日常生活に直接のつながりを持つのであり，その関係者も事業主，被保険者，医療担当者，など大多数の住民を包んだ広い範囲にわたっている。これらの関係者の理解と協力がなければ，制度の健全な運営発展を期することはできない。これら関係者の理解と協力を得るために，絶えざる努力の継続と，適切な施策の実行がもとめられる。すべての関係者が，総合社会保険の樹立という大きな目的のために，個々の利害関係に固執することなく，琉球全住民の福祉の向上という大局的見地に立っ

て，熱意と努力を注ぐことの必要性を強調している。〔梁誠・琉球における総合社会保険計画に関する私見（1965年4月1日）〕

まとめ

　米国民政府が，この総合社会保険に期待したものは，以下のようであった。当時，米国民政府は軍雇用員を3万人余り擁しており，その失業保険・労災保険に関して莫大な保険料を管理していた。さらに，医療保険，年金保険を作ると事業主の負担によって相当の金額の基金の積み立てが可能であった。当時，日本本土の医療保険は赤字対策で困惑しており，このような現実に照らして，米国民政府は，すでに沖縄に存在した失業保険の300万ドル余りの積立金に注目し，各保険を財政の上で統合した場合，相互の社会保険の財政が緩和され，互いに助けられるような制度を期待した。すなわち，社会保険の財政緩和策が狙いであったと見られる。

　米国民政府の意向を受けて，琉球政府は，この総合社会保険制度についての調査研究を開始した。労働保険，医療，年金も含めた総合的な制度は，非常に高度な立法技術を要し，将来の目標としては好ましいが，直ちに実現することは難しい。現段階では，失業保険，労災保険，医療保険，年金の窓口を一つにすることは可能である。窓口を一つにした上で，さらに一歩進めて，将来は統合的な財政上の基金を作ることによって，各保険部門間での相互的な貸し借りも可能にし，社会保険財政の緩和を図ることも考えられる。このような検討の経過を総合的に考慮して，琉球政府は厚生局の外局として，1965年8月1日に社会保険庁を設置した。

　社会保険庁は，失業保険，労災保険も取り扱うなど，日本本土のそれとは異なる点が多い。これは米国民政府の意向に添った，総合社会保険の将来構想のもとに，個々の保険制度を整備していくという方針に基づくものである。社会保険の事務組織は一本にして，経費の節減，資金の運用の合理性を追求することにした。それまで労働局が所管していた失業保険，労災保険，そして内務局

が所管していた公務員退職年金,そして新しくできる医療保険のすべての事務を,社会保険庁に統合する組織改正が行われた。

当時,失業保険,労災保険はすでに実施されていたが,医療保険,年金関係は準備段階にあった。社会保険庁は,失業保険課,労災保険課,医療保険課,公務員退職年金を扱う年金課と,総務課,経理課の6課で構成された。そして,那覇,コザ,名護,宮古,八重山の5地域に保険事務所が設置された。これらの地域の保険事務所は,1965年9月以降,失業保険を職業安定所から,そして労災保険を労働基準監督署からそれぞれ引き継いで,業務を開始した。日本本土には見られない社会保険の窓口一本化により,経費の節減と資金運用の一元化をめざして社会保険庁が発足した。

当時は,沖縄の社会保障の黎明期であり,社会保険事務所といっても,生命保険会社や保健所と間違われることもあったが,労働保険,医療保険,そして年金も窓口が一つになったことは大きな利点として歓迎された。事業者にとっても,被保険者資格の得喪関係の手続きが一つの窓口で済むことは便利なことであったに違いない。〔沖縄の国民年金の歩み(1992年)沖縄県〕

参考文献・資料
『本土復帰までの沖縄社会保障の歩み』(財)沖縄医療福祉事業団(1978年5月)
『医療保険関係法規集』琉球政府厚生局
『昭和45年度医療保険事業年報』琉球政府社会保険庁
『医療保険制度創設業務に関する諮問機関の活動』琉球政府厚生局編(1963年)
「政府の考えている国民健康保険制度のあらまし」琉球政府社会保険庁(1970年7月)
「みなさんの医療保険」琉球政府社会保険庁(1968年10月)
「医療保険のしおり」(健康保険)琉球政府社会保険庁(1968年10月)
佐藤進「沖縄社会保障の問題点」国際自由労連東京事務所(1967年4月)
『1971年度国民年金事業報告』琉球政府社会保険庁年金課

むすび

　18世紀に成立した琉球王朝の正史である『球陽』には，15世紀の第二尚氏成立の頃のエピソードとして「物呉いしど吾御主（食を与える者は我が主なり）」という俚諺が紹介されている。これは，君主といえども庶民の生活の安定を心がけない者は君主とは認められない，という程の意味であるが統治の要諦を示している。

　戦前，大正から昭和にかけて，沖縄では「蘇鉄地獄」と呼ばれた経済上の大窮迫を経験した。その復興も進まないうちに，太平洋戦争が勃発し，間もなく日米の決戦場となり，世界史上未曽有の大惨害を被ることになった。沖縄の自然と文化財は見る影もないほどに破壊されてしまった。「沖縄学の父」と呼ばれた伊波普猷は，壊滅した沖縄の山河を偲んで，自らを「島惑い」した私，と書き残した（『沖縄歴史物語』1947年）。戦後，日本からの施政権分離がなされ，米国の軍政の下で島民はようやく飢餓を免れ，諮詢機関からなる民政府も設置され，復興が計られるようになった。

　第2次世界大戦においてアメリカは，かつてない規模の占領地域における民間人救済の必要に迫られた。戦時国際法と慣行にしたがって占領地域の統治に携わったのが，軍の「民事班」であった。民事班は戦闘部隊の支援を目的として行動するが，その活動は非軍事的な基準で評価され，政治，経済，技術の分野で，軍人的思考よりも文民的な思考法にもとづく問題解決能力が求められた。この「民事班」要員の教育を担当したシャーロットビル軍政府学校では，占領地民政官として効果的に活動できるよう文民に訓練を施していた。占領地域の行政を指揮できる判断力を養うとともに，広範な分野の行政処理に必要な専門知識と実践力を身につけることも目標とされた。その後，プリンストン大学にも「民事班」要員の教育訓練課程が設置され，間もなくアメリカ東部の各大学もこれにならった。これらの大学では，行政に関する知識と経験を持ち，戦闘部隊とともに行動できる強健な身体条件を備えた訓練生を文民のなかから

選抜した。訓練生は，各種の専門教育を終えると，「民事班」要員に指定され，集中教育を受けた後，西海岸の訓練センターで軍事教練を受け，武器等の軍装を支給された。

　「民事班」要員は，特定の機能を持った4つのチームに編成された。第1チームは，進攻の初期段階において，偵察，宣伝の実施，食糧，医薬の確保，避難民センターの設置などの後に，憲兵隊の支援の下に戦闘区域から住民の非難誘導を実施する。第2チームは，集結センターでの避難民の受入れにあたり，第3チームは，占領地域の拡大と避難民の増加にあわせて，避難民収容所の増設と運営にあたる。第4チームは，進攻の最終段階または駐留の初期において，軍政府を設置し，第2チームを統合して，第3チームのコントロールにあたることになった。「民事班」は海軍または陸軍の統制下に入り，戦闘地帯にいる民間人の保護にあたったが，このお蔭で，軍の指揮官たちは，戦闘部隊要員の一部を民間人管理のために割かずに済み，効果的な作戦の遂行が可能になった。戦後のアメリカによる沖縄統治は，このような準備の基に展開された。戦闘終結後の沖縄では，民事班要員によって構成された軍政府の「島ぐるみ救済」が行われ，島民はようやく飢餓を逃れ，復興に取り組むことになった。とりわけ，公衆衛生と児童福祉の領域では，民事班要員らのリーダーシップの下で高い水準の施策が展開された。

　米国統治下の沖縄において，児童以外の福祉領域の整備が始まるのは，サンフランシスコ平和条約が締結されたさらに後のことである。沖縄における社会保険の整備はとりわけ医療の領域で遅々として進まなかった。制度のあり方に関して10年もの歳月が議論のために費やされた。しかし，ここでの議論は，今日の日本においても必ずしも解決されているというわけではない。社会保険の制度の整備に関しては，アメリカ民政府の側から，これを総合的な制度として確立して行こうとする働きかけがあり，日本の制度とは異なったシステムを追求する試みがなされた。

　1969年11月の佐藤・ニクソン会談で沖縄の本土復帰が発表された。以後，琉球政府が行っていた保健医療行政のすべてを，本土法の枠組みに組み入れるた

めの準備が始まった。公衆衛生看護婦の市町村駐在制度は，本土では高知県を除き，全国的に例を見ない沖縄特有のものであった。この駐在公衆衛生看護婦は，離島へき地を含めて沖縄全域にわたって，生活に密着した活動を展開しており，結核在宅治療制度の効率を高めるなど，公衆衛生の向上に大きく貢献し高い評価を得ていた。琉球政府職員の身分を持つ公衆衛生看護婦は，すべて保健所に所属しており，特に申請がなくとも復帰対策要項に織り込まれていると考えられていた。しかし，日本政府厚生省保健課長の，沖縄では保健婦の数が多すぎる旨の発言もあり，俄かに保健婦駐在制度の存続が懸念されることとなった。紆余曲折はあったものの各方面に対する働きかけが功を奏して，復帰対策要項のなかでこの制度の存続が認められることになった。

　本土復帰後の，1972年12月に閣議決定された沖縄振興開発計画においては，10カ年計画で社会福祉の拡充等を含めた生活福祉行政推進の方向が示されている。社会的なひずみを是正し，豊かな高福祉社会を実現するための基盤整備を促進するとともに，総合的視点に立った施策を推進する必要性が指摘されている。高齢者福祉については，施設整備，在宅対策の拡充を打ち出している。身障者福祉では，社会復帰の促進のための早期治療・指導訓練施設の整備と在宅障害者に対する援護施策の充実をはかることになった。児童の健全な保護育成のために，施設整備と保護指導の強化を図り，また不安定な生活状態にある母子及び寡婦家庭に対する生活援護の強化がうたわれている。その他，低所得世帯の生活を安定させるための事業の強化，へき地離島を中心とした生活環境の改善，要保護女子に対する保護更生の促進などがうたわれており，社会福祉事業の円滑な推進と住民福祉サービスの向上をはかる措置が示されていた。「アメリカ世」から「大和世」への世変わりを経て再来した「吾御主」のもとでの，住民生活の安寧と福祉の向上を求める新たな取組みが始まった。

〈索　引〉

[あ 行]

ISS沖縄	117
アイゼンハワー大統領	22
愛隣園	100, 107, 117
アメリカ海兵隊	34
アメリカ赤十字社	151
アメリカ世	1, 305
アルバート・ワトソン	45
アンガー高等弁務官	26
医学臨床研修事業	141
育成医療	96, 97, 102, 119, 120
池田・ケネディー共同声明	157
池田首相	41
医師の自由開業	141, 233
市川房枝	174, 179
一時保護所	87, 106, 126
医療扶助運営要領	73
医療保険制度創設審議会	225, 226, 227, 228, 236, 237, 239, 240, 250, 266, 269
医療保険制度要綱	225, 234, 235, 236, 263
ウィラー博士	137
ウィラープラン	137, 138
Aサイン制度	131
FEC	8
エロア援助	31, 32
オーティス・W・ベル	108
沖縄医師会	236, 237, 246
沖縄群島医療扶助条例	60
沖縄群島社会福祉協議会	87, 153, 154
沖縄群島保健所条例	130
沖縄経済振興懇談会	49
沖縄県私立保育所協議会	110
沖縄公衆衛生看護学校	148
沖縄控訴裁判所	15
沖縄諮詢会	6, 12, 28, 52, 84, 85, 140
沖縄実務学園	123, 124
沖縄社会福祉協議会	81, 99, 113, 120, 126, 127, 154, 156, 157, 169, 171, 178, 179, 229, 238, 240, 250, 275
沖縄住民救済規定	54, 67
沖縄職業学校	86, 123, 124, 153
沖縄整肢療護園	120
沖縄中央育成園	122
沖縄中央銀行	28, 29, 30
沖縄長期開発計画	160, 179
沖縄における公衆衛生機構	129
沖縄婦人連合会	173, 174
沖縄民政府	6, 13, 15, 28, 29, 32, 52, 84, 85, 87, 129, 132, 140, 141, 152
沖縄盲唖学校	86, 163
沖縄問題閣僚協議会	47
沖縄臨時厚生協会	151
沖縄キリスト教学院短期大学	111
オフリミット	131, 133
オルターズ氏	289

[か 行]

外国為替清算勘定	37
介輔	141, 270
我喜屋良一	81, 127, 179, 240, 274, 275
家庭裁判所	26, 66, 91, 95, 123, 124
兼次佐一	64
ガリオア資金	7, 16, 31, 142
簡易裁判所	12, 13, 14, 22, 26
簡易水道	134
官営医療	140, 141
環境衛生	129, 130, 133, 134, 147, 149
看護婦委託制度	143
キーガン博士	139

307

岸・アイク共同声明	157
奇跡の1マイル	27
季節保育所	109, 112
基地経済	33, 34, 35, 36, 37, 39, 50, 119
キャラウェイ旋風	42, 43, 46
救済ニ関スル件	55
行政命令10713号	12, 157
極東戦略の礎石	39
キリスト教会世界奉仕団	77
区裁判所	13, 14, 15
クラーク大将	19
軍関係被用者	206, 207
軍工事ブーム	35
軍公衆衛生社会事業委員	152
軍裁判所	20, 21, 23, 86, 89, 123
群島政府条例	15
群島組織法	15, 59, 85
軍用地闘争	39
経済主義的統治政策	44, 47
ケイセン調査団	41
敬老見舞金	182, 183
結核予防対策暫定要綱	136
ケナン	7
ケネディー新政策	41, 42, 43, 44, 45, 47, 101
現物給付方式	230, 232, 254, 279
公衆衛生看護婦	115, 130, 138, 143, 145
	146, 147, 148, 149, 305
厚生員	58, 59, 60, 61, 85, 86, 87, 89
	123, 127, 152, 153
国際児	116, 117, 118, 119, 126
国際青少年クラブ	118
コザ女子ホーム	117, 123
コザ福祉事務所	74, 75
小波蔵政光	290
混血児実態調査	118

[さ　行]

在宅療養制度	149
佐久本嗣矩	64
佐藤栄作	142, 160, 178

砂糖生産	40
里親家庭養育運営要綱	100
里親制度	96, 100, 108
サムズ准将	130, 135
残存主権	19
サンフランシスコ平和条約	1, 304
歯科介輔	141
児童館	104
児童相談	89, 91, 93, 94, 95, 97, 98, 103
	104, 105, 106, 107, 123, 124, 126
児童福祉司	91, 92, 93, 94, 97, 105, 106
児童福祉施設最低規準	96, 99, 109
児童福祉法案	90, 92, 94
児童扶養手当法	98, 103, 114, 122
児童保護措置費	99, 102
児童遊園	104
島ぐるみ救済	2, 51, 52, 74, 80, 151, 178, 304
島マス	123
社会福祉事業法	62, 153, 154, 155, 168
社会保険庁	185, 195, 196, 198, 199, 200
	206, 219, 232, 245, 258, 274, 301, 302
集成刑法	173
巡回裁判所	13, 15, 18, 20, 21, 22, 66, 91, 95
商業ドル資金制度	36
少年教護規程	85
食品衛生法	131, 132
ジョセフィン・ケーザー女史	145, 147
ジョンソン大統領	47
診療報酬請求審査規定	72
スクラップブーム	21, 34, 35, 88
スタウト氏	281, 289
生活保護基準	67, 68, 69, 70, 192
生活保護法案	62, 64
制限診療	252, 253, 256, 257, 272
精神薄弱児通園施設	96, 102, 122
性病対策	130, 136
世帯更生資金	75, 80, 113, 156, 167
世帯分離	96
ゼナス・M・サイケス	210, 211, 277
戦時国際法	1, 7, 8, 10, 11, 12, 18, 19, 303

前借金	174, 176, 177
戦争マラリア	137
全琉社会事業課長会議	60, 152
鼠族昆虫の駆除	133

[た 行]

第1次民生5カ年計画	43
対人保健業務	130, 134
大統領行政命令	8, 9, 10, 11, 12, 22, 23, 24
	25, 26, 44, 63, 158, 159
対ドル単一公定レート	33
平良辰雄	16, 86
託児所	85, 108
託児所規則	85
武見太郎	142
頼母子	256
ダレス	19
段階的実施	227, 237, 238, 242
治安裁判所	14, 15, 16, 18, 20, 21, 22
中部病院	141, 148
長期経済計画	39
朝鮮動乱	34
低所得者対策	76, 79, 161
手をつなぐ親の会	121
テンプル大佐	136
当間重剛	173
特別児童扶養手当法	98, 103, 114, 122
年寄りの日	169, 170, 182
ドルの二重使用	34, 35

[な 行]

長崎大学	139
南方同胞援護会	101, 114, 120, 121
	122, 156, 157
日米協議委員会	46, 47, 102, 159
日米琉技術委員会	46, 102
日本政府援助	43, 45, 46, 47, 48, 49, 99
	102, 159, 161, 184, 185
日本政府南方連絡事務所	154, 155
ニミッツ布告	8, 9, 12, 23, 83, 133, 140, 142

[は 行]

バージャー民政官	173
ハーフウェー育児院	117
売春	172, 173, 174, 175, 176, 177, 178, 179
陪審制度	22
パイナップル	27, 36, 37
パラリンピック大会	164, 168
ハワイ大学	142
ハンセン氏病対策	134, 136
B円軍票	29, 30, 31, 52, 55, 148
ビートラー民政副長官	153
非行	2, 86, 88, 89, 104, 105, 118, 121
	122, 123, 124, 125, 126, 173, 174
フィラリア	2, 134, 139, 149, 150
福祉委員	155, 156, 163
福祉貸付金に関する立法	79
婦人更生貸付金制度	178
婦人相談所	175, 176, 178, 179
婦人保護施設	161, 175, 176, 177, 178
プライス法	12, 23, 25, 42, 43, 45
	46, 48, 157, 158
フレンド協会奉仕会	77
米国基督教福祉会	107
米国留学制度	16
ヘイファズ救済会	77
ペスケラー博士	136
ベトナムブーム	28
ヘレン・ケラー	121
保育所設置認可方針	110
保育制度	108
貿易庁	36, 152
法外援助	74, 76, 78, 80, 163
ポール・W・キャラウェイ	211, 212, 277
保険庁	185, 188, 195, 196, 198, 199, 200
	206, 216, 219, 229, 232, 245
	258, 274, 301, 302
母子福祉資金	102, 113
母子福祉年金	114, 116, 186, 191, 192, 197
母子福祉法	99, 103, 113, 114, 115

母子保健法	97, 98, 115		203, 229, 232, 252, 254, 270
本土・沖縄一体化調査団	246	リバック援助	78
[ま 行]		琉球精神衛生法	135
マラリア防遏課	137	琉球政府章典	17, 26, 63, 88, 90, 93, 197
ミシガン大学	144	琉球大学	16, 81, 127, 142, 143, 144, 148,
宮古方式	139		149, 150, 152, 179, 211, 218, 245, 274
民生委員法	66, 98, 156	琉球列島軍政府	16
無医村皆無	232	琉球列島高等弁務官	24, 159, 160
無料診療	141	琉球列島米国民政府	8, 16, 21, 22, 24, 59
[や 行]			86, 88, 209, 211, 226, 269, 273
梁誠	277, 278, 281, 287, 288, 294, 301		277, 281, 285, 289
山崎亮一	89, 90, 107, 123	療育指導	119
屋良朝苗	237, 271	領布A号	52, 53
USCAR	8, 139, 144, 147, 209, 215	療養費償還方式	228, 229, 232, 255
輸入マラリア	138	臨時中央政府	10, 16, 17, 33, 59, 60, 62, 152
幼児園	96, 100, 109	老人クラブ連合会	181, 182, 183, 185, 189
[ら 行]		老齢年金に関する暫定措置法	185, 186, 187
			189, 197
ライカム婦人クラブ	87	[わ 行]	
ララ	58, 76, 77, 78, 85	ワトソン施政	45, 47
立法院文教社会委員会	93, 126, 187, 192	ワニタ・ワタワース女史	142, 145, 147

著者紹介

中野　育男（なかの　いくお）

略　歴

1952年神奈川県箱根町生まれ
法政大学大学院社会科学研究科博士課程修了
法政大学講師、宮崎大学助教授などを経て
現在、専修大学教授（社会学博士）

著　書

『学校から職業への迷走』（単著・専修大学出版局）2002年
『スイス労働契約の研究』（単著・総合労働研究所）1995年
『市民社会の変容と労働法』（共著・信山社）2005年
『福祉国家への視座』（共著・ミネルヴァ書房）2000年
『少子化と社会法の課題』（共著・法政大学出版局）1999年ほか

米国統治下沖縄の社会と法

2005年9月30日　第1版第1刷

著　者	中野　育男	
発行者	原田　敏行	
発行所	専修大学出版局	
	〒101-0051　東京都千代田区神田神保町3-8-3	
	㈱専大センチュリー内	
	電話　03-3263-4230㈹	
印　刷 製　本	電算印刷株式会社	

ⒸIkuo Nakano　2005　Printed in Japan
ISBN 4-88125-165-1

○専修大学出版局の本○

学校から職業への迷走
―若年者雇用保障と職業教育・訓練―
中野育男著　　A5判　　272頁　　定価2940円

社会保障の立法政策
坂本重雄著　　A5判　　426頁　　定価7140円

つながりの中の癒し
―セラピー文化の展開―
田邉信太郎・島薗進編　　四六判　　336頁　　定価2520円

癒しを生きた人々
―近代知のオルタナティブ―
田邉信太郎・島薗進・弓山達也編　　四六判　　320頁　　定価2625円

私という迷宮
大庭健著　　コメント　村上春樹・香山リカ　　四六判　　208頁　　定価1890円

ケースファイル　非行の理由
森武夫監修　　村松励・生島浩・藤掛明編　　A5判　　304頁　　定価2310円

高齢社会と生活の質
フランスと日本の比較から
佐々木交賢・ピエール、アンサール編　　A5判　　230頁　　定価2730円

専修大学社会科学研究叢書5
複雑系社会理論の新地平
吉田雅明編　　A5判　　372頁　　定価4620円